翻山越嶺
見西藏

達賴喇嘛要回家

紀碩鳴————著

作者八次獨家專訪達賴喇嘛尊者

作者與尊者訪談

採訪桑東仁波切

達蘭薩拉流亡藏人難民中心

印度上達蘭薩拉街景

2008年流亡藏人在新德里抗議

上達蘭薩拉中心廣場

作者在上達蘭薩拉

採訪洛桑僧格司政

前言
讓西藏的明天更加蔚藍

　　自2002年起，達賴喇嘛的代表與北京的中央政府取得直接的聯繫，被視為達賴喇嘛與中央政府展開了新一輪談判，談判的目的為解決西藏問題，為達賴喇嘛返回西藏。至2010年1月的最後一次接觸，達賴喇嘛的代表和中共中央統戰部的代表一共有十次會談。包括九次談判和一次非正式會議，期間有一次是在中國駐瑞士使館。之後，談判觸礁，雙方再也沒有任何官方的接觸。

　　2017年11月，突然傳出達賴喇嘛派出西藏流亡政府前總理桑東仁波切，低調現身雲南昆明，訪問中國大陸。有專家分析，消息反映中國中央政府與達賴的關係可能出現微妙變化，有可能雙方正展開重新接觸。

　　海外的專家們普遍認為習近平對西藏有特殊感情，而且習近平現在空前鞏固了自己的地位，比任何前任更具有解決西藏問題的力量。

　　達賴喇嘛也不斷向北京伸出橄欖枝！2017年11月，達賴喇嘛在達蘭薩拉接見客人的時候說，「只要中國政府同意，我願意返回西藏。」

　　11月23日，達賴喇嘛在聲明中也表達了相同的意思，他說：「不糾纏過去，西藏人希望同中國在一起。」

　　事實上，在我自2006年5月第一次遠赴印度北部達蘭薩拉獨家採訪達賴喇嘛開始，到2012年8月的第八次來到達蘭薩拉獨家專訪

達賴喇嘛。雖然，達賴喇嘛對中共解決西藏問題的信任出現波折，但由始至終，達賴喇嘛沒變的是不再謀求西藏獨立的表述，以及希望回到中國的期盼。

和達賴喇嘛的八次獨家訪談都是約在印度，七次是在北部山上達蘭薩拉他的官邸。另一次是應達賴喇嘛要求臨時在新德里他的法會期間，那年正是2008年3月14日西藏發生暴亂，藏人和漢人死傷無數之後，達賴喇嘛對西藏的不安定表示極度擔憂。

西藏究竟要往哪裡去？漢藏之間的隔閡如何才能冰釋雪融？這是1959年出走印度的西藏精神領袖達賴喇嘛一直思考的問題。

中共召開十八大前後，西藏流亡政府總部的印度達蘭薩拉表面一切平靜，沒有什麼抗議話動，沒有什麼新的標語口號。但與此同時也有一股與達賴喇嘛較力的暗流形成。達賴喇嘛主張走中間道路，但受到的挑戰和壓力不僅來自北京，還來自他的信眾。流亡藏人各派政治勢力，各種力量進行新的整合，想尋找新的挑戰由頭和方法。

自2009年開始，至2017年末，在中國境內藏族土地上有151名藏人自焚抗議，死亡人數達到130人，他們選擇以極端的自焚方式表達政治抗議，年齡集中在二十歲左右的數十名青年僧尼因此而獻出自己寶貴的生命。人們對無辜喪生的生命表達憐憫的同時，也對「置身事外」的流亡藏人精神領袖達賴喇嘛沒有明確表態的模糊態度感到詫異。

西方社會也不斷介入，美國國務院發言人紐蘭（Victoria Nuland）在新聞發佈會上表示，美國對自焚藏人人數過百表示震驚，美國呼籲考慮自焚的藏人慎重思考。紐蘭還稱，美國一如既往的呼籲中國政府反思對藏區的政策，這種政策造成了藏區的緊張局勢和藏人的不滿。藏獨更激進、藏民希望達賴喇嘛回家、自焚人數不斷

增加，達賴喇嘛則稱，如果北京願意，已經作好重啟談判的準備。

　　《翻山越嶺見西藏》之作，是作者在《亞洲週刊》服務期間，自2006年5月起，在六年時間內連續共八次遠赴印度，與流亡西藏精神領袖達賴喇嘛進行面對面十多個小時交流、訪談的主要內容。達賴喇嘛在政治上已經退休，但對與中共原高層的博弈糾葛依然記憶猶新，也還始終堅持自己提出的「中間道路」。對於中共給予其「魔鬼」的稱號也是淡然一笑，還時不時會透露出對十八大後的期待，期待北京政策改變，他願意再啟談判；還期待能到臺灣走走，有機會到香港弘法；達賴喇嘛希望，期待實現數十年來想到五臺山朝聖的願望。

　　這本書以八次專訪達賴喇嘛為主線條，加入在這段時間內對西藏問題的關注內容，以及二次獨家採訪達賴喇嘛二哥嘉樂頓珠的內容。文革結束鄧小平剛復出就邀請嘉樂頓珠入京，商議邀請達賴喇嘛返國的事宜，揭秘了當時鄧小平的西藏政策。

　　西藏精神領袖達賴喇嘛宣稱自己是「半個馬克思信徒半個佛教徒」，推崇社會主義平等理想，流亡政府也推行民主選舉；他重申放棄藏獨，堅持中間路線，化解漢藏矛盾，他對在有生之年回中國五臺山朝聖充滿信心，也對死後達賴喇嘛轉世之事作出安排，期望交由藏民決定，慎防出現「兩個達賴」。他最大的心願，是希望有生之年可以到位於山西省的佛教聖地五臺山朝拜。

　　五臺山是佛教四大名山之一，是文殊菩薩的道場。達賴喇嘛每一世向來都被視為觀世音菩薩之化身。觀世音菩薩代表慈悲，地位稍居文殊菩薩之後。從修為上來說，代表慈悲的達賴喇嘛朝拜代表智慧的文殊道場，「悲智雙運」，也算是功德圓滿了。

　　五十多年前的1959年，達賴喇嘛翻山越嶺來到印度，不是因為要離棄西藏，最終是要回到自己的的西藏。不過，五十多年的歷史證

明，達賴喇嘛要回到西藏，比翻山越嶺離開西藏要難的多。

可以看到，北京並沒有關閉允許達賴喇嘛返回的大門。自鄧小平主政中國後，各方都在為解決西藏問題，解決達賴喇嘛返回而努力，但最終的努力都沒有達到預期的效果。一方面是改革開放的政策讓中國不斷強盛，雙方已經不再可能於同一等級上展開對話，更因為不少次的誤判而錯失了良機。

即使如此，達賴喇嘛依然沒有放棄回家的願望。但他的希望能否成真，還需要時間，需要更多的解決矛盾的智慧。

畢竟，無論是達賴喇嘛，還是中共高層，亦是全世界所有漢藏同胞，都有同一個願景，那就是，讓西藏的明天更加蔚藍。

Contents

前言　讓西藏的明天更加蔚藍.......11

第一章　**想去五臺山朝拜**.......23

不搞藏獨也不反共.......24

關心弱者不信救世主.......25

赴京代表受良好接待.......26

達賴喇嘛轉世要防鬧雙胞.......27

希望自己變得更有智慧

　　　——第一次專訪西藏精神領袖達賴喇嘛.......29

第二章　**西藏流亡政府現狀紀實**.......35

追尋飄遠的理想國.......35

西方人來尋心靈寄託.......36

這裡沒有藏人乞丐.......37

兒童村是大家庭.......38

國際資助民主管理.......39

印度美麗的大吉嶺.......40

曾經諜影重重.......41

印度人管轄達蘭薩拉行政事務.......43

流亡政府邁向民主之路

　　　——訪談西藏流亡政府首席部長桑東仁波切.......45

Con-tents

第三章　達賴喇嘛的中間道路......48

解決西藏問題走中間路線

　　　——專訪達賴喇嘛西藏宗教基金會董事長才嘉......48

達賴喇嘛的中間道路......55

中間道路有法律效力......58

達賴喇嘛推動民主身體力行......59

中間道路也遇到障礙......60

「中間道路」受到挑戰......61

達賴喇嘛反復不定？......65

放棄中間道路要公民票決......68

第四章　中共高層與達賴喇嘛的博弈......70

達賴和中共曾經的蜜月期 70

達賴喇嘛回憶與中共的機緣......72

鄧小平西藏政策揭秘......74

鄧小平籲達賴喇嘛早回來......77

鄧小平要千人回藏教書......78

胡耀邦務實開明......79

胡錦濤對西藏瞭若指掌......80

會晤多任統戰部長......81

趙紫陽委託身邊人給達賴喇嘛帶信......83

　　　　達賴喇嘛可以是北京最好的夥伴.......85

第五章　西藏問題談判陷入僵局.......91
　　　談判陷入僵局.......91
　　　達賴首度批評對談無進展.......92
　　　藏青會揚言激烈行動.......94
　　　流亡藏民日漸失耐性.......95
　　　北京有誠意就應邁前一步
　　　　　　——專訪達賴喇嘛四人代表團代表索南達波.......97
　　　漢藏大團結，能不能完成不是掌握在我的手裡
　　　　　　——第二次專訪西藏精神領袖達賴喇嘛.......99

第六章　達賴喇嘛與西藏暴亂.......104
　　　拉薩街頭再現暴亂.......105
　　　藏青會影響越來越大.......108
　　　尋找解決問題新路徑.......110
　　　政教分離意見分化.......113
　　　我們與達賴喇嘛真的無關
　　　　　　——專訪「藏青會」聯絡秘書長貢秋雅沛.......118
　　　達賴喇嘛夢回拉薩.......120
　　　北京與達賴特使會談內情.......121

Con-tents

我的立場是中間道路

　　　——第三次專訪西藏精神領袖達賴喇嘛.......125

第七章　後達賴喇嘛時代.......132

西藏到底會走向哪裡？.......132

贊同政教分離.......138

處理西藏問題要有新思維.......139

達賴喇嘛爭取漢人的新嘗試.......144

後達賴喇嘛時期多元化.......148

達賴喇嘛往何處去？.......149

我個人無所求

　　　——第四次專訪西藏精神領袖達賴喇嘛.......151

第八章　達賴喇嘛權威受到挑戰.......159

藏獨路線圖曝光.......160

達賴喇嘛在美遭遇「挫敗」.......164

奧巴馬不想因達賴得罪中國.......164

達賴接連受挫國際市場日縮.......166

「只要有爭端，就應該對話」

　　　——第五次專訪西藏精神領袖達賴喇嘛.......167

第九章　西藏問題面臨的現狀.......176

西藏五十年統戰蒙羞.......176

西藏流亡社會的新力量？ 179

藏族精英受打壓處境微妙 182

北京奧運防範「徒步回西藏」.......187

華人示威為奪國際話語權.......188

讓王千源事件還原真相 191

達賴獲獎西藏風波幕後.......193

武警阻止僧侶慶祝.......195

達賴喇嘛考驗北京的西藏政策.......197

對政治裸退反應不一.......200

他們一直說我是魔鬼

　　——第六次專訪西藏精神領袖達賴喇嘛.......202

第十章　西藏自焚與幕後路線之爭.......209

定性「特殊矛盾」.......210

抗爭從集體轉向個體.......213

「自焚不是絕望是政治要求」

　　——專訪流亡藏人首席部長洛桑僧格.......214

達蘭薩拉的藏人在減少.......220

說不定我那顆失望的心會慢慢恢復起來

　　——第七次專訪西藏精神領袖達賴喇嘛.......221

Con-
tents

第十一章　涉藏問題應當何去何從......227

尋找西藏工作的創新模式......227

達賴喇嘛使出的是「軟招」......231

「我們放棄獨立，爭取民族自治」

　　——專訪西藏流亡政府首席部長桑東仁波切......232

重啟談判解決涉藏問題

　　——專訪中共中央黨校社科教研部教授靳薇......236

達賴喇嘛已作好準備，期盼北京重啟談判......244

我們追求的是西藏最終的自治

　　——第八次專訪西藏精神領袖達賴喇嘛......249

第十二章　追訪達賴喇嘛的二哥：嘉樂頓珠......256

等待達賴喇嘛回家的日子......256

住在印度心在家鄉......257

養牛養雞種菜開麵廠......259

與蔣介石夫婦的淵源......260

拒絕了毛澤東的北上邀請......261

軍方懷疑藏人當特務......262

鄧公願望至今未實現......264

現在對達賴喇嘛的政策是倒退了

　　——專訪達賴喇嘛的二哥嘉樂頓珠......265

第十三章　西藏問題，未來難題在海外.......271

　　西方熱情高漲的藏傳佛教.......272

　　美國民眾支持流亡藏人.......273

　　美國信眾加入藏傳佛教.......275

　　宗教熱情會轉換為政治熱情.......280

後記.......283

第一章
想去五臺山朝拜

從印度首都新德里乘飛機約一個半小時到北部城市查漠（Jammu），再乘車約三小時，一條平整的柏油馬路繞山而上。沿崎嶇曲折的山路向遠處眺望，一邊是懸崖下的北部平原，一邊是頂端常年積雪的山巒，在群山環繞之中，一座山城展現眼前。這就是達蘭薩拉（Dharamsala）。這是作者2006年5月第一次前往印度北部達蘭薩拉約會訪談達賴喇嘛的路線。以後的多次上山，基本上是香港飛機在新德里機場落地後，租車連夜十多個小時的行程前往達蘭薩拉。

西藏精神領袖達賴喇嘛和追隨他的流亡西藏民眾，自1959年出走西藏後，在印度北部山區開山闢建了這個流亡藏民的新家園，在這裡生活了將近六十年。達賴喇嘛稱自己是半個馬克思主義者，數十年在達蘭薩拉追求的是民主、平等的社會主義的實踐。他希望西藏要走向真正的民族自治。

西藏往何處去？這是上世紀五十年代初「西藏和平解放」以來不斷在探索的路向，北京中央政府和達賴喇嘛都在進行「西藏自治」的各自實踐，目標相同，但實踐路徑不同，殊途能否同歸，令全世界關注。自2002年以來，到作者2006年第一次到達蘭薩拉採訪，達賴喇嘛的代表與北京中央政府進行了五次會談。不過，會談結果的詮釋卻各不相同，對西藏的自治問題及達賴喇嘛回國等問題仍存在較大的分歧。

達賴喇嘛要求「西藏自治」，北京的中央政府則認為西藏已經自治了；從1979年始，達賴喇嘛宣佈放棄西藏獨立，並在多個場合提及，但北京並不認為達賴喇嘛已經在實踐這樣的諾言；達賴喇嘛認為雙方會談很有進展，但北京方面認為會談並沒有實質進展；達賴喇嘛提出返國赴山西省五臺山朝聖，北京卻不作任何的應諾。有評論認為，這樣的會談僅是北京政府的一種遊戲，但達賴喇嘛接受我獨家訪問時認為，是不是遊戲，現在言之過早，要讓時間來決定。他說：「很早以前，我主張解決漢藏問題走中間道路，當時的決定是由我順應形勢作出的，現在依然堅持這個決定。」他表示，期待回中國是要達成去五臺山朝聖的心願。因為五臺山供奉著觀世音菩薩，是藏傳佛教的聖地。

不搞藏獨也不反共

達賴喇嘛強調，他不尋求西藏獨立、也不反共，是一貫立場。1997年3月，達賴進行了他第一次的臺灣之行，在臺灣，他對國民黨的連戰講：「我不反共。」連戰說：「我反共。」達賴喇嘛有些無奈的表示：「現在連戰可以去北京，不反共的去不了。」

有一次在美國演講，達賴喇嘛說自己是半個馬克思主義者、半個佛教徒。休息間隙，有一個從俄國來的老太太走上前來，對他說：「你自稱馬克思主義者？共產黨是非常惡毒的！」但達賴喇嘛依然堅持自己的看法，還要堅持爭取回中國的權利。

2006年5月22日下午一點左右，我到達位於印度北部山區達蘭薩拉的達賴喇嘛行宮，經過嚴密的安檢後才得進入。慕名而至的客人越來越多，達賴喇嘛給每批客人的接待時間儘量縮短，有時還要擠出上午的時間接待來訪者。

訪問中，達賴喇嘛始終神采奕奕，原定一個小時的訪問延長至兩個半小時。期間，他取消了原定的四批訪問。達賴喇嘛以藏語答問，不時夾帶著英文，還會說幾句普通話（華語、中國國語）。一開始，達賴喇嘛就表示：「中國很多漢族兄弟的資訊來源單一，對真相瞭解不夠，我一直有此擔憂，所以很高興能接受亞洲週刊的訪問。」

　　這麼多年來，作為西藏人的精神領袖，達賴喇嘛的世界觀及普世價值觀已在國際舞臺廣為傳播。達賴喇嘛稱自己一生肩負三個使命：作為人類的一分子，爭取讓人類充滿歡樂是每一個人的責任，他的第一個使命就是在人類社會發展慈悲，並說如果未來能回中國，相信在這方面可以作出一些貢獻；第二個使命是促進世界主要宗教之間的和諧及相互瞭解；第三個才是西藏問題，扮演西藏人民爭取公義的代言人。第一、二將變成終生的使命，在全世界講經。

關心弱者不信救世主

　　馬克思是反對剝削、關心貧窮的無產者，這一點也成為達賴喇嘛的追求。他表示：「馬克思在經濟學上不僅僅追求利潤，也關心怎樣將利潤平均地分配給大家，讓所有人享受這些利益。在實踐中，從哲學的角度、世界觀的角度，馬克思強調世界上沒有救世主，這和佛教的理念一樣。」達賴喇嘛感到，馬克思主義理論具有普世價值，信仰他的共產主義者都是誠實率直的，「如果從資本主義和社會主義兩者去作比較，我是支持社會主義的」。

　　在歐盟，很多國家原來受馬克思影響的社會黨人聽了達賴喇嘛的演講，都趨前和他握手，稱達賴喇嘛為「同志」。達賴喇嘛認為，馬克思主義有公平的理念，但到列寧以後，有政治傾向、關注

權力，開始產生了民族主義的意識。1918年時在蘇聯有很多動亂、內戰，在這樣的現實環境中，為了對付動亂、實現控制，形成了強權，孕育了獨裁，以後就形成了制度，產生強制，對任何人都抱有極大的懷疑，這個時候就是史達林時代。

這種意識形態傳播到中國毛澤東時代，毛澤東把世界觀看得很重，但到鄧小平時代，以經濟為中心，經濟取得很大的發展，但也產生出很多弊端，例如出現貧富懸殊；不管白貓黑貓，抓住老鼠就是好貓，「現在黑貓越來越多了，而且是最黑最壞的黑貓。如果要我選擇，我寧願選擇毛澤東重視精神境界的理念」。達賴喇嘛講話始終不乏他的幽默。

事實上，達賴喇嘛也同樣面對著時代的轉折，要進行改革的思考。他推動實現了流亡政府的民主直選，建立議會制度，不斷完善民主機制。並早在1969年3月10日的講話中就提出：「達賴喇嘛的制度是否有存在的必要，要由西藏人民作出決定。如果人民選擇繼續需要達賴喇嘛的制度，人民考慮產生的方式，也許像選舉教皇一樣，教皇去世了，從其他大的主教中選。」達賴喇嘛不排除可以實現一個大的喇嘛代替達賴喇嘛擔負起職責的可能性。

赴京代表受良好接待

現在看來，回家的路要比出走的路更難行，達賴喇嘛表示：「逃出來時不需要經過任何批准，回去時卻要經過批准。」但他還是認為，經過近期的幾輪談判，與北京直接接觸的效果好多了，雙方之間瞭解了彼此的思維方式，都更進一步瞭解對方的立場。達賴喇嘛透露，他的代表去北京對話，受到很好的接待，會談氣氛也很好，但「和中國外交部對外發言的講話態度反差很大，所以不知道

哪一個是真實的」。

　　作者問，能不能像鄧小平講香港問題一樣，達賴喇嘛也表明西藏不獨立五十年不變，五十年不反共，五十年後也不需要變，讓人消除疑慮？達賴喇嘛說：「如果有用的話當然可以考慮，但要先決定有沒有用處，還要徵求首席部長的意見。」

　　2001年，西藏流亡政府首腦通過流亡藏民直選產生，達賴喇嘛稱已處半退休狀態，所有有關政治上的問題，都由首席部長桑東仁波切決定。達賴喇嘛表示，流亡政府支持他的中間道路，但現在有關對中間道路的批評聲音越來越多，「我們會繼續下去，只要作了努力，不成功也無怨無悔」。

　　1992年達賴喇嘛就明確聲明，如果有一天返回中國，他不會在西藏政府中擔任任何職務，不會是副委員長，也不會是自治區主席，什麼都不會有，做一個平凡的僧人。

　　達賴喇嘛說，如果西藏人民還是需要依傳統尋找轉世，那麼，尋找轉世的本意是為繼續上一世達賴喇嘛未竟事業。

達賴喇嘛轉世要防鬧雙胞

　　達賴喇嘛說，如果十四世達賴喇嘛去世，那麼十五世達賴喇嘛要繼續前世的未竟的事業，不是去破壞。「我在流亡中去世，就要繼續自己未竟的事業，那麼達賴喇嘛的轉世，只能出現在自由的世界裡。北京肯定會再任命一個，結果就會變成兩個（達賴），我經常跟媒體說，以後可能變成兩個達賴喇嘛，一個是官方需要的達賴喇嘛，一個是西藏人民心中的達賴喇嘛」，達賴喇嘛也不希望這樣的狀況出現，希望可以有更多的智慧盡早解決西藏問題。他笑言：「這也就是希望去五臺山朝聖的原因。」

漢藏民族幾千年都和睦相處，達賴喇嘛對漢民族有特殊的感情，如果與歐洲人比，漢藏的習性更接近。達賴喇嘛也笑說：漢藏友好的話，一定可以互補有無，藏人可以給漢人精神食糧，而漢人可以給藏人食物。不過，達賴喇嘛的希望能否成真，還需要時間，需要更多的解決矛盾的智慧。

達賴喇嘛的生活很有規律，不出訪時，每天二、三點晨曦未明時就起身，修行打坐，吃完早餐後處理公文、讀書，中午十二時半用完午餐後接待客人，達賴喇嘛不用晚餐，晚上八點準時入寢。達賴喇嘛的身邊人透露，他的身體非常好，在美國健康檢查，醫生都很驚訝，他的肺如二十四歲的青年人，在秘魯爬山坡時，一個四十來歲的市長跟不上他。

達賴喇嘛基本不看電視，主要是聽廣播，選的還是BBC，比較喜歡英國文化。無論是在行宮，還是外出訪問在酒店，達賴喇嘛都儘量只開一盞燈，用水也不開大水龍頭，家中喝水的水杯，還是1959年出走時從西藏帶出來的。至今，達賴喇嘛手腕上帶著的還是那塊1952年和前中國人大副委員長阿沛阿旺晉美一起購買的勞力士手表。他笑稱還送到工廠修了幾次，仍然可以正常運作。

不久前，達賴喇嘛出訪一個多月，去了日本、美國及南美的五個國家。在哥倫比亞，三個大學的學生走上街頭要見達賴喇嘛，他的公開演講都是吸引兩三萬的聽眾。在奧地利，全城人都走上街頭迎候達賴喇嘛。而此時，即使坐在車上，達賴喇嘛也要把車窗搖下，向民眾揮手致意。在新德里尼赫魯大學，有個患麻瘋病的婦女向達賴喇嘛揮手，雖然她很髒，達賴喇嘛走下車抓住她的手就「吹」，為她加持，祝福她。在印度海德拉巴，住在飯店裡，達賴喇嘛看到街上一個乞丐躺著，第二天早上還看到這個乞丐，達賴喇嘛就親自送上一百元給他。

美國攻打伊拉克，達賴喇嘛批評美國，有人覺得不利和美國搞好關係；達賴喇嘛認為維護世界和平，不是針對某個人，而是針對武力，這是他一貫的堅持。他會聽別人的意見，但堅持自己的主張。提出放棄藏獨時也有人提議，不要公開說，而是作為一張談判的牌，達賴喇嘛不同意，指出：「我們講的是真理，不需要當面一套背後一套。」

　　每年，達賴喇嘛會捐出一、兩百萬美元給流亡政府，自1959年至1999年，他獲得了五十七個榮譽博士頭銜及獎項，已出版了超過五十本著作。他把版稅都花在教育事業上，最近他捐贈了五萬英鎊（折合約87,700美元）給即將成立的奧地利西藏文化中心。一位旅居巴西的華僑表示，達賴喇嘛很偉大，又很隨和，令人敬仰。

希望自己變得更有智慧
——第一次專訪西藏精神領袖達賴喇嘛

訪問時間：2006年5月22日

藏人的說法是，你如果去了五臺山，你會變得很聰明，變得很有智慧，我希望自己變得更有智慧。

——達賴喇嘛

*以下訪談，達賴喇嘛簡作達賴

作者：最近中國宗教局長葉小文說，如果你放棄藏獨就可以回到西藏去，是否能再明確放棄藏獨的資訊？

達賴：我的立場全世界都知道，我不尋求西藏獨立。我們所
　　　在乎的是西藏的宗教文化和環境保護。要讓這一切都
　　　能繼續延續其傳統，管理部門需要內行或懂行的西藏
　　　人才行，要一個名副其實的自治。像外交、國防等，
　　　我們沒有任何經驗，由中央政府負責再好不過了。

作者：你再次重申放棄西藏獨立的主張？

達賴：是的，這是我經常說的。但是，我有時半開玩笑地
　　　說，我不尋求獨立已經說了千百遍了，就像念六字真
　　　言一樣經常在念，他們還是不相信。

作者：最近，西藏有僧侶毀壞神像（拉薩甘丹寺的護法神
　　　像），這被看成是達賴喇嘛的陰謀，你怎麼看？

達賴：這留待你們自己調查最好。護法神問題達賴喇嘛五世
　　　時就存在。所謂「雄天」護法是邪源的一個魔鬼，各
　　　派有很多高聖禁止僧人去崇拜這個護法神，這是「雄
　　　天」護法神團體自己也這樣說。三百六十多年，這個
　　　問題一直都是存在的。以前我也曾經供過，後來我慢
　　　慢瞭解到真相，到1975年意識到這個問題的要害，提
　　　醒人民不應該去崇拜。現在一般供奉和崇拜「雄天」
　　　護法的很少。當我作了介紹後，供奉的大部分人也停
　　　止了。在印度大部分都放棄了，小部分慢慢蔓延到西
　　　藏境內。甘丹寺出了什麼問題，我完全不知道怎麼一
　　　回事。

　　　一般人講到佛教，都認為僅是念念經、拜拜佛等的一
　　　些儀式活動，不管漢傳、藏傳佛教還是蒙古，都重視

儀式、加持等，我一直認為這是錯誤的，藏傳佛教的源頭是那爛陀寺的傳承，應該繼續這樣的傳承，而不要去注重中間加進去的一些細微末節，並沉迷這些。按傳承，拜神鬼本來就是錯，你拜一個魔鬼更錯，這都是宗教淨化的問題。

作者：你是說，這是一個宗教和文化的問題？

達賴：是的，只是共產黨將它政治化了。共產黨不信教，共產黨沒有神，但我反對護法神，共產黨就將之看得很重，這不是政治問題，而是共產黨將之政治化了。

作者：你不久前呼籲保護皮草（裘皮），引起一場風波，根本原因是什麼？

達賴：我們可以從西藏出版的圖片、錄影等看到，很多西藏人穿戴著很多的豹皮或虎皮等野生動物的裘皮製品。我是西藏人，我在西藏待了二十五年，從來沒有看到過這樣的情形，以前即使有也是很窄小的一條。印度境內的一些拉達克等以西藏人的名義做買賣，破壞環境的名聲落到了藏人頭上。之前我經常說，這樣的追求是沒有意義的，藏人應該去掌握知識。這樣做，我感到丟臉，可能會有極少數西藏人會這麼做，但損害了大眾的名聲。這些話我經常說，所不同的是，這次聽眾變了，有相當一部分人是西藏境內來的。

作者：是從保護動物角度出發？

達賴：是的。西藏人以前吃肉，牧區的食物就是肉類。但是，把肉類作為商品去交換、去買賣是很少的。以前

流亡印度的藏人曾有過養雞場，幫助西藏人的團體還建立了養豬場等。我要強調的是，我們是佛教徒，不能大量傷害生命，後來把養殖場關了。但在西藏這些都開始建立起來，又開始做肉的市場買賣。在康巴、果洛等地建立屠宰場，我認為應盡可能少殺生，少吃肉。我在1965年曾戒過肉，兩年後肝有問題，醫生建議吃肉，我吃肉非常少。現在印度絕大部分寺院，尤其是有幾千人的大寺院，都不供應肉類。即使吃肉的殺生我都反對，為了它的皮毛、為了裝飾去殺生更不行。對外國人我都是這麼講的，有人穿戴著很貴重的毛皮大衣來見我，我都對他們勸說。

作者：三月十日的講話中你又提到要回國的願望，能否實現？

達賴：我一直說是去中國朝聖。1954、1955年在北京時就提出，要去五臺山朝聖，在西藏人眼中，這是一個很重要的聖地。藏人的說法是，你如果去了五臺山，你會變得很聰明，變得很有智慧，我希望自己變得更有智慧。當年在北京時提出要去朝聖，政府說路況不好，這可能是事實。1954年到現在，已經五十二年了，沒有接觸，無從談起。現在雙方有接觸，首先是代表團向北京提出，然後我才公開提出，那個願望五十年了。

作者：對可以在有生之年去五臺山朝聖有沒有信心？

達賴：非常有信心，因為中國也在改變。中華人民共和國一直在發生變化，共產黨也在變。但今天的中國共產黨已經沒有多少馬克思列寧主義的思想了，不像五十年

代初期，毛澤東時期是對共產主義真正信仰，而且努力地去實踐，現在已失去了。毛澤東主要的問題是過於粗暴。他的邏輯性很強，方法粗暴。他的動機目的都不錯。我在北京的時候，目標是共產主義，方法是社會主義，既有手段，也有目的。現在除了向錢看還是向錢看，沒有目的。

作者：你覺得主要的分歧和瓶頸在哪裡？

達賴：一方面中國政府並不真正瞭解西藏的狀況，地方官員上報的情況都是鶯歌燕舞，處於穩定、團結的狀況，這是五十年代時就開始講了，全中國人民大團結，各族人民大全團結，用西藏人民話說，這只是口頭上的，不是心裡的。我參加1954年召開全國人民代表大會時，那些代表講各族人民大團結萬歲時大家都高舉著手，但心裡看不出有什麼真止的團結。

宋慶齡跟我是一個級別，我們的座位總是排在一起，宋慶齡也喊大團結萬歲，但可以看出她已經很疲倦了。西藏所有的幹部都在講大團結，但這些幹部到達蘭薩拉後，表現出非常強烈的不滿情緒。我住在印度，離開西藏四十八個年頭，來見我的有農民、牧民、僧人，也有黨員幹部，各階層都有，而且有相當部分的人職位很高，他們都感到不滿、遺憾，這對西藏不利，對中華人民共和國也沒什麼好處。這有害於團結和穩定，影響和諧。我們認為，只要讓西藏人民感到滿意就行了。如果讓西藏人民滿意了，團結就實

現了，中央就不需要懷疑擔驚受怕了。

作者：如果漢藏問題不儘早解決，極端分子會否更激進？

達賴：藏人會遭受困難，中華人民共和國也會處於互不信任的狀況。即使香港也會不安，還有臺灣、其他少數民族也會感到不安。如果西藏可以實現真正的團結、和諧，境內的少數民族也會有正面影響，香港也會安心，對臺灣的統一肯定會有好處，而且可以提高中國在國際間的形象。

　　一些激進分子甚至揚言：達賴喇嘛在世，我們不得不尊重他的中間道路，如果他不在了，我們就有自己的自由。我認為，這種思維都是偏激的。

作者：大家都不希望這樣的情況出現，所以你要儘早去五臺山，最好北京的領導人也去，大家都更有智慧，想出好的解決辦法。

達賴：這個主意非常好。其實，共產黨並不是不聰明，而是太聰明，對任何事情都抱著疑慮。所以他們去五臺山愚笨些好，不要過分聰明，聰明反被聰明誤。

作者：對中國政府有何期望？

達賴：胡錦濤提倡和諧社會，是非常偉大的，是符合時代發展的，但和諧要講信任，要建立這樣的社會一定要有透明度，要有言論自由。我們與北京政府有直接聯繫的管道，如果和中國領導人直接通話，我會寫信，以前給鄧小平寫過信，給江澤民也寫過信，但還沒給胡錦濤寫過信，需要的話我也可以寫信。

第二章
西藏流亡政府現狀紀實

　　位於印度北部深山的達蘭薩拉是西藏流亡政府所在地，經過近五十年的建設，現已成為生機勃勃的新山城，以藏文化吸引遊客。聚居於此的藏民享受基本的醫療、教育和養老，過著平等祥和寧靜的生活。兒童村收養過萬名孩童，他們由專門的服務人員負責照料，讓孩童上學和參加各種活動。

追尋飄遠的理想國

　　印度北部山區達蘭薩拉的五月天，仍然春意盎然。在海拔一千七百米的雲霧深處，一幢幢樓房依山而建，這裡是流亡的西藏政府所在地。2006年首次印度採訪那年的四十八年前，在達賴喇嘛的帶領下，部分藏民和西藏地方政府流亡來到這裡，如今已建成一座新的山城，流亡藏人在這裡過著和諧、自由的新生活。

　　這個地方以前是英軍的兵營，山路僅能走馬車和吉普車，每週最多有兩班來往山下的公共汽車（巴士）。現在，從印度首都新德里來往達蘭薩拉的巴士每天都有好幾班。聚居在這裡的藏人約七、八千人，但吸引了印度當地居民和來自海外七十多國家的遊客，以及每年數以千計從中國翻山越嶺而來的藏人。

　　達蘭薩拉的清晨是安祥的，只有鳥鳴聲聲；陽光夾著霧氣，顯得溫暖濕潤。六點多，街上已見人來人往，買菜的、送孩子上學

的、上班的，還有站在曠野晨讀的僧侶。遊客也早早起床，四處遊逛。沿街擺開的早餐小吃，有藏人愛吃的饃饃，也有印度特色的薄餅，有些老外拿了早點邊走邊吃，怡然自得。

待太陽升高，馬路兩邊的商店開門營業，大都是出售日用品及紀念品。街上小攤有不少西藏出產的商品，例如乾乳酪、松葉、薯片，甚至有軍人用的罐頭食品、瓜子、「春城香煙」。據說，不少都是新來到的藏人翻山越嶺帶來的。

西方人來尋心靈寄託

黃昏時分，街上再次熱鬧起來，下班的、旅遊歸來的、長途巴士進山城的客人匯成新的人流。飯後，最熱鬧的就是中心區的酒吧，遊客大都會聚此喝酒聊天。通常喝酒者都在十二點前就返回住處，沒有喝酒到天亮、醉酒打鬧的現象。

生活在比利時的蘇珊妮和邁里安是好友，一起到印度旅行，聽有經驗的人介紹，到印度一定要到達蘭薩拉，於是結伴上山。蘇珊妮表示，非常喜歡西藏的文化，希望可以做義工，幫助做點事。不過，她們最大的願望是見一見達賴喇嘛。蘇珊妮等人在達蘭薩拉一個星期了，這兒需要教師，但她們都不願意做教師，卻希望當雜工。

來自捷克的彼得也希望可以見一見達賴喇嘛，他說：「這跟在羅馬見教宗差不多，上一任教宗跟我們是鄰居。見教宗可是大事啊。」特薩是英國人，她來自越南河內，在一家跨國經營的旅行社工作，到這裡來考察，希望在短期內開辦世界各地到達蘭薩拉的旅遊。特薩說，英國很多旅遊公司把他們的客人帶來了，很多人來這兒找尋心靈的寄託。

這兒雖然不是西藏，卻是藏文化保存的最好之地。每個月，達蘭薩拉都有神聖的日子，達賴喇嘛會集中見一次由西藏翻越喜瑪拉雅山來到達蘭薩拉的難民。摸頂後，這些住在難民中心的藏民按年齡及要求，分配到兒童村或成人學校學習，有的則會返回西藏。達賴喇嘛每兩個月見一次外國遊客，很多人都期待著這一天。外國遊客會像過節一樣興奮。

達蘭薩拉的社區管理建設由印度地方政府負責，西藏流亡政府與印度簽約租賃五十年，租約期已屆滿，據悉又續約五十年。西藏流亡政府有健全的行政體系，流亡藏民的衣食住行都由西藏流亡政府負責。這裡的醫療、教育等完整，政府工作人員的收入不高，一個普通的公務員的月薪約100美元，中午每個公務員付30盧比（約0.65美元），政府食堂供應統一的飯菜。百姓如果生活困難，子女教育、醫療等，政府都提供補貼。

這裡沒有藏人乞丐

大部分流亡藏人主要從事農業和手工業，他們的收入與政府部門的公務員差不多。時任西藏流亡政府首席部長桑東仁波切表示，希望藏人及政府幹部可以享受中等生活水準。桑東仁波切說：「無依無靠的老人，政府有養老院妥善照顧；有病，衛生部門保證提供必要的醫治，教育也是一樣。」在達蘭薩拉的街頭會看到不少印度的乞丐，但找不到一個西藏人。桑東仁波切的表述讓人有些吃驚，他表示，達賴喇嘛很喜歡社會主義，大家都尋求平等公義，「如果不用過分暴力去推行，社會主義其實是一個很好的制度」。

達蘭薩拉的西藏兒童村負責照料及教育西藏流亡孤兒和貧苦兒童，是一個註冊的非營利慈善機構。兒童村佔據了整座山，約四

十七公頃土地，這是達賴喇嘛早年買下來，現在用於兒童的教育。上世紀六十年代初，達蘭薩拉有數以千計的孤兒，達賴喇嘛為孩子成立一個特別的中心，由達賴喇嘛的姐姐達拉策仁卓瑪負責。之後由達賴喇嘛的妹妹至尊貝瑪夫人接管，發展成為一個社區，註冊為「西藏兒童村」，並延伸到印度的其他區域，增加了三個兒童村、五個寄宿學校、十個日間托兒所、一個技術學院及兩個青年接待所。那時，西藏兒童村照料的難民兒童達一萬六千多人。

　　兒童村收容的孩子最小的是出生僅兩個月的嬰孩。在這裡讀到高中考上大學的有一千三百多人。藏民的孩子條件困難的可以申請減免學費。寄養在兒童村中的孩子都被分成不同的「家庭」，一個「家庭」原計劃不超過二十個孩子，但現在都有三十多個。每個「家庭」都安排「媽媽」，和孩子們一起吃住。曲桑來自青海，她是三個孩子的媽媽，到兒童村當「媽媽」六年，照料四十個孩子，分成兩個大房睡覺，還有一個大廳給孩子們吃飯及做作業。

兒童村是大家庭

　　曲桑每天早上五點起床，叫醒孩子們以後，她去做早飯，而大些的孩子照顧小年齡的孩子，並收拾房子打掃衛生，一起用早餐。孩子們上學去了，她要忙著做家務，準備做飯，會有一兩個孩子回來幫她的忙。食物是兒童村統一分配的，做什麼菜、怎麼使用由每個家庭自行決定。

　　中午吃完飯，孩子們會幫忙洗碗，大家一起喝茶。下午四點孩子們放學回來，換普通的衣服。兒童村有不同的文化藝術團體，沒有參加的由曲桑統一照顧。晚飯前，孩子們都要念經祈禱，飯後大些的孩子自習，小些的孩子先睡。每星期四、日是孩子們規定的洗

澡日，年齡小的由大孩子幫忙。

曲桑打扮得很時髦，塗上了指甲油，耳戴珍珠、胸前掛著項鍊，她表示，「媽媽」的自信及修行會給孩子們很深刻的印象。曲桑的孩子基本上都很聽話，即使有孩子不聽話，村委會規定不能打，但可以給予象徵性的懲罰，如罰做家務、打掃院子等。如果遇到非常頑皮的孩子，可以交給學校處理。

兒童村的孩子六成以上來自西藏，有的父母從西藏將孩子送到這裡後就回去了，讓孩子留在這裡學習文化。西藏兒童村保留了西藏文化教育的特色，以英語及藏語為主要教學語言，也有漢語課作為選修。不少外國家庭，為了讓孩子學習藏語，學習西藏文化，把孩子寄放在這裡。

國際資助民主管理

兒童村執行委員才旺益喜表示，兒童村由九人組成管理委員會，下面有秘書長及五個部門主管，每年開會兩次，各校及部門負責人參加，審議過去的工作，規劃未來。西藏兒童村每年的開支約550萬美元，全球有四十一個國家的個人給予資助。村內的教師，六成是由這裡培養，出去讀書後又回來服務的。才旺益喜說，也有些外國人來此當義工，教授外語，村內一千三百多位工作人員，也聘請了一部分印度籍人士。

如果從西藏來到達蘭薩拉的藏民超過十八歲，沒有一技之長的可以安排到山下的成人學校，這兒由帳篷到鐵皮屋，現在已蓋起一排排新房，至2006年前後已接納有五千多學生，目前有在校生七百三十多人。來自中國藏區的成年人可以在這裡免費學英文、藏語、裁剪和畫畫，學校設有先進的英語聽力室、電腦房等。學完以後，

你可以選擇留在印度，也可以返回中國藏區為藏民服務。

在成人學校的教室裡，在繪畫室，在圖書館，那些在中國藏區可能被視為叛逆者，在這裡的認真模樣簡直令人難以置信。校長強巴原來是個軍人，當了二十七年的藏軍，退役後通過印度大使館辦了藏胞證，曾回西藏去探親。強巴表示，1993年，從中國藏區出來的成年人越來越多，在沒有任何老師的條件下，西藏流亡政府把107個孩子交給他，帶了帳篷來此紮營。學生在這裡免費學習吃住，每月還有一百盧比零用錢，這裡是西藏人的又一個大家庭。

印度美麗的大吉嶺

在印度首都新德里乘內陸機到巴哥朵拉（BAGDOGRA），再搭計程車在崎嶇的山路上顛簸，前往印度西孟加拉國邦北境內城市噶倫堡。噶倫堡是著名旅遊城市大吉嶺屬下的小鎮，由於大雨令山路崩塌，兩個半小時的山路，要繞道行走四個多小時，才到噶倫堡。

當年出逃後長年定居在噶倫堡的西藏人有四千多，現在生活的都不錯，有些人做些小買賣，開小店鋪，這裡有小西藏之稱。據悉，這兒藏人用土豆做的粉絲，一直流傳到新德里。噶倫堡到錫金五十英里，到西藏那朵拉山口有六十英里。

噶倫堡是著名旅遊盛地大吉嶺屬下的一個鎮，人口也有近十萬，原居民都是藏族，但此地屬不丹，也有一些隨十三世達賴喇嘛流亡過來的。1959年以前，很多西藏人來來去去的，有做生意的馬隊，把羊毛賣給印度人，又將印度的土產品、布料、砂糖等運回西藏。噶倫堡是禁區，印度人不允許西藏人隨便進入，需要居留證，每年要換一次。

曾經諜影重重

　　噶倫堡距離達賴喇嘛二哥嘉樂頓珠曾經居住過的大吉嶺三十多英里，居民分別居住在兩座不同的山上，直線距離僅八英里。印度語中「大吉嶺」的含義是「喇嘛教雷神」之意，該地區居住著許多來自相鄰國家和地區的世族或部落。在這數千米高的山上，1881年開通了高山火車。如今這條仍然行駛於西里古里到大吉嶺之間的鐵路，全長三百公里，被聯合國教科文組織列為世界文化遺產。大吉嶺出名的還有茶葉，大吉嶺茶被譽為紅茶中的「香檳」。

　　鮮為人知的是，大吉嶺、噶倫堡一度有東方的「卡薩布蘭卡」之稱，諜影重重。傳說中這裡有很多間諜。1949年中國人民解放軍十八軍進西藏的時候，很多情報機構蜂擁大吉嶺，來自美、英、台的都有，通過觀望、調查，希望獲得解放軍進軍西藏的情報。1952年前後，這裡有俄國的專家，英國、希臘，還有美國的，日本的。有傳統的基督教的神父，也有比丘尼等，以各種名義，有考古學家，歷史學家，都與情報人員有關，在調查解放軍的動向。尼赫魯曾批評噶倫堡，說這裡是特務的窩。而這一切都跟西藏的變化有關係。

　　如今，大吉嶺、噶倫堡平靜了，留下更多的是美麗風光和充滿印度特色的風土人情。印度喜劇片《穿越大吉嶺》在2007年的威尼斯電影節上舉行了首映式，這部充滿溫情的影片入圍本屆電影節競賽單元，不僅雲集了多個明星，而且劇情詼諧幽默，感染力強，受到媒體廣泛關注。離開大吉嶺，帶不走的盡是秀麗景色和優美風光。

　　在離開西藏的藏人生涯中，他們分散眾多區域居住，成為「流亡大西藏」，大吉嶺、噶倫堡只是其中一個居住地。流亡藏人一直以來實行自治，但主要集中在宗教、文化、教育、衛生的高度自

治，極少行政管理的自治。沒有解決就業的壓力，沒有城市建設的規劃，也不會為通膨或者經濟過熱傷腦筋。達賴喇嘛從來沒有要求將流亡在外的西藏人聚集在一起，因為他在印度創導和實行的基本就是「文化自治」。

2008年，北京中央政府與達賴喇嘛的代表相約增加一次談判，雙方對每次會談都作了充分的準備，北京政府也減緩了大批判式的指責，表現出寬容和善意。達賴也放話，對會談表現出期待。這一年「3‧14」拉薩暴亂後雙方形成的劍拔弩張在緩和，這為對話設定了以和為貴、以誠相待的基礎。但對話僅有誠意還不夠，中央政府與達賴代表有過多次會談，雙方都說沒有進展，在缺少互信和瞭解下，一些敏感的問題分歧很難達成共識。達賴的反復，以及提出的「大西藏」、「自治」等令人質疑的概念，都讓人難以敞開胸懷。事實上，即使達賴在印度北部山區的四十九年流亡生涯，實行的其實還是藏人分散居住的「文化自治」。

從印度首都新德里飛行約一個半小時，抵達北部山區的一個小型機場，出機場再沿一條平整的柏油馬路繞山而上，不到半小時，在群山環繞之中，一座山城展現眼前，這就是達蘭薩拉（Dharamsala）。西藏精神領袖達賴喇嘛和追隨他的流亡西藏民眾，自1959年出走西藏後，在這裡開山闢建了流亡藏民的新家園。站在崎嶇曲折的山路上眺望遠處，一邊是懸崖下印度北部富庶的平原，一邊是頂端上常年積雪的山巒，經緯分明猶如「分裂」和「統一」概念的勢不兩立。

雖然氣氛良好，但雜音還是不少，流亡藏人的核心成員桑東仁波切就表示出不一致的看法。他認為，前六次會談都沒有達成任何協定，要與北京達成協議的機會渺茫。他更反對中國將西藏土地劃分為十一個區域，並直說：「我們希望整合所有藏區，並獲得完全

的自治權力。」這一說法明顯和達賴喇嘛關於大西藏版圖問題的說法相當不一。達賴喇嘛在接受西方媒體訪問時，就曾用明確堅定的口吻說：「我關心的不是版圖、邊界和地盤大小，而是保存西藏的文化和宗教。」他也曾經說過：「只要求西藏文化的自治，而不是政治的自治。」

印度人管轄達蘭薩拉行政事務

事實上，達賴喇嘛出走數十年，跟著他流亡在外的藏人十多萬，從離開西藏的那一刻起，達賴喇嘛及其流亡藏人所實施的充其量也就是「文化自治」。印度是達賴喇嘛最早落腳的地方，印度政府劃出地塊安頓達賴喇嘛和跟隨他的藏人，除了達蘭薩拉為達賴喇嘛的居住地，在印度的南部、東部，甚至尼泊爾等地都分散居住了流亡藏人，猶如一個「流亡大西藏」。

達蘭薩拉是所謂西藏「流亡政府」的所在地，居住在此的藏人也不足萬人。說是「流亡政府」，其實達蘭薩拉的行政事務，包括山城建設、建築審批、社會治安管理、交通等都由印度人管轄。「流亡政府」有法院和法官，但審判的僅為一些民事案子，更沒有約束力，因為沒有自己的執行警察，即使判刑後當事人不執行，他們也沒有辦法強制。

分散在四處的流亡藏人，他們相互間聯繫的紐帶主要就是西藏的傳統文化和達賴喇嘛的宗教影響力。在流亡藏人的集中區域，「流亡政府」致力做的就是教育和醫療，讓流亡海外的西藏人都能夠接受具藏傳文化的教育，傳承藏傳佛教的文化，讓他們生老病死有保障，這些都是「政府」所做的事，也僅此而已。

「流亡政府」的收入主要來自藏民的納稅，藏民以所在國貨幣

的三個單位交稅，如在印度就交三盧比，在美國就是三美元，或參照工資收入的百分之二交稅。過去「流亡政府」還有不少產業，都因經營不善而私有化，其行政力也在弱化。流亡藏人的很多教育機構，都不是「流亡政府」直接投資，而是依靠西方的善款資助生存。

由此可見，在藏人離開西藏的生涯中，他們分散眾多區域居住，成為「流亡的大西藏」，一直以來實行自治，但主要集中在宗教、文化、教育、衛生的自治。即使仍保留幾千上萬的藏軍隊伍，也被印度政府徵召上印巴前線去了。在印度生活了四十九年，達賴喇嘛從來沒有要求將流亡在外的西藏人聚集在一起，沒有這樣的條件，也沒有這樣的需要。

事實上，達賴喇嘛在印度實踐了近五十年的「大西藏」「文化自治」，積累了相當的經驗。這樣的「文化自治」，比目前中國境內所有藏族區域的管理許可權都要小得多。況且，達賴喇嘛更規定，所有進入「流亡政府」的公務員，至少要考兩門語言，一門是藏語，另外可選英語或者是漢語。也就是說，達賴喇嘛的自治並不排斥漢語及漢人的參與。

達賴喇嘛承認西藏是中國的一部分，願意在中華人民共和國的憲法框架下實行西藏自治，那麼，西藏文化也就是中華文化的寶貴資產，保護西藏文化也就是保護中華文化。由此出發，中央政府與達賴的對話，就應該是文化對話更多於政治對話，宗教的會談更多於行政架構的利益。即使達賴喇嘛擔憂的藏人受不公平對待的問題，在一個國土中，北京也會，且應該採取相應的保護措施。

假如達賴喇嘛在印度所實踐的「文化自治」，就是達賴喇嘛在談判中所提出的「大西藏」概念的雛形，北京是否應該對「大西藏」概念的外延和內涵進行新的審視？達賴方面是否也應該就所謂

的「大西藏」概念，作更為清晰的闡釋，在內部形成更強的共識？在新的歷史時期，學界是否也應該就這種持續了五十多年的「大西藏」「文化自治」模式，與北京目前實行的西藏自治政策，進行深入、細緻的比較、分析，甚至理論探索？保護西藏文化、宏揚藏傳佛教，本為北京既定政策。若能繞開政治體制和行政管理的死結，從宗教、文化角度入手來探討解決西藏問題之路，逐步建立互信的基礎，相信會更有利於雙方的對話。

流亡政府邁向民主之路
──訪談西藏流亡政府首席部長桑東仁波切

1959年達賴喇嘛抵達印度後就主張民主化，建立三權分立的議會和政府，並制定了流亡政府的憲章，規定最高權力屬於議會，達賴喇嘛不能超越政府。

2001年達賴喇嘛勸導西藏流亡政府議會修改憲章，流亡藏人直接選舉產生政府首席部長（最高行政首長），已經退休的桑東仁波切當選為首任民選首席部長，然後由桑東仁波切提出其他內閣候選人名單，經議會通過後正式任命，正式邁開了西藏流亡政府民主發展步伐。首屆流亡藏民選舉產生的政府任期屆滿，第二屆的預選亦結束，桑東仁波切在候選人預選中得票超過八成，估計在正式選舉中仍可高票勝出。

精通多種語言的桑東仁波切出生於農民家庭，五歲時由桑東喇嘛轉世，十二歲到二十歲在拉薩的薩邦寺學習，1959年離開拉薩流亡印度，1960年到達達蘭薩拉，被達賴喇嘛接納在其手下做事，1970年以後在流亡藏民學校擔任校長三十多年。處事溫和的桑東仁波切是一個甘地精神的追隨者，終其一生從事教育及非暴力與地方

自治的事業。接受我的專訪時，桑東仁波切表示，達賴喇嘛抵達印度那一周內，就作出決定，將噶廈政府原機構進行改革，要實現民主化。達賴喇嘛的內心深處早已想把西藏改革為一種有憲法保障的民主政府。

1959年12月底到1960年1月初，達賴喇嘛在多次講話中提到，西藏流亡政府一定要走民主化道路，要求跟隨的藏民在各地選出代表，建立議會。1960年9月，各地選出的十三名藏民代表彙聚達蘭薩拉，在達賴喇嘛面前宣誓就任，那時起，流亡海外的藏民正式有了議會和政府。桑東仁波切說：「因此，9月2日成為流亡海外藏民的民主節日。」

雖然有了組織形式，但民主制度仍不盡如人意。桑東仁波切表示，民主進程並未達到達賴喇嘛的期望。1990年，達賴喇嘛暫停了原有議會的運作，宣佈要實行更民主、自由的議會制度。議會議員從原來的十多名增加到四十六名。桑東仁波切說，達賴喇嘛提出，議會、政府要有更年輕、有知識的仁人志士擔任，由此建立了過渡政府，建立流亡憲章起草小組。桑東仁波切也在1991年任流亡憲章起草小組成員，同年被任命為議員，1995年桑東仁波切任議會議長，次年被選為山區康巴的議員，繼續當選議長。

桑東仁波切表示，十二屆議會在一年後選舉產生，並用一周的時間，審查和通過了流亡政府的憲章，「從那時開始至今，流亡政府的運作都在憲章下進行。立法權由議會行使，噶廈行使行政權，我們在流亡中，司法權不可能很完備，交由大法官行使職權。三權分立，既有互相制衡作用、又有聯繫的新的民主制度在流亡政府中紮下根來」。

這個制度賦予議會很大權力，規定議會有權罷免或撤銷達賴喇嘛的權力，議會也有罷免政府及大法官的權力。桑東仁波切指出：

「流亡憲章規定，最高權力機構屬於議會，達賴喇嘛在流亡中，作為元首和首腦從事工作，但其許可權在流亡憲章中有規定：不能超越政府。」桑東仁波切表示，流亡政府是完全民主化的。

流亡政府下設七個部，包括宗教與文化部、教育部、內政部、外交與新聞部、衛生部、安全部及財政部。為完善民主制度，還設立了獨立的選舉委員會、幹部管理委員會和審計署等。

桑東仁波切表示：「流亡海外的噶廈政府，回應鄧小平提出的『只要不獨立，任何事情都能談』，我們就放棄尋求西藏獨立的主張。至今我們有明確的概念：在中華人民共和國憲法下，實現名副其實的民族區域自治。」

第三章
達賴喇嘛的中間道路

　　達賴喇嘛提出解決西藏問題的中間道路，中間道路的基礎和精神是：西藏和中國在一起，雙方都有好處。

　　西藏「流亡政府」宣傳指出，中間道路是通過放棄極端的立場，從而保證有關各方必要的利益。對西藏而言，中間道路可以保障西藏的宗教、文化與民族特性之保護、延續與發展；對於中方，中間道路可以保證中國的國家安全與領土的完整統一；而對其他鄰國或第三國而言，中間道路促使邊界的安全、安寧與和平推進國際外交活動。

解決西藏問題走中間路線
——專訪達賴喇嘛西藏宗教基金會董事長才嘉

　　2005年初秋，我找到正在臺灣的達賴喇嘛西藏宗教基金會董事長才嘉，原來對西藏問題和達賴喇嘛知之甚少的我，由此走上了研究西藏的不歸路。第一次和以後多次採訪達賴喇嘛都由才嘉協助聯絡。

　　那年，流亡海外四十多年的西藏精神領袖達賴喇嘛今年已經七十歲，他希望早日返回西藏的願望更為強烈了。

2002年以後，達賴喇嘛的代表在不同場合與北京政府的代表有過四次溝通，達賴喇嘛亦在不少國際場合表示，不尋求藏獨，願意承擔西藏和諧、民族團結的責任。達賴喇嘛西藏宗教基金會董事長才嘉接受我的訪問時表示，自1979年鄧小平提出「只要不提西藏獨立，什麼問題都可以談」之後，達賴喇嘛就放棄了藏獨，他接受在一個中國的框架下解決西藏問題、謀求西藏的高度自治。那是我第一次接觸「中間道路」。

才嘉出生於西藏東部安多地區，1980年進入四川阿壩州民族師範學院，畢業後擔任中學教師，1988年入讀西南民族大學，期間因從事西藏自由運動被捕入獄，判刑一年半。出獄後1992年流亡印度。這年5月17日首次見到達賴喇嘛，次年參加西藏流亡政府工作，擔任西藏問題研究中心主任兼研究員。2002年11月擔任達賴喇嘛西藏宗教基金會董事長。才嘉現任達賴喇嘛辦公室秘書長。

在胡錦濤出訪北美時，2005年9月3日，在印度的西藏流亡政府首次發出通告，要求在美洲的所有西藏人、西藏人的團體以及支持西藏人的團體，在胡錦濤訪問期間，不要為他製造不必要的困擾，以表示善意。同時還組織宣導達賴喇嘛解決西藏問題的「中間路線」。九月初才嘉到印度，再次晉見達賴喇嘛。才嘉說達賴喇嘛的氣色很好、很健康。「我想達賴喇嘛的思想和言行已經超越了民族、宗教、政治，考慮的層次更高一些」。才嘉回答了我的訪問。

作者：胡錦濤去美加訪問時，達賴喇嘛及流亡政府發通知希
　　　望不要過多的去刺激北京當局，是真的嗎？

才嘉：這個消息是正確的。9月3日，西藏流亡政府發出緊急
　　　呼籲，要求在美洲的所有的西藏人、西藏人團體，以
　　　及支持西藏人的團體，在這一次胡錦濤出訪美加時，
　　　不要為他製造不必要的困擾，雙方從2002年開始接
　　　觸，我們希望這個從2002年開始的接觸的管道能在不
　　　久的將來可以展開實質性的談判。希望大家創造良好
　　　的氣氛。這是西藏流亡政府的一個善意，而且是公開
　　　的呼籲。

作者：但還是有人打出了要獨立的旗號？

才嘉：西藏流亡政府實行民主很多年了，有不同的聲音也不
　　　足為奇。但達賴喇嘛和西藏流亡政府既定的不尋求西
　　　藏獨立的政策是很清楚的，是不會改變的。達賴喇
　　　嘛講得很清楚，他認為解決西藏問題的最好辦法就是
　　　走中間路線。世界各地的西藏流亡政府的機構、官方
　　　的代表都很清楚。但藏民內還是有不同的聲音，有人
　　　不認同達賴喇嘛的觀點。最近幾個月以來，西藏流亡
　　　政府在加強宣導民眾，要求學習達賴喇嘛的中間道路
　　　的精神，已經做了一個多月。我們首先從流亡政府的
　　　公務員做起，然後流亡政府的外交新聞部派專人到印
　　　度、尼泊爾的四十多個西藏人社區去宣導「中間道
　　　路」的精神。

作者：你如何評價達賴喇嘛？

才嘉：我在西藏時對達賴喇嘛的了解很大程度上是宗教上的
　　　信仰與敬仰。1992年到印度後，特別是1999年到了臺
　　　灣，在陸續回去述職等與達賴喇嘛有較長時間的接
　　　觸，可以聆聽他的教誨。我覺得他是一個世界級的精
　　　神導師。

作者：他很想回西藏嗎？

才嘉：達賴喇嘛離開家園四十多年，希望回到自己家鄉的願
　　　望一定會強烈。而他也曾經帶著不少西藏人出走，心
　　　靈上有責任。當然，達賴喇嘛曾經說過，他在1954年
　　　去過北京，也去過很多中國的佛教聖地，唯獨沒有去
　　　過山西五臺山，五臺山對佛教徒來說是文殊菩薩的聖
　　　地，達賴喇嘛非常希望能到五臺山去朝聖，這個願望
　　　達賴喇嘛很早就提到過。

作者：與北京溝通進展如何？

才嘉：從2002年至今，達賴喇嘛的代表同中國中央政府的代
　　　表已經四次接觸，我想，這樣的接觸可能還是建立相
　　　互溝通、摒棄歧見的協商管道，真正的談判還沒有開
　　　始，主要是建立雙方的互信基礎。過去數十年缺少接
　　　觸，還有很多誤解。現在在接觸中建立互信，對未來
　　　展開真正、具體、實質的談判會有幫助。

作者：以前有過接觸嗎？

才嘉：八十年代初開始達賴喇嘛及西藏流亡政府與北京方面
　　　有接觸，但現在是每年都有一次接觸，每次接觸都會
　　　有進展，我想未來應該會有更多的接觸。

作者：達賴喇嘛不搞藏獨是否表達得很清楚？

才嘉：達賴喇嘛在1979年之後再也沒有提到西藏獨立。我想
他的立場和想法是開誠布公的，全世界都很清楚。
1979年鄧小平提出，只要不談西藏獨立，其他什麼問
題都可以談。鄧提出這個思路後，1988年達賴喇嘛就
正式書面提出了解決西藏問題的方案，公開及清晰地
表達了達賴喇嘛及流亡政府不尋求西藏的獨立、而尋
求西藏真正自治的主張，其目的是為了更好的發展和
保護西藏的宗教和文化。發揚西藏文化不僅對西藏有
利，對廣大的中國人民有利，對世界和平也有幫助。
最好的辦法是整個西藏成為真正的自治區域，這是達
賴喇嘛一貫的立場。

作者：這真的是他的想法嗎？

才嘉：達賴喇嘛不是政客，他提出的建議是誠懇的，是實實
在在的，這是他提出走中間道路的核心，是互利。達
賴喇嘛很明確地表示，我們不要脫離中華人民共和
國去搞西藏的完全的獨立；但我們也沒有辦法接受現
在共產黨對西藏「分而治之」的集權統治。「中間道
路」是捨兩個極端的邊取其中間，就是放棄西藏獨立
的訴求，也不接受西藏分成若干區域的分而治之，而
在中華人民共和國的憲法的架構下尋求一個所有西藏
人的真正自治。

作者：北京對達賴喇嘛的想法有什麼回應？

才嘉：我想中共高層對達賴喇嘛的了解還不夠，還沒有建立

完全的信任，雖然對達賴喇嘛在國際上的言談他們都在注意，但我想北京當局還沒有真正了解到達賴喇嘛的想法，這是關鍵所在。我們希望通過現在這樣一種管道的接觸，能使北京進一步具體了解達賴喇嘛及西藏流亡政府的立場和想法。達賴喇嘛的構想完全沒有動搖國家的主權，如果依達賴喇嘛的構想去解決西藏問題，也能讓整個西藏與中國穩定。

作者：你怎麼去看西藏的穩定發展呢？

才嘉：西藏的發展與穩定取決於西藏人民有沒有一個真正的思想上的自由，以及去發揚他自己的傳統和文化。藏族和其他民族不一樣的是，過去幾百年來西藏都是物資很貧瘠的地區，但他們不是不去發展，而是這個民族對物質的東西不以為然，更需要精神的追求。你看藏民的生產成果，主要是消費在寺廟裡，先給寺廟，是一個注重精神和信仰追求的民族，如果能給西藏人民一個真正文化自由的追求，對中國大陸及西藏的穩定發展是有正面影響的。

作者：你對現在的西藏發展如何評價？

才嘉：過去四十多年來，西藏發生了很大的變化，經濟高速發展，基礎設施建設有很大的進展。但城鄉差距也很大，物質高速發展的城鎮，與邊緣的牧區、農村是天壤之別。另外，我剛才提到，對注重精神和信仰的西藏民族來講，他們對精神生活的追求高於對物質生活的追求。我覺得西藏人對自己的傳統文化信仰的追求

還是受到很大的限制，例如不能自由懸掛達賴喇嘛的
照片。其實很多西藏人對達賴喇嘛的敬仰，僅僅是把
他當作觀世音菩薩的化身，當作是一個精神領袖，但
當這樣一種純粹宗教上的精神需求不能實現，西藏人
會有困惑。

作者：西藏的宗教信仰自由還不夠？

才嘉：是的。外表來看宗教自由是有的，燒香拜佛、喇嘛念
　　　經文這些都有，但這些寺廟中有沒有真正的學習佛法
　　　呢？有不少西藏僧侶跑到印度來，沒有任何政治目
　　　的，而是來學佛法，因為西藏境內的寺廟有很多限
　　　制，沒有真正學習佛法的環境。印度境內有二百多個
　　　西藏寺廟，都是自由學習佛法的場所，在西藏，人們
　　　需要的精神追求沒有得到很好的保障。

作者：你也很想回家鄉去嗎？

才嘉：當然，我離開西藏才十多年，比離開西藏四十多年的
　　　人我不算什麼，但我還是關心西藏的發展與建設。我
　　　有強烈的西藏文化的烙印，也接受過中國文化的教
　　　育，我認為漢文化與藏文化都是優秀的文化。能促成
　　　解決西藏問題是我們的心願，我想很多中國的漢族朋
　　　友，特別是知識分子最近幾年開始了解並支持達賴喇
　　　嘛的想法，這是一個很好的現象。只有中國人了解、
　　　支持達賴喇嘛的想法時，西藏問題才能得到解決。

達賴喇嘛的中間道路

　　早在1951年，中華人民共和國政府與當時的西藏地方政府之間曾簽訂了「十七條協定」，以正式結束了對西藏問題的爭端。其中第一條很清楚的表明：「西藏人民團結起來，驅逐帝國主義侵略勢力出西藏，西藏人民回到中華人民共和國祖國大家庭中來。」第三條為，根據中國人民政治協商會議共同綱領的民族政策，在中央人民政府統一領導之下，西藏人民有實行民族區域自治的權力。第四條則指，對於西藏的現行政治制度，中央不予變更，達賴喇嘛的固有地位及職權，中央不予變更等。

　　1959年4月18日，達賴喇嘛在抵達印度境內的底雜布之時，宣佈「十七條協定」無效，並宣佈將開始進行恢復西藏獨立的事業。

　　二十年後，達賴喇嘛試圖以十七條協定的內容為依據，尋求和平共存的努力即相當於對中間道路的實踐。這主要是受當時鄧小平向達賴喇嘛提出「除了獨立以外，其他什麼內容都可以談」的建議感召。此建議與達賴喇嘛的在互利的基礎上解決問題之立場較為一致，因而得到積極回應。達賴喇嘛同意進行和談，並決定將恢復西藏獨立的政策調整到中間道路的路線。

　　之後，達賴喇嘛於1988年6月6日開始在達蘭薩拉召集了為期四天的特別會議，參加會議的包括所有西藏「人民議會議員」、「政府內閣（噶廈）成員」、「公務員」、各流亡藏人定居點的負責人和人民代表、各非政府組織的代表、新近流亡之藏人的代表、特別邀請相關人員等，會議在經過廣泛的討論後獲得一致。據此，達賴喇嘛於6月15日赴歐洲議會演講，提出了「斯特拉斯堡建議」。

　　歸納起來，達賴喇嘛中間道路的要點是：

　　一、西藏「流亡政府」將不尋求獨立，而是將西藏三區的所有

藏族都置於一個統一的政治實體中。

二、這一政治實體必須具有名副其實的民族區域自治自主的
地位。

三、這種區域自治應該是由根據民主程序，通過人民選舉產生
的議會和政府所主導。

四、在中國政府接受上述內容的同時，西藏將不尋求分離並做
為中華人民共和國的一部分而存在。

五、在西藏未成為和平基地之前，為了防衛的需求，中國政府
可以在西藏佈署有限的軍隊。

六、中華人民共和國中央政府負責西藏的政治外交與國防。而
與西藏的宗教、文化、教育、經濟、衛生、生態環境等有
關的事務則完全由西藏人自己主導負責。

七、中國政府停止對西藏人權的踐踏，停止向西藏的人口遷移。

八、為了解決西藏問題，由達賴喇嘛負責與中國政府進行真誠
的和談與和解工作。

不少西藏流亡人士認為，「中間道路」有特點，達賴喇嘛將爭
取漢藏民族的團結與和睦相處的重要性置於首要位置，認為這比西
藏本身的政治需求更加重要，從而實踐以互惠互利為宗旨的中間道
路，這在政治上無疑是一種空前躍進。

然而，北京方面當時發出的信息卻顯示出對於達賴喇嘛政治路
線的不同理解和不放心。

2008年底，中共中央統戰部常務副部長朱維群就西藏問題接
受了BBC國際事務編輯丹尼森遜的採訪。他表示，達賴喇嘛是因為
1959年參加武裝叛亂，不是「非暴力」，是武裝叛亂失敗以後逃到
國外的，隨後他就宣佈要搞「西藏獨立」，而且宣佈撕毀西藏和平
解放時與中央政府簽訂的協議。從1960年代起，達賴集團在某些外

國力量的支持下，用外國的槍械裝備起來，進行了十年的邊境武裝襲擾。儘管這樣，從1980年代初，達賴喇嘛說他不想搞「西藏獨立」了，中央政府馬上就跟他進行了接觸，請他身邊的人，他最信任的人，先後有二十批回到國內和中央接觸、到西藏參觀。但是他們利用了中央的好心，在西藏境內又去大肆宣傳所謂「西藏獨立」。到了1990年代初，達賴喇嘛錯誤估計形勢，稱「不和一個即將垮臺的政權談判」，於1993年宣佈停止和中央政府的接觸。但是，他們的預期沒有實現，只好再度提出要和中央政府接觸。從2002年起，中央政府又和他開始了接觸，到2008年已經是第九次了。

　　朱維群還表示，達賴喇嘛1987在美國國會散發「五點和平建議」，1988年在法國斯特拉斯堡又提出了「七點新建議」，最近一次進行接談，他們又提交給中央政府一個「備忘錄」。

　　依據上述內容，朱維群概括出其中五條主要內容，包括：拒不承認西藏自古是中國領土的一部分，堅持聲稱西藏是1951年被中國佔領的國家；如果將來能夠回國，他要求把他的統治擴大到整個青藏高原；在這個「大藏區」之內，他要搞所謂的「高度自治」；他要求在這個「大藏區」，也就是中國四分之一的國土上，中國人民解放軍要全部撤走，把這個地方搞成一個「國際和平區」；在這個「大藏區」範圍內，也就是中國四分之一的領土上，除了藏族以外其他的民族要統統趕走，這要涉及多少人呢？涉及到世代居住在青藏高原上的漢、蒙、回等民族，大體上有幾千萬人。「這五條加在一起就是『西藏獨立』。如果你是中國領導人，你會接受其中任何一條嗎？」朱維群反問記者。

中間道路有法律效力

但達賴喇嘛稱，提出不謀求西藏獨立，不僅是他個人回應鄧小平「只要不謀求西藏獨立什麼都可以談」的提議，還得到了大多數流亡海外的藏人支持，西藏流亡政府早年還通過法律的形式確定下來。流亡印度達蘭薩拉的西藏議會議長噶瑪群佩接受我的訪問時強調，「中間道路已經不是達賴喇嘛個人的意見，而是由人民公決確定的，是流亡政府通過法律形式確定下來的既定政策」，並「由議會確認，有法律效力的」。

1994年3月10日，西藏精神領袖達賴喇嘛講話時，首次提出：未來西藏將走什麼路，應該以人民公決的方式確定。噶瑪群佩表示，為讓人民真正瞭解作出公決的內容，流亡政府又決定加強宣傳教育，把公決的期限一直延續到1997年7月31日。

噶瑪群佩說：「最後收集來的意見非常多，但最集中的是『不需要全民公決，只要達賴喇嘛作出決定就行了』，也有一部分支持中間道路，當然也有少數支持獨立的、支持非暴力不合作運動的。議會最後作出決定，表示根據國際形勢變化，西藏未來的路向由達賴喇嘛審時度勢作出的任何決定都視同為人民的公決。噶瑪群佩說，「中間道路就變成由議會確定的一種法律」。

這樣的政策也是可以改變的，噶瑪群佩表示：「如果要改變，一是達賴喇嘛宣佈與中共的談判已經失敗了，交由議會重新作出選擇，如果這樣的話，議會可以作出決定；第二是達賴喇嘛確認這條中間道路已經走不通了，要人民公決重新作出選擇；或者第三是人民用公決的方式否定了他。」

達賴喇嘛推動民主身體力行

　　這樣的可能性並非沒有基礎，基礎是民主制度已在流亡政府中推廣，噶瑪群佩回憶說，達賴喇嘛在1951年剛親政時就具有了民主的意識，由於共產黨進入了西藏，達賴喇嘛的這種意志沒有實現。1960年9月20日，各方選出的代表在印度達蘭薩拉達賴喇嘛前宣誓就職，成立議會，由此開創了西藏的民主發展之路。1961年通過了未來憲法草案的要點，1963年修改憲法時，根據達賴喇嘛的強烈要求，把達賴喇嘛的職務是可以罷免的意見放進去了。

　　1988年，達賴喇嘛進一步提出，以後政府各部門的部長不能由達賴喇嘛任命，議會議員經人民選舉以後，也不再需要達賴喇嘛簽字。

　　1989年，達賴喇嘛表示，流亡政府現行民主制度不是名副其實的民主制度，他任命部長絕對不符合民主制度，任命部長職務要到此結束；第二，所有議員都是人民選舉的，最後變成又是我簽署決定，也不符合民主。這次會議決定，西藏未來一定要實行法制和民主化。

　　依達賴喇嘛的建議，政府部長的選舉亦進行了改革，候選人由議會產生，也由議員作最後的投票，再次投票要得到80%以上的得票率。但依此規定，西藏流亡政府的第一次部長選舉只有三人當選，其他人都沒有達到八成的得票率。以後達賴喇嘛又提出，由人民直接選出首席部長，然後由他來組閣。噶瑪群佩表示，現在最新一屆的西藏流亡政府就是這樣產生的。

　　這樣的民主制度還是受到一些流亡的年輕西藏人批評，認為這樣的民主不是真正的民主，不像美國，也不像英國，也不像印度。噶瑪群佩回應指出，民主有多種形式，我們是西藏式的民主，西藏的民主自然要符合西藏的特點。

中間道路也遇到障礙

達賴喇嘛提出「中間道路」解決西藏問題，有些激進的流亡組織覺得既解決不了問題，也看不到成功的希望，提出要向百姓有個清晰交代，不能矇騙民眾。

為尋求漢藏融洽與解決西藏問題，西藏精神領袖達賴喇嘛提出「中間道路」，得到絕大多數流亡海外的藏人的支持。但隨著時間的推移，達賴喇嘛與北京談判進展不大，有些人開始對「中間道路」持懷疑態度。青年組織更認為，達賴喇嘛應受尊重，但解決西藏問題，還要靠西藏人自己爭取。

流亡藏人婦女組織於1984年成立總部，在冊會員有一萬三千多人，有四十七個分部，是流亡海外藏人組織中唯一公開支援達賴喇嘛「中間道路」的組織。次仁益喜是該組織主席，出生在西藏林芝，1961年六歲時隨父母到印度南方上學，1997年獲美國維珍尼亞大學哲學及教育學博士，她在接受訪問時表示，婦女會的決定很清楚，對達賴喇嘛的決定百分之百執行。次仁益喜擔任主席後，專程到各分部作宣傳，談到婦女會1997年支持達賴喇嘛的「中間道路」的決議，次仁益喜問大家，現在還有誰比達賴喇嘛更能決定西藏的前途？

次仁益喜知道，西藏也有婦女組織，雖然各自在政治理念上有分歧，但大家都屬藏族婦女，仍然有許多共同話題。次仁益喜通過多種管道向西藏帶話，希望可以和中國境內的婦女組織交流、合作，她認為，人與人接觸才會有更多瞭解，「我們的家在西藏，根在西藏，我們應該關心西藏」。根據具體情況，次仁益喜提出交流訪問不涉及政治，而是瞭解西藏實情，瞭解中國變化，但卻一直得不到西藏方面回應。之後，該婦女組織不傾向支援「中間道路」了。

藏青年會會長K. Phuntsok接受訪問時表示,達賴喇嘛提出「中間道路」有一段時間了,也作了努力,人民肯定會支持,「但我們始終認為,人民內心深處的願望是要獨立」。他還指出,「中間道路」不可能成功,也解決不了問題,對還是不對,要經過很長時間檢驗,爭取西藏獨立是不需要證明對還是錯的,青年會尋求藏獨,不僅是民族不能剝奪的權力,而且可以根本上解決問題。藏青年會的獨立意願很直接。

中國領導人到海外出訪,藏青會成員都會以自己的方式表達西藏獨立的意願,不久前國家主席胡錦濤訪美,西藏流亡政府呼籲海外藏民不要進行干擾,華盛頓的藏民聽取了流亡政府的勸導,其他各地的人數也大為減少。

「中間道路」受到挑戰

藏青會成立於1970年10月7日,登記註冊的會員有三萬多,在十多個國家及臺灣設有分部。K. Phuntsok說,10月7日是解放軍當年首次進入西藏的日子。K. Phuntsok表示:「當中國公民,還是當西藏公民,我們已經決定了。」藏青會對流亡政府熱衷和談看不到希望並強調:政府要向百姓有個清晰交代,不能矇騙民眾。

K. Phuntsok當藏青會會長四年多,雖然沒有進行過暴力行動,但他認為,西藏人民自發為自己的民族做任何事都是合理的。他更表示,和達賴喇嘛的非暴力爭取有分歧,「藏青會不排除任何手段,只要為西藏民族,任何手段都可以。如果武裝鬥爭可實現目標,百分之百支持」。

V. Woebar是僧侶,上世紀八十年代曾經參與西藏的抗爭而被抓,1991年翻山越嶺來到達蘭薩拉,彙集一批曾被關押的政治犯,

成立了政治犯組織，繼續為爭取西藏自由鬥爭，同時為流亡的政治犯提供互助。V. Woebar說，組織成立以來一直支援爭取「中間道路」，但在2001年召開大會，改變了對「中間道路」的看法，理由是，達賴喇嘛1979年推出「中間道路」，中國政府一直沒有回應，可見這條路沒有出路；另一個理由是，這個組織的成員曾為尋求獨立而入獄，所以要繼續。

2006年5月開始，北京方面加大力度批評、指責達賴喇嘛是分裂分子，還在拉薩召開揭批達賴喇嘛大會；2007年，由國家宗教事務局頒佈的《藏傳佛教活佛轉世管理辦法》，強調活佛轉世要得到中央政府批准。這一系列強硬措施在西藏境內外引起反對和抵抗，絕食、遊行抗議此起彼落；主張西藏獨立及不排除使用任何手段的藏青會的激進活動更趨激烈；對達賴喇嘛「中間道路」質疑在擴大。

2007年8月1日，四川甘孜藏族自治州的理塘縣，藏人郎格耶。艾達克在數千名群眾聚集的年度賽馬節慶典上，突然走上貴賓觀禮台，拿起話筒呼籲藏人支持達賴喇嘛返回西藏，並要求中國政府釋放班禪喇嘛和其他西藏異議人士。艾達克隨後遭拘捕。參加示威的流亡藏民對此表示，當局已為此拘捕了數十名藏人，並派出大批軍警進駐。

2007年8月30日上午，山城街頭的藏人商店都拉起了鐵閘，一些藏人開始聚集在達蘭薩拉的中心廣場，響應商會及婦女會的號召，遊行集會抗議北京當局亂捕藏人。逾千流亡印度達蘭薩拉的藏人，包括僧侶、小孩和婦女，手舉標語和被捕藏人的照片，步行到達蘭薩拉的鎮中心集會，有不少印度人也加入。遊行隊伍高喊口號，給這個宗教和旅遊城市添加了一些緊張氣氛。在達蘭薩拉街頭，要求西藏自由、要求釋放被抓的藏民的標語隨處可見，一塊奧運倒數的紀念牌，提醒要求給予西藏自由。

同一天，藏青年會召開年會，來自四十七個國家分會約兩百多流亡藏族青年代表參加，與會的還有從西藏境內來的二、三十個代表。K. Phuntsok說，會議討論的方向是比較激進的，傾向以暴力的方式，以西藏人自己的方式來解決西藏問題。「大家考慮，有一天達賴喇嘛不在了，西藏往哪裡去？我們要承擔這個獨立責任，現在就要開始做。」

　　K. Phuntsok表示，達賴喇嘛宣導非暴力沒有錯，但這麼長時間沒有結果，「很多人不相信了，這條路走不通」。K. Phuntsok說，採取激進行動，藏青會絕不是說說而已。拉薩哲蚌寺有喇嘛被抓，流亡藏人闖入中國駐印度大使館抗議；十四個流亡藏人在新德里市中心的古天文臺附近展開的三十三天絕食抗議；奧運倒數周年的8月8日萬人遊行等，都由藏青會參與組織。

　　藏青會主張採取暴力手段，開始受到一些人的認同甚至支持。

　　丹增貢波原本是中共黨員，在中國大陸一個縣的教育局工作。接受訪問時是連續三屆的「流亡政府」的「民選議員」。他支持達賴喇嘛的中間道路，也並不認為目前藏青會的做法激進，理由是「中共對西藏的政策非常不理想，是共產黨的政策越來越激進了，必定會有西藏人失去理性要反對」。丹增貢波非常擔心，「西藏人的狀況如巴勒斯坦，有溫和派、激進派，甚至搞武裝恐怖活動的」。丹增貢波說：「雙方是你死我活的鬥爭，原則是西藏民族能否生存下去。」他更擔心的是，共產黨內部理性的聲音越來越小，訴諸武力的聲音越來越大。

　　扎西是從拉薩來的青年，他有特別的管道，來來回回達蘭薩拉好幾次了。這次來是想見見達賴喇嘛，已經等了十多天了。1993年，扎西集聚了十多人，成立了自己的組織，分散在藏區各地，主旨是：要求西藏人自治；達賴喇嘛回來；保護西藏文化；所有漢人

離開西藏。扎西說：「達賴喇嘛是我們今生來世的主，違背了達賴喇嘛就失去了西藏的價值，但並不是說我們沒有能力搞破壞，我們敢做敢當。」扎西等人去考察過鐵路、水電設施，包括很多軍區駐地，他認為防衛都很差，要動手很容易。扎西說：「如果達賴喇嘛不在了，我們就不會有這樣的耐性了，我們會放棄中間道路，用自己的手段。」扎西並認為，一方面西藏漢化越來越嚴重了，另一方面達賴喇嘛的年事已高，給中央政府的機會不多了。

達瓦才仁1992年從青海藏區安多來到達蘭薩拉，2007年是西藏「流亡政府外交部」中文部主管，編輯中文的西藏通訊及網站。達瓦曾是一名警察，因為參與漢藏打架被拘留十五天。以後又重新被審，坐了六年牢。出獄後徒步三十多天來到印度。達瓦支持達賴喇嘛的中間道路，也一直代表流亡政府到印度各地藏民區去宣傳中間道路。不過，這些年來，達瓦有些氣餒，他表示：「以前相信有很多問題沒解釋清楚，現在看來是北京方面根本就不想談，總體感覺是倒退了，有關部門的有關人士是在拖延時間。達賴喇嘛說，即使我們什麼都不做，中央政府也嚴厲指責。」

達瓦說，最初達賴喇嘛提出放棄西藏獨立、走中間道路，老百姓不會問為什麼，現在要問為什麼、甚至提出反對。「如果達賴喇嘛不在了，信心又從哪裡來？誰又能比達賴喇嘛更有智慧呢？」支持達賴喇嘛非暴力主張，堅持要弘揚西藏民族文化的達瓦顯得有些無奈。

印度東部大吉嶺的西藏難民自救中心的主任強巴表示：「我們希望回到西藏，這裡不是我們的家。」這個西藏難民自救中心是達賴喇嘛二哥嘉樂頓珠的太太建立的，類似合作社。

剛流亡到印度，看到一些藏人生活沒有著落，就招募一些人織地毯、畫畫，慢慢自助合作，成立孤兒院，還辦學校，建立醫療

診所，還有印刷廠，讓藏民可以自食其力，最多時容納了四百多老人和小孩。強巴生在拉薩，八歲時跟父母來到印度，他強調，達賴喇嘛主張非暴力，中國領導人卻在等他死，為什麼不想想，死後問題會更麻煩呢？「你知道恐怖主義奧沙瑪·本·拉登嗎？如果逼急了，有一天，我們會做同樣的事情。嘉樂頓珠是漢藏對話的橋樑，如果都不在了，你要找對話的人都沒有，只能學本·拉登了。」

回應鄧小平「只要不追求西藏獨立，什麼都可以談」的提議，達賴喇嘛提出解決西藏問題「走中間道路」的主張，以此建立與中央政府對話、對談的基礎。但對話、對談多年來沒有進展，而來自北京方面的批評、指責日益激烈；流亡海外藏人則採取激進方式以示不滿亦越演越烈，甚至有七百多人報名，願意不惜以生命來捍衛「主張」。跡象表明，鄧小平開創的在不謀求藏獨前提下以對話、對談方式營造漢藏團結局面的構想，正在被對立、對峙、對抗的聲音所淹沒。達賴喇嘛說：「我非常擔心會失控。現在對中間道路持批評意見的人越來越多。但真理就是真理，中間道路我始終堅持。」1987、1988年出現「拉薩事件」，有人提出，如果抗爭發生暴力事件怎麼辦？那時候達賴喇嘛就說，如果走向暴力，我就辭職，從此就不管西藏問題。如今，他再次重申：「現在也是如此，如果走向暴力，我就退下來，不管了」。

達賴喇嘛反復不定？

達賴喇嘛及西藏流亡政府多次稱已經放棄藏獨，但與北京立場仍有距離。有學者認為，雙方談判中多次被動、上當，所以北京對達賴有不信任感。

西藏精神領袖達賴喇嘛離開西藏近五十年，前二十年一直在

夢寐以求建立西藏國中度過，至1979年，中共領袖鄧小平為解決西藏問題而表示，「達賴喇嘛放棄獨立什麼都可以談」以後，達賴喇嘛開始回歸不謀求獨立，並提出解決西藏問題的思路。但近三十年來，儘管達賴喇嘛誓言不謀求獨立，亦因此而獲諾貝爾和平獎，但北京和達賴喇嘛之間一直沒有友好突破。北京不相信達賴喇嘛已經放棄了藏獨路線，也不承認與達賴喇嘛之間有什麼對話、對談。有學者認為，這是因為達賴喇嘛在與北京接觸中反反復復，北京曾在班禪去世後邀請達賴喇嘛參加葬禮，結果被達賴喇嘛婉拒，失去了解決西藏問題的最好時機。

2008年3月28日，達賴喇嘛在新德里做法會的空隙接受我的訪問，因為趕著法會，有些問題沒有時間作答。他請西藏流亡政府部長兼德里代表丹巴才仁代為作答。達賴喇嘛和北京政府就他是否仍堅持獨立差距很大，丹巴才仁表示，很難說中國政府不瞭解達賴喇嘛的立場，而且他一遍又一遍地說不獨立，互相之間也有六次談判，都是討論這些問題，中國領導層肯定是瞭解的，他們還這麼說，只能是一個解釋，是出於某種需要，所以裝成不知道。

丹巴才仁是達賴喇嘛的妹夫，這麼多年來一直追隨達賴喇嘛左右，他表示，達賴喇嘛的中間道路的基礎和精神是，「西藏和中國在一起，雙方都有好處」。西藏地處偏僻，在亞洲的高山地區，中間被大山阻隔，經濟落後，與中國融合在一起更有利。「同時，西藏有獨特的宗教文化語言文字，類似的文化一定要保護，要保護就要自治，這種觀點在1974年就有了。」1987年，達賴喇嘛提出五點和平建議，其中第五條是漢藏和談問題，這在1988年斯特拉斯堡方案中提得更明確。丹巴才仁認為，這些原則和精神沒有改變，但有些補充。丹巴才仁表明，達賴喇嘛從1959年到1979年講的是獨立，以後講的是自治，排除了獨立，怎樣留在中國境內，開始沒有明

確，後來明確提自治。

其實，北京和出走後的達賴喇嘛也曾有過蜜月期，班禪喇嘛1989年1月28日突然圓寂，中央政府曾請佛教協會出面邀請達賴喇嘛到北京出席班禪喇嘛的追悼會，本來這是達賴喇嘛訪問中國的極好機會，但達賴喇嘛並沒有抓住這樣的機遇。丹巴才仁表示：「中國佛教協會發邀請確有其事，但當時發邀請到儀式開始僅一周的時間，要在一周內做好安排是不夠的，我們作出明確解釋，並不是說放棄，只是不能在要求的時間內到達。」

被質疑和詬病最多的還是達賴喇嘛不謀求西藏獨立的一貫性。有學者表示，上世紀九十年代初達賴喇嘛還曾經宣佈不謀求獨立的建議作廢，重回藏獨路線，北京有關部門在與達賴喇嘛的談判中多次被動、上當，所以有不信任感。對此，丹巴才仁解釋說，1979年以來，雙方都有接觸，並派出四個代表參觀團赴藏，兩個代表團到北京訪問，解釋達賴喇嘛的立場，但到1987、1988年一直沒有結果。

達賴喇嘛在九十年代初曾宣佈，因為建議無效，撤回斯特拉斯堡方案。丹巴才仁表示：「注意，是建議無效，而不是中間道路無效，或者是他的不謀求獨立的思想無效。因為中間道路提出的建議沒有意義，當然只有撤了。」

不過，那一年，在西藏流亡政府的網頁上，達賴喇嘛在紀念西藏獨立抗暴34周年（1993年）時的講話稿中，至今還清楚無誤地寫著：「每個西藏人均須更加精誠團結，發揮同合力量，為期共同早日完成復國建國的歷史使命而淬勵奮發戮力以赴。」西藏流亡政府發言人達瓦才仁對此解釋說，1995年前，一些藏文譯為中文的工作都由一些臺灣信徒幫忙翻譯，在很多地方出錯，如把藏語「自由」譯為「獨立」等，你看藏文就清楚了，有的已經作了修正。

放棄中間道路要公民票決

中國藏區不斷發生藏人自焚事件，牽動印度北部達蘭薩拉的流亡藏人。2012年三月中旬，流亡藏人新一屆議會召開第三次大會，會議召開前，議長邊巴次仁提議全體議員起立默哀，並用一整天的時間，有二十一個議員專門發言，討論西藏境內的嚴峻局勢。西藏流亡議會議長邊巴次仁接受專訪時表示，達賴喇嘛自2001年就處於半退休狀態，他最後一次訪問議會是2006年，即使達賴喇嘛將政治權力全部交給民選的政治領袖，對議會沒有任何影響，政府對議會所要承擔的責任都沒有大的變化。

第十四屆西藏流亡議會四十二位議員去年5月30日舉行就職禮。上任一年，面對西藏境內的嚴峻形勢，邊巴次仁說：「對境內出現的情況，我們不可能去要求他們停止，也不可能去鼓勵他們，這是他們自己的選擇。」在局勢最緊張的時候，有議員提出：國際社會不能介入，我們自己可以派境外的藏人進入去調查。邊巴次仁說，流亡議會給中國駐印度大使館發信提出，要求就西藏境內的情況進行磋商，「但中國政府沒有回應，卻向各國大使發出信函，有兩張信紙，由中國駐印度大使親自簽發，指藏人講的都是假話，是胡說八道」。

邊巴次仁指出，議會能做的是兩件事，為逝者哀悼，還有的責任是尋求徹底解決西藏問題。以議會的名義向國際社會呼籲，請求關注。西藏流亡議會通過了一個決議，用英文介紹西藏境內的情況，向國際社會呼籲，也會翻譯成中文。「會起到什麼作用，達到何效果，還要觀察。」

西藏境內最近的抗議者絕大多數是年輕人，而且大多沒有經過文化大革命，很多人連達賴喇嘛都沒見過，他們對西藏過去的歷史

都不清楚，邊巴次仁認為，選擇自焚抗議，說明了西藏年輕一代對西藏現實問題的不滿，要承擔起西藏未來的責任，這是一個變化。「達賴喇嘛退休，把政治權力交給藏人，令每一個藏人都感覺到自己的責任在增加。特別是年輕人，跟過去不一樣，由於媒體和資訊的開放，讓年輕人瞭解情況，有一種責任感，年輕人要擔負起自己的責任。」

儘管西藏境內形勢嚴峻，亦呈現與北京政府越走越遠的趨勢，邊巴次仁說，議會尊重達賴喇嘛的決定，堅持解決西藏問題的中間道路。1994年到1997年，達蘭薩拉提出全民表決的運動，最後有超過64%的藏民投票支持，西藏的未來尊重達賴喇嘛的決定。「從九七年到今天，我們堅持中間道路。中間道路只是一個原則，實施全面高度自治，按國際社會的變化，原則有可能改變，但目前仍堅持這個原則。」

不管達賴喇嘛現在有沒有政治頭銜，邊巴次仁認為，作為藏人，都會尊重達賴喇嘛之前的宣導。如果西藏民眾要放棄達賴喇嘛的中間道路，也需要公民公決。

第四章
中共高層與達賴喇嘛的博弈

　　從印度北部沿崎嶇曲折的山路向遠處眺望，一邊是懸崖下的北部平原，一邊是頂端常年積雪的山巒，在群山環繞之中，一座山城展現眼前。

　　這就是達蘭薩拉（Dharamsala）。西藏精神領袖達賴喇嘛和追隨他的流亡西藏民眾，自1959年出走西藏後，在印度北部山區開山闢建了這個流亡藏民的新家園，在這裡生活了五十年。達賴喇嘛稱自己是半個馬克思主義者，數十年在達蘭薩拉追求的是民主、平等的社會主義實踐。他希望西藏要走向真正的民族自治。

達賴和中共曾經的蜜月期

　　這麼多年來，返回家園始終是達賴喇嘛揮之不去的一份堅持。在位於印度北部達蘭薩拉一千七百多米高山上的行宮內，達賴喇嘛多次接受作者的訪問，他難掩內心對故土的思念之情。他對作者表示：「出走是因為無奈，回國完全發自內心。」

　　五十年前，解放軍挺進西藏中西部地區，西藏發生暴亂，局勢不穩。1959年3月17日，時任全國人大副委員長的達賴喇嘛和約八萬名西藏人翻越喜瑪拉雅山脈流亡尼泊爾、印度和不丹等國。現在流亡海外的藏民人數已逾十多萬。數十年來，達賴喇嘛的代表和北京政府間，為解決達賴喇嘛的返國及西藏流亡政府提出的西藏「高

度自治「問題」，存在著時斷時續的接觸。

達賴喇嘛對五十年前的往事記憶猶新，他也曾是中國副國級國家領導人。1954年，北京邀請年僅十九歲的達賴喇嘛進京參加人大會議，儘管當時有不少人勸說他不能去，會有生命危險，達賴喇嘛還是帶著約五百隨從如期出發了。他船載馬馱一直行走到成都，在成都坐火車到西安，然後再乘火車進京。當年在北京參加「兩會」，他被提名選為全國人大常委會副委員長，是中國最年輕的國家領導人。他說，毛澤東把他當小孩，劉少奇、陳毅等國家領導都對他很好。

1955年，達賴喇嘛到中國各地參觀，參訪了哈爾濱、瀋陽、武漢、上海、南京、天津等，遇到很多地方共產黨幹部，「他們說話直截了當，很誠實，非常好。那些非黨人士在共產黨的領導下也很客氣，所以我感到，這些共產黨員真的是不同一般」。

當年達賴喇嘛還很年輕，但他感受到，全心全意地為人民服務，是那些黨員發自內心的追求，他稱「我的上司」劉少奇非常好，朱德、彭德懷也是非常好的人，鄧小平很偉大。「接觸省一級的領導幹部和共產黨員，能感受到他們有一種發自內心的熱情，以及毫不利己、專門利人的氣質。可現在沒有了。」

1955年快離開北京時，有一次接到通知，毛澤東突然約他到中南海見面，那時他還在人大開會，不知是否可以馬上去，就向劉少奇報告。結果，劉少奇讓他趕緊去。達賴喇嘛說：「當時見面就像父子一樣，毛澤東很親切、和藹，給我很多教誨。毛澤東要我直接、秘密地聯絡他，有什麼事可以直接寫信。」

1957年，達賴喇嘛出訪印度後回西藏，局勢越來越複雜。他稱給毛澤東寫過兩封信，卻沒有任何回應。地方正出現衝突，如果毛澤東有指示，可以採取相應緩解措施，結果是石沉大海，令他無計可施。

1959年3月17日離開西藏，是下午做出的決定，晚上就撤走。剛離開羅布林卡時並沒有計畫要到印度，先到了西藏的南部看看形勢發展，「我17日離開，20日大炮就響了，鎮壓開始了，這樣我就離開來到印度。」達賴喇嘛說。他還透露，當年出走還有一個重要原因是，毛澤東和他會談時曾講：「跟著我好好幹，宗教都是騙人的。」這令他非常震驚。不過，他也承認，社會主義和共產黨人給他的良好印象讓他難以忘懷。

　　多年後，我有機會在美國洛杉磯訪問出走美國的中共前香港新華社社長許家屯。許家屯給我講述了一些故事。1954年達賴喇嘛在北京開完人大訪問內地，曾到南京見過許家屯，還分別贈送了一塊歐米茄手表和一支派克鋼筆給時任南京市委書記的陳丞顯和南京市長許家屯。歐米茄手表原來是給許家屯的，但陳丞顯說，他已經有鋼筆了，要跟許家屯調換手表。講這段故事時，許家屯忍不住哈哈大笑。陳丞顯是他的上司，唯有答應。

　　許家屯還講了另一個故事，當達賴喇嘛發信給毛澤東講述西藏現況，希望阻止解放軍進藏，卻一直沒有接到毛的回覆。隨著解放軍逼近，他只能離開拉薩，在南部還等了多天。但此時，中共各地方政府的領導們卻接到了來自北京的中央文件，要求各地政府不必阻攔達賴喇嘛，讓他走！毛澤東沒有回信，是因為中央並不支持達賴喇嘛的訴求。達賴喇嘛這一走就是數十年。

達賴喇嘛回憶與中共的機緣

　　自1959年翻越喜瑪拉雅山脈出走印度，西藏精神領袖達賴喇嘛離開中國數十年。這麼多年來，返回家園始終是達賴喇嘛揮之不去的一份堅持。「出走是因為無奈，回國完全發自內心。」在位於印

度北部達蘭薩拉一千七百多米高山上的行宮內，達賴喇嘛接受我的獨家訪問時，他總難掩內心對故土的思念之情。

數十年來，達賴喇嘛的代表和北京政府間，為解決達賴喇嘛的返國及西藏流亡政府提出的西藏「高度自治」問題，雙方的接觸時斷時續。自2002年恢復中斷十多年的接觸以來，在進行了第五次正面接觸時，雖然未有實質性的突破，但達賴喇嘛和西藏流亡政府都表示效果正面。達賴喇嘛表示有信心重返中國，理由是「時代在變，中國共產黨也在變」。

1979年中美建交後，鄧小平對達賴喇嘛的特使說：「除了西藏獨立之外，所有其他的問題都可以談。」班禪喇嘛也呼籲達賴喇嘛及流亡在外的西藏人回去。這一年的八月，達賴喇嘛派出的五人考察團離開新德里前往西藏和北京。考察團於北京停留兩周，考察西藏四個月，開啟了達賴喇嘛流亡後與北京政府接觸的一頁。達賴喇嘛表示，從那時起，決定放棄謀求西藏獨立的政策，調整到中間道路的路線上：解決西藏問題的過程中，西藏人既不接受西藏在目前中華人民共和國所處的地位或狀態，也不尋求西藏的主權獨立地位，而是取中間路線，即在中華人民共和國的框架範圍內尋求整個西藏三區施行名副其實的自主自治。

雖然，北京政府至今並不接受和認同達賴喇嘛的中間道路，甚至並不信任達賴喇嘛放棄西藏獨立的立場，但北京政府在不同階段都表示，和談的大門是永遠開啟的。1981年7月27日，時任中共最高領導人胡耀邦總書記明確提出《關於達賴喇嘛回國的五條方針》，內容包括不再糾纏過去的歷史（1959年），中共歡迎達賴喇嘛和跟隨他的人回來定居，達賴喇嘛定居後的政治待遇和生活待遇不變，「至於西藏，他就不要回去了，西藏的職務就不要兼了」。達賴喇嘛以後也幾次直接寫信給鄧小平、江澤民。那個時期被認為

是達賴喇嘛和北京政府的蜜月期，1983年，達賴喇嘛就曾提出要去西藏看看。但以後因環境變化及胡耀邦的離任，接觸中斷。

鄧小平西藏政策揭秘

1979年，在文化大革命中遭迫害、重新復出主持工作的中共前國家領導人鄧小平主動向出走二十年的達賴喇嘛招手，並放話：除了西藏獨立，什麼都可以談。達賴喇嘛的二哥嘉樂頓珠是這段歷史的當事人。

在中國領袖鄧小平逝世十周年前夕，嘉樂頓珠在香港接受我的獨家訪問，首次透露當年與鄧小平會晤的情景，解密鄧小平解決西藏問題的思路和政策。

達賴喇嘛的二哥嘉樂頓珠在印度噶倫波定居，但經常往來印度香港之間。第一次見他，相約在香港銅鑼灣時代廣場晚餐，他說住得較遠可能會遲到十分鐘，結果他提早了五分鐘到達了；第二次，約他早上十點在中環東方文華酒店作訪問，他早十分鐘就坐在大廳看報紙了。這位藏族老人仍然保持著講信用、守諾言的個性。雖然，漢藏關係的歷史重任壓彎了他的腰，滿頭白髮折射出為解決西藏問題奔走的歲月無情，那張古銅色的臉上刻下的是為藏民操勞的滄桑，但已經走入人生八十年華的嘉樂頓珠仍然精神抖擻，充滿信心。

為解決達賴喇嘛返回祖國的問題，從1979年鄧小平邀請嘉樂頓珠赴北京商議解決西藏問題，到接受採訪時已經二十八年了。二十八年來，嘉樂頓珠經常穿梭北京和印度達蘭薩拉（Dharamsala），傳遞旨意，互通資訊。但中國改革總設計師鄧小平拉開的漢藏共融、邀請達賴喇嘛早些回國和談的序幕，後來者卻一直沒有突破。

一開口，嘉樂頓珠談的就是達賴喇嘛早日回國的問題，他顯得很著急，很擔憂。

嘉樂頓珠重溫1979年，鄧小平透過香港新華社社長李菊生主動邀請他去北京訪問的情形。他對鄧小平真誠務實很有好感，終使達賴喇嘛放棄藏獨。八十年代又與時任西藏區委書記的胡錦濤在北京會面，並對鄧小平說「多幾個胡錦濤，中國的問題就會少一點」。他感到後來北京當局背棄了鄧小平當年「除了藏獨什麼都可以談」的承諾，期望能回到鄧小平的路線。

西藏究竟要往哪裡去？漢藏之間的隔閡如何才能冰釋雪融？這是1959年出走印度的西藏精神領袖達賴喇嘛一直思考的問題。二十年後，直到1979年，在文化大革命中遭迫害、重新復出主持工作的中共前國家領導人鄧小平主動向達賴喇嘛招手。鄧小平的豁達、謀求漢藏和諧的真誠感染了遠在印度的達賴喇嘛，達賴喇嘛隨後亦宣佈放棄西藏獨立，尋求解決西藏問題的中間路線。達賴喇嘛與北京的中央政府之間在他出走二十年後開始了一段蜜月期，但卻好景不長。

即使蜜月期中，中央政府和流亡印度的達賴喇嘛始終難以達成共識，甚至達賴喇嘛不謀求西藏獨立的承諾都未被北京政府相信，即使達賴喇嘛期望回到中國，僅為了結到五臺山朝聖的心願亦變得遙遙無期。達賴喇嘛和中央政府之間的「結」難以解開，這一切令達賴喇嘛的二哥嘉樂頓珠感到焦慮。這位當年應邀親赴北京會晤鄧小平的藏人，十多次來往於印度達蘭薩拉與北京，在西藏流亡政府和北京政府之間穿針引線二十八年，他視藏漢和好為己任，把兩個民族的命運緊緊纏在自己的身上，拚命把兩邊往中間拖，直到歲月染白了頭，重任壓彎了腰。

對達賴喇嘛的二哥嘉樂頓珠來說，這是一段甜蜜的回憶。前國

家領導人鄧小平個子不高，與身高逾一點八米的嘉樂頓珠相比矮了一截，但當年鄧小平果敢的作風、舉手投足充滿魅力的身影，給嘉樂頓珠留下深刻印象。尤其是鄧小平對解決西藏問題的寬容和諧政策、幾次力邀達賴喇嘛返國的真誠，成為嘉樂頓珠美好的記憶。但言談中，他還是難以掩飾心中的疑慮：西藏能實現鄧小平曾經許下的諾言嗎？

早年，嘉樂頓珠沒有接受毛澤東電函要他去北京的邀請，於1952年出走到印度噶倫堡定居。長時期離鄉背井，嘉樂頓珠基於自身所經受的艱難磨練，又受到達賴喇嘛的非暴力思想的影響，開始反思西藏問題，尋求解決、結束流亡生涯的路徑。他不能去中國大陸，就經常到香港，研究、瞭解中國大陸的情況。

1978年底，復出主政的鄧小平委託新華社香港分社的社長李菊生派人尋找在香港的達賴喇嘛二哥嘉樂頓珠。幾個星期後，經人介紹找到嘉樂頓珠。李菊生對嘉樂頓珠表示，鄧小平希望他能去北京看看，可以當天去當天就回來。聽到這個消息，嘉樂頓珠很興奮，但他表示：「我的身份特別，我是達賴喇嘛的哥哥，要去北京的話需要達賴喇嘛的許可和同意。」嘉樂頓珠回到印度，向達賴喇嘛作了報告。達賴喇嘛表示同意：「如果鄧小平先生要你去，你就去呀，你以私人的身份去拜訪鄧小平先生。」

嘉樂頓珠回憶，1979年1月份，正是北京嚴寒時節，李菊生陪同嘉樂頓珠去北京。「我們住在圓明園附近一個很特別的招待所，地方很大，聽說早年彭德懷元帥在這裡住了相當一段日子。」會見地點在人民大會堂。一見面，鄧小平就像老朋友般握著嘉樂頓珠的手說：「百聞不如一見，我們歡迎住在世界各地的西藏流亡人士，為瞭解西藏的真實情況而前來。」由此，開啟了達賴喇嘛出走印度二十年後的首次高層接觸。

鄧小平籲達賴喇嘛早回來

鄧小平率性直爽，他對嘉樂頓珠表示：「你今天有任何問題都可以提出來，可以商量，大家可以談。「嘉樂頓珠向鄧小平表示歉意，沒有及時到北京是因為去印度請示達賴喇嘛了，「他讓我來北京，看看你老人家」。鄧小平非常高興，很直率地說了：「非常希望達賴喇嘛能早日回來。」

嘉樂頓珠表示，達賴喇嘛或流亡政府沒有委託來談判，是以私人的身份到北京的。這時，鄧小平講出一段影響歷史的話：「你就談吧，西藏獨立問題，不要說我，就是未來其他中國領導人都沒有辦法決定給西藏獨立，除了獨立以外什麼都可以談，今天就可以談。」

嘉樂頓珠當時提出了三個要求。一是二十年來，流亡的大部分西藏人與家人失去聯絡，不知西藏親人的情況，他要求鄧小平可以開放印度和西藏邊境，使得海外的藏民可以回去探親，找他們的親人。話音未落，鄧小平接上就說：「一點問題都沒有，非常歡迎藏族人民回來探親，來去自由。在西藏自治區的藏族同胞也可以自由地到印度去，或者旅遊、或者去朝聖，一點不阻擋，我今天就下命令。」

嘉樂頓珠接著又提出第二個問題，要求照顧上一世的班禪，他在這些年中受了很多委屈，因此希望能恢復班禪的自由。鄧小平聽後說：「我馬上派人去處理，恢復班禪的職位，我們委任他做政協副主席。」

嘉樂頓珠再要求，在印度流亡二十多年，達賴喇嘛利用印度政府的支持，辦了很多的學校，教育了學生，亦培育了很多教員，聽說西藏很多學校缺少藏語教師，可以派一部分人到西藏自治區做教育工作。

鄧小平要千人回藏教書

　　鄧小平回答說：「這很好啊。」他接著又問：「可以來多少人？」嘉樂頓珠說，初次可以派三、四十人，以後每年增加。鄧小平馬上說，不行，你要派一千人來，因為我們非常需要教語言的教師，西藏自治區需要，在北京的民族學院都需要藏文先生，你們的教員藏、英文都懂，可以來教。鄧小平還說。他們來了也可以看看我們的大字報，「你們的青年人來，也可以貼大字報，發表他們的意見和看法」。

　　嘉樂頓珠至今印象很深刻的是，鄧小平還勸他說，過去的社會迫害了很多人，別說藏族一個區域，中國內地也有很多地方的人遭到迫害。鄧小平舉自己的例子，他都受迫害。他告訴嘉樂頓珠，自己不知關了多少年了。鄧小平還轉身問當時的統戰部長烏蘭夫：「你被關了多少年？」烏蘭夫回答說，他坐了九年的牢。鄧小平懇切地對嘉樂頓珠說：「我們大家往前看嘛，轉告達賴喇嘛，希望他早日回來。回來後，過去的位子不會變動。」這是一次歷史性的會見，令流亡海外的達賴喇嘛與北京政府開啟了溝通的大門，也使達賴喇嘛下決心不再謀求西藏獨立。

　　回到印度，嘉樂頓珠把會見鄧小平的情況詳細作了彙報，並勸流亡海外的藏人應該與北京的中央政府多溝通，尊重鄧小平的建議，多回去看看藏區的情況。雖然達賴喇嘛周圍不少人有不同意見，甚至認為共產黨靠不住，但達賴喇嘛接受了這樣的提議並提出：「從現在開始，我們不謀求獨立，派人與中央政府溝通，派人去看看西藏的情形。」

　　由此，達賴喇嘛和西藏流亡政府為瞭解西藏的真實情況，1979年到1980年間，先後派出了三批參觀代表團到西藏。但前去西藏的

訪問團回來後的反映都不好，代表團所到之處都是哭訴所遭遇的苦難。嘉樂頓珠將詳細情況告訴新華社社長李菊生。李菊生向中央作了彙報，這是直接導致1980年3月14日胡耀邦主持召開了中共中央書記處「西藏工作座談會」的一個重要原因，後來被稱為「第一次西藏工作座談會」，並將座談會紀要作為中央文件發給全黨。

胡耀邦務實開明

兩個月之後，當時已屆高齡的胡耀邦親自到西藏視察，隨行者有當時的副總理萬里、全國人大副委員長阿沛·阿旺晉美、民族委員會主任楊靜仁等。胡耀邦在拉薩逗留了九天，與各方面開會、談話，臨走的前一天，召開了包括西藏黨、政、軍所有縣團級以上幹部四千多人的「西藏自治區黨委擴大會議」。在會上，胡耀邦發表了激情洋溢的講話，提出未來的核心目標是「儘快地使西藏人民的物質文化生活較快地提高起來」。

回想當時的情形，嘉樂頓珠說：「這個情況其實我很清楚，那時西藏的情景很困難，甚至到了叫人難以接受的地步，但就是鄧小平先生所講的，要往前看。因此，我就尊重鄧小平的講法：往前看。再斤斤計較過去的事沒有用處，死的人、被殺的人、被搶的人都恢復不了。達賴喇嘛的中心思想是為了長久計，要與漢族同胞和好。」二十八年間，嘉樂頓珠十多次赴大陸，就是聽從鄧小平的勸告，向前看，多多溝通。除了達賴喇嘛本人以外，達賴喇嘛在國外的親屬都曾以觀光代表團的身份，回到西藏參觀探親。

1981年7月28日，時任中共中央總書記的胡耀邦在人民大會堂接見嘉樂頓珠，會談約一個小時，胡耀邦交給嘉樂頓珠「關於達賴喇嘛回國的五條方針」。其中體現了鄧小平「向前看」的精神，提

出歡迎達賴喇嘛回國的邀請，「達賴喇嘛回來定居後的政治待遇和生活待遇，照1959年以前的待遇不變」，可以是當「人大副委員長」，也可以是「全國政協副主席」。其中也希望達賴喇嘛不再兼西藏的職務，可以經常去看看，但不要在西藏定居。「五條方針」最後明確，達賴喇嘛什麼時候想回國，以什麼方式都可以，途經何處回國都由他自己定，「如果坐飛機回來，我們組織一定規模的歡迎儀式迎接他，並發佈消息」。

嘉樂頓珠表示，胡耀邦務實，他對西藏的問題有自己的看法，他對達賴喇嘛的態度現在看來是很開明，很開放的。嘉樂頓珠表示，他與胡耀邦談起大西藏區的問題，胡耀邦回答說：「這個問題沒有人提過，你是第一個提出來的，以後我們慢慢的再研究和商量。」

胡錦濤對西藏瞭若指掌

上個世紀八十年代後期，西藏發生暴亂。平亂後，有一次，嘉樂頓珠去北京，鄧小平派人告訴嘉樂頓珠，希望他能見一下時任中共西藏自治區黨委書記的胡錦濤。那時胡錦濤正在北京養病，兩人就相約在統戰部見面。

胡錦濤給嘉樂頓珠的印象是一個很誠懇又很溫和的領導人。已經近四十年沒有回西藏了，嘉樂頓珠很詳細詢問西藏、拉薩的情況，「我問得很詳細，問得很多，關於西藏的經濟，關於西藏的行政方面，零零碎碎的。胡錦濤都很耐心地一一作答」。嘉樂頓珠指出，拉薩市區洗手間太少了，為什麼不多蓋一些，另外問胡錦濤「拉薩很多野狗在街上亂跑，怎麼不收拾那些野狗」等等。

令嘉樂頓珠驚訝的是，胡錦濤連拉薩街上有多少野狗的數字都

能清楚講出。胡錦濤說，在拉薩蓋了很多公廁，但藏民有時不喜歡
到公廁去解手。還有的人作惡，扔石頭進去。拉薩的人喜歡喝酒，
有的人沒有工作。胡錦濤告訴嘉樂頓珠，他特別想辦法准許了1,500
個三輪車牌照，特許給藏人經營。胡錦濤說，後來有的藏人把牌照
賣了，有的租給漢人，結果是漢人賺了錢。

　　嘉樂頓珠與胡錦濤談了兩個多小時，嘉樂頓珠對胡錦濤的評價
是幾個「很」字：「他很不錯、很謹慎、很務實，給我印象很深，
也很好。胡錦濤不是做官而是做事的人，他沒有官氣，很務實。不
像共產黨的官員很多是做官的，不是做事的。」

　　那次見完胡錦濤後，鄧小平又派人來問嘉樂頓珠，對胡錦濤有
什麼印象。嘉樂頓珠請來人轉告鄧小平：「我說，多幾個胡錦濤，
中國的問題就會少一點。」對中共的主要領導，嘉樂頓珠有很高的
評價，他認為，鄧小平是一個非常有魄力的領導人，他敢作敢為，
眼光看得很遠。「是他找我去看他的，這很有胸懷。我是一個流亡
到印度反對共產黨的人當中的一個很重要的人，流亡印度多年，他
很有眼光。」

會晤多任統戰部長

　　自1979年受邀見鄧小平後，除了時任統戰部長劉延東未見外，
嘉樂頓珠與各任的統戰部長都見了，有烏蘭夫、閻明復、習仲勳、
丁關根、王兆國。嘉樂頓珠說：「他們都是很好的官。」王兆國任
統戰部長年期最長，嘉樂頓珠每年都要見他，「王兆國很開明，他
請我吃好幾次飯，我們在一起聊得很愉快」。丁關根見嘉樂頓珠時
遞給他一張紙條，希望轉告達賴喇嘛回國，可以成為中國的宗教領
袖，為中國的宗教發展多作貢獻。

嘉樂頓珠也向王兆國建議，能不能與達賴喇嘛面對面的直接對話，大家罵來罵去的不好，解決不了問題，應該有新步驟。王兆國問嘉樂頓珠有何建議，嘉樂頓珠說：「邀請達賴喇嘛先回來，讓他回來看看，聽聽中央領導人說什麼，也讓中央領導人親自聽聽達賴喇嘛要求什麼，這樣問題容易解決，像我們這樣做郵差送信的，沒有用處的。」王兆國認為這樣的想法不錯，所以希望達賴喇嘛的代表來國內溝通，2002年北京又重新接納達賴喇嘛派代表溝通。嘉樂頓珠認為：「漢藏都是黃皮膚，藏漢不團結是中了外國的離間計。」

　　不過，2006年5、6月份開始，情況又有反復，嘉樂頓珠說，北京一些人放話，指達賴喇嘛分裂、要搞藏獨等，罵得很厲害。「中央很多機構批評達賴喇嘛，很厲害，我覺得，對我來說是一個很大的轉變，鄧小平以前沒有這樣做。」

　　2006年兩會期間，西藏自治區主席向巴平措批評達賴喇嘛「堅持西藏獨立的立場沒有改變，分裂祖國的實質沒有改變」；西藏自治區黨委書記張慶黎接受德國《明鏡》週刊訪問時也批評「沒有一天不在企圖分裂祖國」；6月10日，西藏「人大」在拉薩召開大會「深入揭批達賴分裂主義政治集團罪行」。來香港前，嘉樂頓珠去印度達蘭薩拉見達賴喇嘛，達賴喇嘛告訴他說：現在不止罵，在西藏自治區還到基層農村去罵達賴喇嘛。「我相信他們是罵錯了」。嘉樂頓珠強調，達賴喇嘛解決西藏問題走中間道路是真實的，「他的中間路線就是大家有商有量的路線，不是強硬路線。」

　　嘉樂頓珠承認，流亡海外的有些藏人也有錯誤，「中央政府想同我們好好對話、談判，但我們沒有珍惜，結果把機會錯失了」。他透露，在閻明復任統戰部長時，中央政府曾經邀請達賴喇嘛到北京，主導班禪喇嘛的追悼會。嘉樂頓珠帶邀請函返印度，但身邊的

人不讓達賴喇嘛去。嘉樂頓珠非常懷念鄧小平時代對達賴喇嘛、對西藏問題的開明開放政策，他還是期待胡溫時代有智慧解決西藏問題，讓達賴喇嘛有回到祖國的一天。

嘉樂頓珠說，達賴喇嘛早已宣佈放棄「藏獨」、走和平的中間路線；但北京一些人違背了1979年鄧小平與他會見時所達成的共識。他說，達賴喇嘛是唯一可能修補漢藏民族裂痕的藏人，有人以為達賴死了問題就解決，但到時連對話的人也沒有了。

趙紫陽委託身邊人給達賴喇嘛帶信

生死平等，沒有人可以有特權。當你面臨死亡時，需要心靈上的慰藉，這只有宗教可以做到。達賴喇嘛是一個至高無尚的精神領袖。在世界上，大家對達賴喇嘛的尊重也在於他是精神領袖，而不會去考慮政治原因。

那是2004年的冬天，前中共總書記趙紫陽委託身邊人給遠在印度的達賴喇嘛帶信，並再三叮囑帶信人，一定要把信交到達賴喇嘛手中，並且要有回覆。身在美國的達賴喇嘛前待衛長嘉楊達傑向我表示：「信不長，僅一頁紙，稱達賴喇嘛活佛。他說，自己年紀大了，來日不多，臨終前，只有二個祈求：一是希望達賴喇嘛幫助祈禱，讓他可以走的很安穩；二是關注到達賴喇嘛關心六四天安門廣場的逝者，希望達賴喇嘛有機會一定要到天安門廣場為死難者做一個時輪金剛法會。」

時輪金剛法會是藏傳佛教中最大的法會，不久前，達賴喇嘛在華盛頓DC舉辦的就是這樣的法會，參加者多達兩萬多人。時輪金剛也是藏密尊奉五大本尊之一，藏名叫「唯柯」，意為時輪。按《時輪金剛法》所說，一切眾生都在過去、現在、未來「三時」的

「迷界」之中，不得解脫，輪迴流轉，若依此尊修習，控制體內「有生命之風」，以保長壽，並通過「五智」和「禪那（禪定）」合一的相應方法，便可達到即身成佛。在天安門廣場做一場時輪金剛法會，是達賴喇嘛在「六四」後主動提到的。嘉楊表示，達賴喇嘛也有兩個回中國後的願望，一是要去五臺山朝聖；一是要在天安門廣場做一場時輪金剛法會。趙紫陽知道，所以，在即將走完人生最後路程的時刻，臨終託付。

據悉，趙紫陽和胡耀邦都有身邊人與達賴喇嘛保持聯絡，趙紫陽託人直接寫信聯絡是第一次。他通過親朋好友告訴達賴喇嘛，晚年時閱讀很多佛教的書，也看過好幾本達賴喇嘛寫的書，他稱「達賴喇嘛」而不是如現任中共官員直呼「達賴」，表示尊重。達賴喇嘛作了回覆，答應會為他祈禱，並帶給趙紫陽一尊五吋高的佛像和哈達。

趙紫陽去世後，他希望身後事按達賴喇嘛的旨意辦。有好友直接詢問達賴喇嘛怎麼辦理。達賴喇嘛轉告說，人活著有意義，死了不要貪戀，不要舉行隆重的儀式，簡單就好，好與壞都在人的心裡。趙紫陽去世後一年，骨灰都在家中安排，達賴喇嘛建議，入土為安最重要，不要放在家中。「可以的話，以無名碑安放在五臺山的附近。」嘉楊表示：「最後不知是否按照達賴喇嘛的建議做，但前中共最高領袖與達賴喇嘛之間的相互尊重和崇敬很人性化。」嘉楊說，達賴喇嘛評價趙紫陽是一個有民主思想的人，一個開明的人。達賴喇嘛也經常提起胡耀邦，說他在關鍵時候沒有貪位，代表了一個人的良知。他常說，「胡耀邦是一個很誠懇、是一個無私的人，每次都說他是一個無產階級革命家。」

時任中國國家副主席習近平出席了「西藏和平解放六十周年」的慶祝活動。達賴喇嘛說：「我對習近平不是很瞭解。當然，他父

親習仲勛，我相當熟悉，非常和藹和愉悅。」

八十年代，達賴喇嘛的特使訪問西藏時，並會見了習仲勛，看到了習仲勛一直保存著達賴喇嘛多年前送給他的一塊金表。五十年代前後，習仲勛曾經在西藏工作過，同十世班禪和達賴喇嘛關係密切。

前青海塔爾寺住持、中國佛教協會副會長、中國全國政協常委阿嘉仁波切1994年和班禪大師母親一起在深圳看望中風初癒後的習仲勛。令阿嘉仁波切震撼的是，習仲勛雙手合十舉到額頭，說對達賴喇嘛和班禪喇嘛心底有虔誠，他們兩個（人）保佑我。嘉楊說，人的出生和死亡是無法自我選擇的。「生死平等，沒有人可以有特權。當你面臨死亡時，需要心靈上的慰藉，這只有宗教可以做到。達賴喇嘛是一個至高無尚的精神領袖。在世界上，大家對達賴喇嘛的尊重也在於他是精神領袖，而不會去考慮政治原因。」

達賴喇嘛可以是北京最好的夥伴

第十一次西藏宗教大會上剛剛結束，第十四世達賴喇嘛就靈童轉世公開聲明，嘉楊認為，這是達賴喇嘛退休不到一年，就靈童轉世事宜作出純宗教的理論詮釋。未來，達賴喇嘛會將自己的精力更多的投放於宗教事務。嘉楊說：「世界對達賴喇嘛的宗教尊重會隨達賴喇嘛不斷完善宗教改革，提供更多理論基礎和思考而更為提升。」

據嘉楊所知，現任中共高官的一些家人都有見過達賴喇嘛，「現在（中共十七屆）的幾個常委中，有二個人的家屬曾經見過達賴喇嘛，還有一個中常委曾託人帶話給達賴喇嘛，說他也信藏傳佛教，有空就在家中抄金剛經。達賴喇嘛經常開玩笑說，抄是沒有用

的，關鍵是要改變腦筋。其實，這些領導是把達賴喇嘛當作宗教即精神領袖表示尊重的。」

2011年，華盛頓的法會有超過兩萬的人參加，這在美國是最大的法會。在華盛頓DC，最高的樓是國會山莊，要遠離經濟和宗教。達賴喇嘛是第一個宗教人士在那裡辦這麼大的法會，這需要美國絕大多數議員同意的。雖然美國宗教自由，但華盛頓DC是不充許舉行大型的宗教活動以免干擾。嘉楊說，達賴喇嘛做到了，最主要的是，達賴喇嘛不只是講佛教的東西，重要的是講不少人類的價值，是他自己的體驗。「達賴喇嘛把佛教更為廣闊的演繹，他的思想源頭來自佛陀，但走向更遠。原有的時空背景下，佛陀主要在亞洲，沒有更多的時空背景，達賴喇嘛將之帶向地球的深處，走的更遠了。」

世界上不同膚色，不同人種，甚至不同信仰的人士都樂意接受達賴喇嘛這個精神領袖。嘉楊說，如梵蒂岡的主教，很少會有佛教人士去參與他的活動。但達賴喇嘛到美國受歡迎程度是超越國籍、超越宗教的。有人說，達賴喇嘛卸下政治責任後退下來，空間會小，我認為不可能。就他個人來說，是開拓了一個更為廣闊的路。「西藏政治領袖的光環並沒有給達賴喇嘛加分，如果西藏人民可以早些站出來自己執掌政權，達賴喇嘛早就會退休。他已經站上了世界精神領袖的峰巔舞臺，民間說，達賴喇嘛是至高無上的，這還是從精神領袖的意義上講。」嘉楊的觀點是：如果達賴喇嘛回不到自己的國度，他就是世界人！他應該成為國際法認可的世界精神領袖，也應該由國際法來認定達賴喇嘛的轉世。

上世紀末，年約十六歲的嘉楊從青海藏區翻過喜瑪拉雅山，來到印度，又因為母親生病又翻山回到青海看望母親時被當局抓捕，關入監獄兩年多，期間換了七個關押地，受盡折騰。獄中生病

住院，趁武警看管不嚴，又一次出走翻越喜瑪拉雅山來到印度。有幸單獨見到達賴喇嘛，「法王很照顧我，親自叫他的弟弟好好關照我，我一段時間就住在達賴喇嘛弟弟的家中受到照顧。」在眾多藏人難民中，嘉楊得到眷顧，他認為自己十分幸運。

在獄中有很多不為人道的經歷，嘉楊的背脊上至今還留下了深深的疤痕。有一段時間每晚都要與揮之不去的惡夢相遇，驚嚇出一身冷汗。那時血氣方剛，對宗教瞭解也不深，出走後帶著強烈的報仇感。嘉楊還懷藏迫害他的十四人名單，誓言要回去報仇。達賴喇嘛知道後開解他說：「恨是不解決問題的，你應該放下，付出的已經付出了，你年紀輕輕，一切都會好的。你要去好好學習。」現在回憶起來，嘉楊都會感到十分喜悅，「到印度後，達賴喇嘛安排我到不少醫院看病，慢慢療傷。也因此常見達賴喇嘛，去他的官邸，那時年紀小，他會常給我巧克力吃。」

有一天，達賴喇嘛問嘉楊，你有什麼興趣，想做什麼？你想不想當翻譯？嘉楊說，我想當你的警衛。於是，達賴喇嘛送嘉楊到臺灣，入讀臺灣中央警察大學安全系，這是臺灣情治系統接受的第一個非臺灣人士。他有很多同學現在都在臺灣的情治系統。讀書期間，嘉楊就開始經常返回印度幫助達賴喇嘛處理一些事務。

2005年畢業後，嘉楊回到達賴喇嘛的身邊。也跟著達賴喇嘛見了很多世界政要，國際名人。他認為，國際上很多政要都有意願見達賴喇嘛，有時因為政治壓力、為選票，但又不完全是。其實最主要的是，那些政要可以從達賴喇嘛的語言中受益，會得到很多智慧的力量。美國前總統克林頓，是自稱聰明絕頂的總統，多次公開和私下見達賴喇嘛。克林頓帶同夫人希拉蕊一起見達賴喇嘛，聽達賴喇嘛講人生的意義，他說每次都獲得很多哲理的感受，常常有啟發作用。嘉楊表示，「卸任總統後，克林頓曾說過，他一生中影響最

大的兩個人，一個是夫人希拉蕊，另一個是視為精神領袖達賴喇嘛。」

美國前國務卿奧爾布賴德說，達賴喇嘛是世界上智慧的源頭，是世界上僅有的最有哲理的人。世界上要找一個哲人，只有達賴喇嘛。嘉楊認為：「很多美國人評價達賴喇嘛，不是吹捧他，而是從達賴喇嘛的眼界和思維中得到人生啟發。達賴喇嘛在西方的影響也不是在政治層面上，主要是他站在他的宗教高地富有哲理的思想，對人生、自然、天人共存的思考。」香港娛樂界，頂級的影星，除了成龍，基本上都與達賴喇嘛見過。有人問，為什麼成龍不見，嘉楊笑說：「也許成龍大哥很忙，也許他不喜歡讀書，不喜歡思考吧。但絕大多數影星非常虔誠，香港的藏傳佛教為什麼如此熱，和這些名人帶動有關。」

如果問在達賴喇嘛身邊學到什麼？嘉楊說，二樣東西，一是要正，二是簡單。重要的是正直真誠，過簡單的生活。達賴喇嘛有一部吉普車，用了十九年，印度政府一直建議，為安全要換車。於是，噶廈政府愛面子化了八百萬印度盧比買了一部好車。「達賴喇嘛知道後非常生氣，很嚴厲的指責，你不覺得丟臉，我都覺得丟臉。印度的官員都可以坐本地的車，我一個難民怎麼還要坐好車，你們腦筋壞掉了。後來，該部車被轉賣給了一個活佛。」

嘉楊說，見過達賴喇嘛的，都知道他不是高高在上的，就是一個和藹的出家人，讓你想跟他談話。我一直說，達賴喇嘛是一個守不住秘密的人。極機密的事，他和你見面，雖然不是朋友，但談的來，他就會脫口而出，他就是這麼真。有的時候講完出來，他會突然醒悟，那天開會說不要講的，我已經講出去了。「他心裡藏不住，因為做人坦率，不需要做作。」

2006－2007年期間，中國的情治系統密集收集達賴喇嘛的身體

狀況，中共一直以為達賴喇嘛得了癌症。嘉楊表示，達賴喇嘛很坦率，他的身體除了拿掉一個器官，其它都很好。對他來說，這些都不是隱私。

按藏傳佛教習慣藏民供養達賴喇嘛是一份榮耀。達賴喇嘛幾乎每天可以收到一件袈裟，有些質地都很好，他都送給南方的一些老喇嘛。嘉楊說，達賴喇嘛要乾淨，衣服洗的都要褪色了，在達蘭薩拉時都穿舊的。「他臥室也非常簡單，薄薄的床單，二條毛毯，什麼都沒有。只要願意，他要什麼都可以，但他很簡樸。達賴喇嘛喜歡花，自己會去燒水，剪枝。有一次我親眼所見，達賴喇嘛自己修理抽水馬桶。節約環保是達賴喇嘛時刻關注的，無論是在達蘭薩拉，還是外出住酒店，入夜，達賴喇嘛在房間裡都習慣只開一盞燈。」

達賴喇嘛認為貪婪是沒有國籍和民族的區分，是人性和道德的問題。有人說，他好不容易從裡面出來，又是官員，應該給他一個流亡藏人的公務員，但達賴喇嘛不接受。也有一個藏人官員帶信要攜鉅款到達蘭薩拉捐贈，被達賴喇嘛一句「可恥的行為」拒絕。

嘉楊印象中，和善的達賴喇嘛從來不會對外面的人發脾氣，但對身邊的人卻十分嚴格，誰做錯事被他知道了，他會嚴厲批評，甚至會發脾氣。有一次，達賴喇嘛出現在公眾場合，一個女信眾急切想見達賴喇嘛，用力往前擠，出於保安的理由，嘉楊用手擋了一下。達賴喇嘛看到了，很高聲的指責嘉楊：「她是來看我的，你為什麼這麼粗暴，你走遠一點。」

退出政壇，達賴喇嘛要僅僅扮演宗教領袖的角色，嘉楊指出，世界各國領袖都願意見達賴喇嘛，從中找尋智慧。現任的中國領導人為什麼就不願見他，一起以智慧解開這幾十年來留下的結呢？嘉楊認為，達賴喇嘛一生慈悲為懷，尋求世界和平，絕不會放棄他自

己提出的不尋求獨立的中間道路,「只是他的智慧贏得世界有識之士的青睞,也經常讓北京措手不及和尷尬。」

　　一直尋求與北京高層領導見面和談,卻一直無法實現,嘉楊認為,達賴喇嘛可以是北京最好的夥伴關係。「你每次都說美國不要干預,為什麼你自己不見達賴喇嘛?在中華人民共和國憲法框架下見一下達賴喇嘛有什麼害處呢?」嘉楊正準備寫一本書,把自己認識的達賴喇嘛介紹給大家。

第五章
西藏問題談判陷入僵局

　　達賴喇嘛於2007年6月底派出四名特使,前赴上海、南京,與中共統戰部官員進行第六次對談,但北京當局不承認有「西藏問題」,也不允許達賴喇嘛到五臺山朝聖的要求。雙方六天內會談九個小時,但達賴喇嘛透露談判毫無進展,陷入僵局。達賴喇嘛堅持他的「非暴力」中間道路,也不主張藏獨,但憂慮自己百年之後主張暴力的思潮和勢力抬頭,藏獨會成為藏人主流及共識,西藏問題成為中國的心腹之患。

談判陷入僵局

　　再訪印度北部山城達蘭薩拉的時候,正是印度的雨季。這座西藏精神領袖達賴喇嘛及流亡藏人的新家園,被雲霧包裹著,霧氣升起遮住青山,山上的建築忽隱忽現。但滿街流亡藏人尋求自由、人權的標語清晰可見,撥不開的仍然是中央政府和達賴喇嘛之間分歧的迷霧。6月29日至7月5日,達賴喇嘛派出洛迪嘉日為特別代表,率領格桑堅贊代表、高級助理索南達波及布瓊等四人代表團,赴上海、南京等地與代表中央的中共統戰部官員舉行第六次會談。採訪中我獲悉,雖然這次會談是自2002年以來的六次會談中時間最長的一次,六天內總計進行了九小時會談,但沒有絲毫進展,陷入僵局。

達賴喇嘛的代表仍然集中於大藏區、西藏自治等問題，介紹達賴喇嘛的「中間道路」；但北京方面的代表不認為中國現在有所謂的「西藏問題」存在，只有達賴喇嘛的問題，即達賴喇嘛回國的問題，但達賴喇嘛必須真正放棄西藏獨立的立場。達賴喇嘛的代表認為，達賴喇嘛早就闡明了不尋求獨立的立場，而達賴喇嘛是否回國不是什麼原則問題，西藏自治才是原則。

　　語境不一樣，雙方的對話陷入膠著。達賴喇嘛再次接受我的獨家專訪時更首度對會談毫無進展提出批評，中央政府與達賴喇嘛及西藏流亡政府的關係又趨緊張。有三萬多會員的「西藏青年會」更激烈地主張暴力，並發動「人民起義運動」。令達賴喇嘛的「中間道路」備受考驗。

達賴首度批評對談無進展

　　2007年8月31日，我又一次進入達賴喇嘛的行宮會客室，再度訪問達賴喇嘛時，他首次對最近一次的雙方對談提出批評，嚴厲指出：「第六次對談沒有任何進展，他們不承認有西藏問題。」自2002年開始，達賴喇嘛的代表與中央政府展開對談，每次談話結束，儘管北京方面釋放的資訊都是「對談沒有任何實質進展」，但達賴喇嘛卻總是表示「對談很有進展」。但這次，達賴喇嘛說：「第五次對談的時候，對過去的歷史有不同的見解；但是對未來，達賴喇嘛不追求獨立，已經說得很清楚了。之後，北京方面就有不斷的批評聲音，說達賴喇嘛搞分裂，但另一方面，在西藏的僧侶們狀況非常不好。」

　　達賴喇嘛的批評，實際上傳遞了一些資訊。二十八年前，他響應鄧小平「只要不追求西藏獨立，什麼都可以談」的提議，提出解

決西藏問題「走中間道路」的主張，以此建立與中央政府對話、對談的基礎。如今，對話、對談多年來沒有進展，而來自北京方面的批評、指責日益激烈；流亡海外藏人則採取激進方式以示不滿亦越演越烈，甚至有七百多人報名，願意不惜以生命來捍衛「主張」。跡象表明，鄧小平開創的在不謀求藏獨前提下以對話、對談方式營造漢藏團結局面的構想，正在被對立、對峙、對抗的聲音所淹沒。達賴喇嘛說：「我非常擔心會失控。現在對中間道路持批評意見的人越來越多。但真理就是真理，中間道路我始終堅持。」1987、1988年出現「拉薩」事件，有人提出，如果抗爭發生暴力事件怎麼辦？那時候達賴喇嘛就說，如果走向暴力，我就辭職，從此就不管西藏問題。如今，他再次重申：「現在也是如此，如果走向暴力，我就退下來，不管了。」

上一年5月開始，北京方面加大力度批評、指責達賴喇嘛是分裂分子，還在拉薩召開揭批達賴喇嘛大會；由國家宗教事務局頒佈的《藏傳佛教活佛轉世管理辦法》，強調活佛轉世要得到中央政府批准。一系列強硬措施在西藏境內外引起反對和抵抗，絕食、遊行抗議此起彼落；主張西藏獨立及不排除使用任何手段的「西藏青年會」的激進活動更趨激烈；對達賴喇嘛「中間道路」質疑在擴大。

9月7日，在印度達蘭薩拉的藏傳佛教四大教派、本教各宗教領袖暨西藏流亡政府宗教、文化部，就中華人民共和國國家宗教事務局頒佈的《藏傳佛教活佛轉世管理辦法》發出了不予承認的聯合聲明，聲明稱管理辦法「是一個毫無道理、缺乏依據的文件」，並表明「不予承認」的立場。這是近年來西藏流亡政府少有的直接與北京政府的抗衡。

藏青會揚言激烈行動

　　達蘭薩拉的遊行隊伍高喊口號，給這個宗教和旅遊城市添加了一些緊張氣氛。在達蘭薩拉街頭，要求西藏自由、要求釋放被抓的藏民的標語隨處可見，一塊奧運倒數的紀念牌，提醒要求給予西藏自由。這一天，主張依靠西藏人自己解救自己，只要為西藏民族，不惜採取任何手段的西藏青年會召開年會，來自四十七個國家分會約兩百多流亡藏族青年代表參加，與會的還有從西藏境內來的二、三十個代表。藏青會主席K. Phuntsok告訴作者，會議的主題是對西藏獨立、青藏鐵路通車、大量漢人進藏破壞藏文化，需要採取的應急措施。K. Phuntsok說，會議討論的方向是比較激進的，傾向以暴力的方式，以西藏人自己的方式來解決西藏問題。「大家考慮，有一天達賴喇嘛不在了，西藏往哪裡去？我們要承擔這個獨立責任，現在就要開始做」。

　　藏青會成立於1970年10月7日，這是當年解放軍進藏的日子，藏青會最初支持非暴力，這些年開始轉變了。K. Phuntsok表示，達賴喇嘛宣導非暴力沒有錯，但這麼長時間沒有結果，「很多人不相信了，這條路走不通」。K. Phuntsok說，採取激進行動，藏青會絕不是說說而已。拉薩哲蚌寺有喇嘛被抓，流亡藏人闖入中國駐印度大使館抗議；前不久十四個流亡藏人在新德里市中心的古天文臺附近展開了三十三天的絕食抗議；奧運倒數周年的8月8日萬人遊行等，都由藏青會參與組織。

　　2006年11月，時任中國國家主席胡錦濤訪問印度，當其車隊經過一座天橋時，有西藏流亡青年從橋上飛撲向車隊，想用身體砸車，被印度員警推了一把，跌倒在路旁，沒有砸到車但摔斷了腿。K. Phuntsok證實確有此事，並說參與者不止一個人，「很多人對現

況不滿，認為藏人太軟弱了」。他表示，青年會自今年5月起，醞釀「人民起義運動」，「絕食遊行只是一部分，要提升反抗的力度，西藏人要自己承擔，奧運會前會有所動作」。據悉，5月到8月有七百多流亡海外的西藏青年報名，表示願意分享生命捍衛西藏人的自由。K. Phuntsok稱，這是從來都沒有過的。

藏青會主張採取暴力手段，開始受到一些人的認同甚至支持。雖然達蘭薩拉屬偏僻的山區，但這裡可以觀看到鳳凰、四川、西藏甚至香港等一些中國內地人民喜歡的電視臺。在西藏流亡政府所在地，我在大院中遇到了鳳凰衛視的觀眾。他是流亡政府連續三屆的民選議員丹增貢波，他就對藏青會的行動並不感到驚訝。

丹增貢波原本在中國大陸一個縣的教育局工作，是中共黨員。他支持達賴喇嘛的中間道路，但並不認為目前藏青會的做法激進，理由是「中共對西藏的政策非常不理想，是共產黨的政策越來越激進了，必定會有西藏人失去理性要反對」。丹增貢波非常擔心，「西藏人的狀況如巴勒斯坦，有溫和派、激進派，甚至搞武裝恐怖活動的」。丹增貢波說：「雙方是你死我活的鬥爭，原則是西藏民族能否生存下去。」他更擔心的是，共產黨內部理性的聲音越來越小，訴諸武力的聲音越來越大。

流亡藏民日漸失耐性

生活在西藏境內的藏人與流亡海外藏人的互動越來越緊密。扎西是從拉薩來的青年，他有特別的管道，來來回回達蘭薩拉好幾回了。這次來是想見達賴喇嘛，已經等了十多天了。扎西在西藏專職從事地下保護西藏民族文化的工作，出版達賴喇嘛的演講、弘法的經文等等，通過管道散發到整個藏區。扎西曾兩次被抓，分別關

押了一個月和十三天，因為沒證據，當局最終釋放了他。扎西等待9月3日在達蘭薩拉舉辦的新加坡信眾法會，見了達賴喇嘛就回西藏，繼續他的事業。在西藏山區，扎西有自己的印刷廠，一些資料都是他們自己印刷，自己去散發的。

1993年，扎西集聚了十多人，成立了自己的組織，分散在藏區各地，主旨是要求西藏人自治；達賴喇嘛回來；保護西藏文化；所有漢人離開西藏。扎西說：「達賴喇嘛是我們今生來世的主，違背了達賴喇嘛就失去了西藏的價值，但並不是說我們沒有能力搞破壞，我們敢做敢當。」

扎西說：「如果達賴喇嘛不在了，我們就不會有這樣的耐性了，我們會放棄中間道路，用自己的手段。」扎西並認為，一方面西藏漢化越來越嚴重了，另一方面達賴喇嘛的年事已高，給中央政府的機會不多了。扎西表示，奧運前，地方政府開始不斷抓人，採用強硬的控制手段，有不少西藏地下組織的成員莫名其妙的失蹤，「這不是一個好的信號」。他覺得，奧運是一個很好的機會，希望中央領導可以在奧運前釋放善意，否則情況一定會更糟。

由於達賴喇嘛提出的「中間道路」長時間得不到北京方面的認同，對談也遲遲不見成效，一些支持者開始失去信心。達瓦才仁1992年從青海藏區來到達蘭薩拉，2006年5月首次訪問到達蘭薩拉訪問，他以西藏流亡政府外交部中文部主管的身份全程陪同兼翻譯。達瓦支持達賴喇嘛的中間道路，也一直代表流亡政府到印度各地藏民區去宣傳中間道路。不過，這些年來，達瓦有些氣餒，他認為：「以前相信有很多問題沒解釋清楚，現在看來是北京方面根本就不想談。」

達瓦所在地的流亡政府曾發文指示，所有政府人員，不能給非政府組織捐款；不能參加活動，列席也不行；不能發表支持的言

論；不能參加遊行等。但達瓦認為，你可以控制住公務員，你難控制老百姓。達瓦最近到「西摩拉」的藏民居住點去宣傳達賴喇嘛的中間道路，遇到的質疑、責問要比以往多得多。

　　早兩年前，達瓦到「比日」藏民定居點，這裡藏青會的勢力很強，但只要有青年質疑達賴喇嘛的中間道路，就會有三四個成年人站起來反駁，現在這樣的情況沒有了。前不久達瓦到「西摩拉」的定居點宣傳，這裡是最溫和的地區，但藏民對「中間道路」提出的質疑越來越多。達瓦說，最初達賴喇嘛提出放棄西藏獨立、走中間道路，老百姓不會問為什麼，現在要問為什麼、甚至提出反對。「如果達賴喇嘛不在了，信心又從哪裡來？誰又能比達賴喇嘛更有智慧呢？」支持達賴喇嘛非暴力主張，堅持要弘揚西藏民族文化的達瓦顯得有些無奈。

　　自2006訪問後的一年多後，我再訪達蘭薩拉，很明顯，流亡海外藏人的對立、對抗情緒抬頭，不滿現況的因素在增加。訪談中，達賴喇嘛也意識到兩股勢力的變化，暴力傾向的聲音在流亡海外的西藏民眾中抬頭；而中央政府對西藏採取的措施也越來越激進了。達賴喇嘛表示，中央政策的惡化表現在一是對西藏僧侶的壓制；第二是對他本人的不同看法。「對我的批評是無所謂的，對西藏的強壓，我感到很遺憾。現在有很多的人來見我，包括領導人、黨員、幹部、普通民眾、商人、青年學生等等，所有的人都對西藏境內的情況非常不滿意，有很多的抱怨」。

北京有誠意就應邁前一步
——專訪達賴喇嘛四人代表團代表索南達波

　　曾六次參與談判的達賴喇嘛派出的四人代表團成員索南達波，

在達蘭薩拉接受獨家訪問時表示：「剛剛結束的第六次談判，相互存在的原則性問題沒有任何突破。」索南達波沒有正面回答外界所指中央政府沒有和談誠意的指責，他指出：「現在是看中國政府是否有誠意的關鍵階段，真有誠意就應向前邁一步，否則就是沒有誠意。」

剛剛結束的第六次談判令他感到西藏形勢不容樂觀。索南達波說，達賴喇嘛任命的特別代表，主要是去向中國政府介紹達賴喇嘛的中間道路的理念，「北京政府承認我們代表達賴喇嘛，雙方也對原則的問題作了討論」，過去五次談判，達賴喇嘛均表示有進展，索南達波說，不是討論解決西藏問題有進展，而是指對談融洽、解釋問題有進展。「雙方闡述各自的立場，在坦誠融洽的氣氛中進行，雖然有西藏人表示不滿，但我們一直在為和諧而努力」。索南達波表示，有關原則問題，是指達賴喇嘛的中間道路的核心，所有藏族的統一，實現真正的自治。「把『統一』視為原則，是因為藏民族是小民族，文化、文明要在統一的體系內實現」。至於達賴喇嘛是否回國、何時回國，索南達波認為這不是原則問題，是為原則服務的。

經過六次對談，前幾次時任統戰部長王兆國、劉延東均有出面接見。索南達波強調：「過去，達賴喇嘛及其代表認為，中央政府不瞭解『中間道路』，需要解釋，現在確定他們是瞭解的，是否表現誠意在中國政府手上。」他認為，表現誠意起碼要邁出一小步，如在西藏可以公開掛達賴喇嘛的像，「以前都是允許的」。

五年時間談了六次，和談之路漫長而又艱難，索南達波表示，不管是否表現出誠意，和諧友好是必要的。事物不是一成不變的，例如中國改革開放到現在就有很大的變化。「達賴喇嘛的中間道路要堅持下去，哪怕一百年也要繼續下去，不斷地把西藏民主的鬥爭延續下去。」

漢藏大團結，能不能完成不是掌握在我的手裡
──第二次專訪西藏精神領袖達賴喇嘛

專訪時間：2007年8月31日

如果西藏裡面狀況很好，就根本不需要理會達賴喇嘛，不必理我。如果西藏裡面大多數的藏民真的幸福、滿足，沒有抱怨，我們就沒有必要向中國政府提出什麼，我們會對中國政府說「謝謝」。

──達賴喇嘛

*以下訪談，達賴喇嘛簡作達賴

作者：對過激的行動，達賴喇嘛能否用他的號召力來阻止？北京有人認為他們是受人指使，說你是幕後黑手，是嗎？

達賴：你自己去分析吧。我今天早上見了西藏青年會的人，我跟他們講，中央最希望我把你們都抓起來。但我們流亡在外的人，生活在一個自由社會，我們追求民主，言論、思想自由，你們也有你們的自由。但我跟青年人說得很清楚，中間道路和你們的追求完全不一樣。上次在新德里大規模的絕食，我認為情況不好，所以親自寫信給他們，要求他們停止絕食。

作者：你說有很多抱怨，主要是哪些方面？

達賴：抱怨主要來自思想自由。我希望漢藏大團結，希望擺脫過去的仇恨，這是我一貫的想法。如果心中的恨存

在，相互不信任，西藏的問題會繼續延續。有很多來者向我抱怨，民眾有不滿，他們向地方當權者申訴，遭到鎮壓。西藏人不是敵人，派很多軍人鎮壓藏人，這是完全錯誤的，這只會造成更多的不滿，軍人看起來得了勝利，但只是表面的勝利，藏民心中的仇恨在加深。解放軍駐守邊境可以理解，但如果為了鎮壓人民，是不可想像的。中央有很多投資，建鐵路，藏民不再面對食物等物質上的困難，現在的問題是精神層面的，沒有名副其實的自治。

作者：第六次談判有沒有談這些問題呢？

達賴：西藏發生了這麼多的事情，我們希望能解決發生在西藏的事情，而不是我們流亡的問題或者回去不回去的問題。第六次會談的時候，對方明確地說西藏問題不存在，只有達賴喇嘛的問題。我們講的是西藏的問題，西藏內部的狀況確實不好，我們當然要將西藏裡面不好的狀況講出來，我們希望得到改變。

作者：達賴喇嘛和西藏問題能不能分開，先解決其中一個呢？

達賴：如果西藏裡面狀況很好，就根本不需要理會達賴喇嘛，不必理我。如果西藏裡面大多數的藏民真的幸福、滿足，沒有抱怨，我們就沒有必要向中國政府提出什麼，我們會對中國政府說「謝謝」。但是，大多數藏民並不滿足，他們不能向中國政府抱怨，因為受到壓制，所以他們只有到我這裡來，向我抱怨，希望我能告訴中國政府。我通常把自己形容成是藏民的免

費代言人。我希望西藏的狀況很好，大多數藏民很幸福，我就可以過得很逍遙了。

作者：能不能先解決你回去的問題呢？

達賴：西藏有很多人希望我回去，如果我能回去，對漢藏大團結確實會做出貢獻。在過去的歷史上，確實有很多西藏人承受著這個痛苦，受苦受難，坐牢，父母被殺掉、槍斃，心中的恨確實存在。如果有一天回到西藏，有一件事情我可以做到，像南非大主教杜圖，提倡關心、正義、愛心，這是我最大的希望。但現在的狀況很糟糕，正因為這樣，有很多人不滿意，我一定要回去，但是北京不讓我回去。

作者：是否可以擱置有爭議的問題，先爭取回去，可能有機會與北京高層見面，或許有機會推動問題的解決呢？

達賴：中央政府必須瞭解，西藏問題是確實存在的，如果我回去，中央政府還是當西藏問題不存在，我去有什麼意思？如果我回北京講西藏存在的問題，他們說這是謠言，我怎麼辦？他們會不會認為達賴是顛覆政府、危害國家的人？中國政府必須意識到西藏問題的存在，我們有心解決這個問題。對於藏民來說，這麼多年來都不信任中央政府，派了大量的軍人到西藏，這必然會加深懷疑和不信任，會影響中國在印度和亞洲其他國家的形象。因此，現在的情況對藏民和中國人都不利。我們必須找到一個方法去解決這個問題。這很重要。其次的問題才是達賴喇嘛回去的問題。

作者：如果北京給你一個機會，先去五臺山朝聖，這是一個大家交往的信號，你會去嗎？

達賴：我們西藏有句諺語：不要像狗一樣被人牽著走。人所到之處，有看的權利、聽的權利和說的權利，如果到某處參觀，不能看、不能聽、不能講，那就像一隻狗一樣。我的代表第二次和第三次去拉薩，去大昭寺朝拜的時候，統戰部的人包圍著他們，好像是主人牽著狗的感覺，沒有機會去跟西藏人講話，沒有機會聽他們的意見。

作者：要來去自由接近民眾？

達賴：如果到了五臺山，可以與民眾見面，與他們交談，聽他們的意見，我當然很願意去。我願意與更多中國人見面，告訴我的中國兄弟姐妹，我在想什麼，分享我的認識和經驗。我真正追求的是，在藏人和漢人之間建立統一，我愛「共和國」這個詞，共和一定要政治的共和，所有少數民族發自內心的共和。不過，第六次談話時，統戰部講得很清楚，達賴喇嘛不能以個人名義來北京或者西藏，因為他和西藏是密不可分的。達賴喇嘛去五臺山朝拜是不可能的，有很多的問題，不是簡單的問題。

作者：有沒有可能要求真正由中央政府派出的代表，到達蘭薩拉來看看流亡的西藏人民、把中央的聲音帶給他們，也見見達賴喇嘛？

達賴：我非常歡迎，我也有提這個問題。現在如果真有能代

表中央的人過來，我非常歡迎。不需要宣傳、公開，私自下來談。但是有很多人，耳朵是聾的，只是不停地講，我們跟他們講的，他們聽不進去。

作者：全國人大常委及人大民委副主任、當年會見毛澤東時的翻譯平措汪傑最近給胡錦濤寫了信，你對他的近況瞭解嗎？

達賴：我們是非常好的朋友，他是忠誠的共產黨員，差點要介紹我加入中國共產黨。我在世界各地都講，我一半是共產黨、一半是佛教徒。但我是真正的共產黨，不是抓權力的共產黨。現在的中國共產黨只要權力，連共產黨的理論都不知道，也沒有興趣去瞭解。現在的中國共產黨是沒有共產主義的共產黨。

作者：活佛在海外轉世，中央政府有規定不予批准，你如何評價？

達賴：我聽說有北京官員說達賴喇嘛只有五、六年命，希望他死在國外。那麼我流浪在外，死後轉世也應該在海外。我對轉世沒有任何的看法，我活在當下，活的時候要做一些有意義的事，我對這件事沒有考慮那麼多。但為什麼由一個不信仰佛教，並且是破壞、摧殘佛教的黨來任命轉世靈童？這很奇怪。

我很感謝你們一直關注西藏問題，這是一個有爭議的問題，解決好，對中國有利，不會有害。我一直誠心誠意期待有一個真正的共和國，漢藏大團結，能不能完成不是掌握在我的手裡。

第六章
達賴喇嘛與西藏暴亂

　　2008年3月，拉薩街頭爆發了近二十年來的最大騷亂，有人走上街頭打砸搶燒，商店、途人、銀行都成為襲擊的對象，叫囂聲伴隨著烈焰濃煙刺破安寧。當局出動了全副武裝的軍警抗暴，運兵車、裝甲車遍佈拉薩，進城挨家挨戶搜捕暴徒，氣氛緊張。騷亂造成死傷，並已向周邊的青海、四川、甘肅等省藏民區擴展。中國共產黨自掌握政權後，西藏一直存在難以揮去的分裂和反分裂鬥爭，也存在激進路線對溫和路線的角力。西藏喋血再次彌漫的恐怖和刀光血影，顯示堅持藏獨的藏青會等激進勢力抬頭，擺脫達賴不支援藏獨、要求對話的溫和路線，與近年北京拒與達賴談判的強硬路線對撼，解決西藏問題的溫和路線被邊緣化了。

　　在3月18日結束的全國人大閉幕會的記者會上，時任國務院總理溫家寶表示：「我們有足夠事實證明，這起事件是由達賴集團有組織、有蓄謀、精心策劃和煽動起來的。」不過達賴喇嘛否認事件是自己發動的，並敦促藏人保持克制，並說「如果局勢失控，那麼我的選擇就是完全隱退」。

　　事實上，自鄧小平復出，採取懷柔的西藏政策，向達賴喇嘛伸出橄欖枝，承諾只要放棄藏獨什麼都可以談，並邀請達賴喇嘛回國之後，達賴喇嘛宣佈放棄西藏獨立，提出「中間道路」，京藏之間開始有了互動，還互派代表進行了六次談判。近三十年過去了，達賴喇嘛提出的非暴力的「中間道路」並沒有任何進展，激進的流

亡藏人越來越不耐煩了，甚至提出，要以自己的方式來解決西藏問題，達賴喇嘛「放棄藏獨」不為北京接受，也日益受到藏人激進者的挑戰。

拉薩街頭再現暴亂

西藏青年大會（簡稱「藏青會」）理事哲旺禮進在印度的達蘭薩拉就對記者表示過，西藏人對達賴喇嘛越來越失望，他們指達賴喇嘛須檢討非暴力抗爭。有專家認為，和達賴喇嘛的對話、對談的信任度降低，這表明溫和路線被邊緣化，未來雙方強硬路線的博弈態勢將升高，海外激進藏人更趨活躍，西藏問題進入動盪期。

3月10日，是西藏流亡政府的「西藏抗暴日」四十九周年紀念日，以往這樣的紀念日，流亡海外的藏民會有紀念活動，但在西藏境內的僧侶或藏民都不會站出來。2008年有些特別，有人出來公開遊行。北京新華社的報導指，這天下午，拉薩市哲蚌寺約三百餘名僧人企圖衝入拉薩市區製造事端。被執勤人員勸阻後，多次進行衝撞，謾罵毆打執勤人員。3月11日至13日，個別寺廟部分僧人繼續聚集，呼喊口號，投擲石塊，潑灑石灰、開水，致使幾十名執勤員警和幹部受傷，多人重傷。哲蚌寺三名僧人還用刀具自傷肢體並互相拍照，混淆視聽。

到3月14日，滋事活動進一步升級。一些暴徒開始在拉薩八廓街聚集，暴徒們呼喊分裂口號，大肆進行打、砸、搶、燒活動，並暴力衝擊公安派出所、政府機關，搶劫銀行、商鋪、加油站、市場等。據中國官方初步統計，暴徒在拉薩市已造成包括三所中小學在內的二十二處建築物被燒，數十輛警車和民用車輛被焚毀，致使十多名無辜群眾被殺死、燒死，公安民警、武警重傷十二人，其中二

人生命垂危。後證實有十三人死亡。

　　不過，西藏流亡政府發言人達瓦才仁對作者說，四川阿壩藏族自治州阿壩縣僧侶和民眾上萬人舉行遊行和抗議，被當局軍警鎮壓，數十人被打死。「西藏流亡政府的議會有幾個議員分成幾個小組專作統計，來自各地消息指，到16日晚，共有八十人喪生，有名有姓，都是當局暴力鎮壓的結果。」

　　新華社的文章指出：達賴集團口頭上表示已經放棄「西藏獨立」，實際上並沒有停止分裂破壞活動。達賴去年出訪歐美時多次呼籲有關國家在與中國打交道時，把「西藏問題」與北京奧運會聯繫起來。今年1月接受記者採訪時，進一步要求其支持者在北京奧運會期間舉行示威遊行，並借此宣揚藏人的請求。達賴集團藏青會在今年「3‧10」聲明中明確說，「不惜流血和犧牲生命也要恢復西藏的獨立」，「永遠不會放棄爭取西藏徹底獨立的鬥爭」。從3月10日開始，藏青會等組織舉行從印度到拉薩的所謂「挺進西藏運動」。組織者宣稱，將發動各種抗議活動，並煽動境內藏區僧俗群眾鬧事，內外配合、統一行動。

　　流亡海外的藏人認為北京官方報導不實。達瓦才仁表示，這樣的暴力活動肯定與達賴喇嘛無關，放棄西藏獨立、堅持中間道路、以非暴力的方式是達賴喇嘛既定的路線。達瓦指：「事件是藏人自發的行動，在3月10日開始有小部分僧侶上街遊行，和平示威被抓捕鎮壓後，才出現大批僧侶聲援要求放人。當局不僅抓捕僧侶，還重兵圍困了沙拉、哲蚌等三大寺廟。寺院是藏人的精神寄託，僧侶受到藏民尊重，民眾是因為不滿，才與警方發生衝突。」達瓦認為，最後出現暴力令人遺憾，但他強調「武裝的軍警開槍鎮壓，這是當局處理不當和長期高壓的惡果」。

　　藏民抗議的聲浪不僅在拉薩，一段時期，青海省華隆縣德查

寺、貴南縣魯倉寺僧眾舉行和平示威，被當局軍警驅散。甘肅省甘南藏族自治州夏河縣的拉卜楞大寺所在地，僧人和民眾街頭遊行抗議，舉多面「雪山獅子旗」，被當局軍警驅散。四川省甘孜藏族自治州道孚縣數百僧俗舉行遊行及散發傳單，也被驅散。

雖然當局表示拉薩市面平靜穩定，學校開始上課，但事件開始影響到內地幾所民族大學，藏族學生走出來，要與藏區藏民有難同當。17日晚，北京的中央民族大學的百多藏人學生在靜坐。同一天，蘭州西北民族大學藏語系的藏人學生五百餘名在操場靜坐，並在校園張貼許多介紹拉薩情況的傳單。成都的西南民族大學的藏人學生也在靜坐，甘南藏族自治州合作師專藏語系的藏人學生表達抗議情緒，學校禁止學生出校門。

這麼多年來，為解決西藏問題，緩解民族矛盾，中共歷任領導人凝聚政治智慧，在取得政權後，力圖構劃漢藏團結局面。毛澤東將年輕的達賴喇嘛請到北京，還讓他當上人大副委員長參政議政；儘管達賴喇嘛出走印度二十年，當時一直堅持獨立，1979年鄧小平復出，就將西藏問題作為首要解決的大事之一。鄧小平知道達賴喇嘛的二哥嘉樂頓珠在香港，讓當年的新華社香港分社社長李菊生找他，請他到北京談談。並在北京人民大會堂接見嘉樂頓珠，開啟了達賴喇嘛出走印度二十年後京藏間首次高層接觸。

在胡耀邦時代的1980年5月，胡耀邦同時任副總理的萬里到西藏考察，十分重視提高西藏人民生活的問題，為實現這一目標，提出做好六件大事的意見。1981年10月4日，他接見全國少數民族參觀團時說：漢族離開少數民族不行，少數民族離開漢族也不行。此後他多次重述這個觀點，要全黨一定要提高對民族問題的認識，反對大民族主義、主要是大漢族主義，同時反對地方民族主義。胡耀邦的一系列懷柔政策，至今令人印象深刻。不過，他亦因此遭強硬

派質疑「看不清西方的分裂勢力」。

其實，這些年來，為支援西藏建設，中央政府給予西藏的援助是實質的。「十五」期間，不含國債和中央基建專款在內，中央財政對西藏一般轉移支付、體制補助、專項補助等各類補助財力累計達到475億元人民幣（約67億美元）。中央財政累計補助西藏的資金，占西藏財政總支出的比重高達九成二。民間作家王力雄表示，當局一方面經濟上給好處，另一方面施壓，「如同平措汪傑先生所說，中國政府內部有一大群吃反分裂飯的人。要利用一切機會打分裂牌，表面上喊的是反分裂，實際上他們個人利益都在這裡，他們不會承認自己是錯的，必然要極力把責任歸於『海外敵對勢力』，以更強硬的措施去鎮壓，只有這樣才能鞏固他們的地位和利益，讓他們獲得更多的權力和資源」。

藏青會影響越來越大

八十年代，達賴喇嘛響應鄧小平「只要不追求西藏獨立，什麼都可以談」的提議，提出解決西藏問題「走中間道路」。1988年7月14日，達賴喇嘛在法國斯特拉斯堡首次同意，願意接受西藏獨立以外的折衷方案，但在1991年8月宣佈撤回，堅決要求西藏完全獨立。1993年8月他又向記者說，他從來只要自治，不要獨立，要走「中間道路」。他主張溫和路線，在國際場合，亦要求流亡藏人不要去騷擾國家領導人。達賴喇嘛的主張不僅不被北京接受，還被貼上分裂分子的標籤，遭到北京的批評甚至謾罵。主張溫和路線的嘉樂頓珠被鄧小平請去北京後，每年都會去北京見中共統戰部長，但2007年他申請去大陸，結果遭拒，也沒有說任何理由。達賴喇嘛在流亡藏人中的影響亦受到挑戰。公開宣稱獨立的藏青會更趨強硬，

一些追隨達賴喇嘛的組織開始轉向藏青會。

很明顯，鄧小平開創的在不謀求藏獨前提下以對話、對談方式營造漢藏團結局面的構想，正在被對立、對峙、對抗所代替。香港自由撰稿人楊克林多次到印度拜訪達賴喇嘛，認為達賴喇嘛不僅是溫和的，還是愛國的，他支持中國奧運，公開反對西藏獨立，反對暴力，主動要求回到祖國。「達賴喇嘛跟我說，中國是有十三億人口，如果大家對他不理解，認為他還是要分裂，他感到十分痛苦。」楊克林說，在流亡藏人內部，有人原來認為達賴喇嘛是溫和路線，現在指責他出賣西藏，「甚至連他的弟弟都這麼指責達賴」。

在達蘭薩拉，楊克林接觸了新任西藏青年會會長次旺仁增（Tsewang Rigzin），楊克林的感覺是，相比之下，該任會長比前任更為激進。今年三十七歲的次旺仁增在印度出生，印度上學，1993年移民美國，在美國生活了十五年，當選為藏青會會長，他放棄美國生活，回到印度，領導藏青會的次旺仁增明確告訴楊克林，藏青會對使用何種手段並沒有限制，「什麼樣的方式恰當，就會採取什麼樣的方式，主要看中國政府如何對待西藏，如何對待西藏民族」。令楊克林吃驚的是，對精神領袖達賴喇嘛的很多主張，他都不認同，甚至說：「青年會按照自己的立場和自己的組織宗旨做事。」

西藏最近出現騷亂，楊克林意識到，這讓藏獨激進勢力抓到機會，是某些人一味實施強硬政策的惡果。楊克林認為，應該嚴懲暴徒和分裂分子，但他也給中央領導寫信建議：要重溫毛澤東、周恩來、鄧小平關於處理西藏問題及達賴喇嘛的指導思想和原則；西藏自治區主要負責人及中央西藏工作的統戰幹部承擔今次事件的責任；要實事求是地對達賴喇嘛作出評價；嚴懲以「反分裂」為名，

搞政治腐敗，製造虛假情報來謀取個人利益。

北京理工大學教授胡星斗相信，西藏問題有激進路線抬頭的跡象，但「不存在文化上滅絕西藏，市場經濟的發展會有衝擊，這是全球化的結果」。他認為，如果達賴真心放棄藏獨，中央政府應該給予更為懷柔的政策；給地方真正的自治。「中國的民族政策幾十年沒變，中央政府應該完善民族自治體制，出臺民族自治法，從目前管得太死的狀況，走向更開放、靈活自由的行政管理體制。」

這一屆中央政府更多的強調和諧社會及以人為本，在民族問題上，是否也能走出和諧的路來遏制藏獨，以溫和的而不是強硬的對壘消弭分裂，考驗的不僅是勇氣更是智慧。

尋找解決問題新路徑

西藏暴亂在西方社會引發爭議，媒體不實報導為中國民眾抗議，中國總理溫家寶與西藏地方官員發言顯示軟硬不同的策略。達賴喇嘛認為西藏所有的問題與西方沒有關係，需要漢藏兩個民族去面對和解決，不希望漢藏對立。

西藏發生的暴亂，撕裂的不僅是漢藏間的情誼，也在世界廣大範圍及不少領域撕開了爭議的口子。國際媒體報導事件的真相，內容南轅北轍，甚至有些西方媒體還刊出了假照片，成為虛假新聞；世界各國首腦也有不同的表態，對中國政府採取措施平暴，支持和質疑迥異。正值北京奧運前夕，雖然主流輿論反對奧運政治化，但抵制甚至破壞北京奧運的雜音也隨之而來；北京一方面加大對西藏的控制力度，抓捕肇事者，一方面態度強硬地指責達賴集團是暴亂的後臺。

但中央與地方的聲音也出現強硬不同的口徑。2008年3月20日

西藏自治區黨委書記張慶黎指「達賴是一隻披著袈裟的豺狼、人面獸心的惡魔」。不過，3月30日正在老撾（寮國）訪問的中國總理溫家寶則說：「只要達賴喇嘛放棄獨立的主張，特別是施加他的影響，停止當前的西藏出現的這種暴力活動，承認西藏和臺灣是中國領土的不可分割的組成部分，我們就可以繼續和他恢復對話。」觀察家認為，在北京奧運的敏感時期，以硬碰硬不是解決西藏問題之道，雙方都有「以戰逼和、回歸對話」的需要。

各種勢力的表演都為各自利益，這應該絕非解決西藏問題的主流。美國總統候選人還將西藏問題用作選舉「語言」，民主黨總統參選人希拉蕊就表示，美國政府在西藏問題上的表態應該更加強硬。西藏暴亂後的3月28日，達賴喇嘛在印度新德里接受我的訪問時表示：「不希望看到漢藏民族對立，希望漢藏民族能互利互贏，所有的問題由中國、由漢藏兩個民族自己來解決。」中國國家主席胡錦濤也在暴力事件發生後表示，只要達賴喇嘛放棄藏獨停止破壞活動，中國願意同他繼續進行接觸對話。這表明，解決西藏問題，對話方式是有可能的。

2008年3月10日，在西藏拉薩發生喇嘛的小規模示威活動，到十四日演變為暴力衝突，並擴大到周邊藏區，令平民死傷無數，造成財產損失。更嚴重的後果是，在舉世矚目的北京奧運聖火點燃時刻，西方社會似乎找到了敲擊中國的「利器」，一些國際媒體以固定的刻板眼光看待發生的暴亂事件，不少媒體的報導失實。中國駐英國大使傅瑩在倫敦投資局中國商務招待會上發表演講指出，部分西方媒體，不顧新聞道德和準則，刻意剪輯和加工原始圖片，隱去施暴的畫面，將救護車說成軍車、救人說成抓捕，製造事態嚴重的假象。在中國民眾和重視新聞基本操守的人士表達抗議後，這些媒體有的已向中方道歉，有的正在調查。

因西藏發生暴亂事件，還有人要將此事件與北京奧運掛鉤而發難。3月28日在斯洛維尼亞舉行的歐盟外長會議上，西藏情勢亦成為會中討論的焦點。儘管有歐洲國家的領袖表示要不出席北京奧運的開幕式，但各國外長就不抵制北京奧運會達成明確共識。主持這次歐盟外長非正式會議的斯洛維尼亞外長魯佩爾則強調，體育必須跟政治分離。

3月15日以後，北京政府採取了一系列強硬的平暴措施，令拉薩街頭恢復平靜。隨後，北京又採取開放態度，讓部分國際媒體進入拉薩採訪，准許外國外交官到訪騷亂過後的西藏首府拉薩，希望挽回暴亂和驅趕媒體產生的不良影響。但據報導，有僧人在媒體前向當局抗議，而就在外交官離開拉薩不久，位於拉薩鬧市區大昭寺又有僧侶和群眾的示威抗議。

有中國的學者對作者表示，這次西藏發生的暴力事件已經變得錯綜複雜，藏區內外的僧人和群眾交織在一起，加上國際壓力、北京奧運在即，已經不如往年般那樣可以在短期內平息。北京公安部指藏獨組織發動「西藏人民大起義運動」利用奧運向中國政府施壓，以暴力給中國製造危機。在去年9月的報導中就指出，藏青會5月始醞釀「人民起義運動」，並策劃一系列活動，已開始實施「以生命捍衛主張」，但並沒引起有關方面的重視。學者認為，對西藏、西藏人民、對達賴，中央政府要重新評估，「長期來對西藏形勢，對達賴喇嘛的影響估計不足，指責達賴挑動暴亂，就說明他還有影響力，而達賴已離開了近五十年，還有這樣的號召力，證明這麼多年來西藏工作都白做了」。

謾罵、把動亂責任都推到達賴喇嘛身上，這是西藏官員一貫的做法。該學者指出，事實證明，長期來這樣的做法並不能解決西藏問題，只是出事後地方官員推卸責任的藉口。他認為，依總書記

胡錦濤的科學發展觀的思想，對解決西藏問題也應該軟的更軟，硬的更硬。「對暴徒要硬，毫不手軟，但對可利用的對象，該軟的要軟，北京承認有一個藏青組織，更激進，在達賴有號召力時不做好教育、改造、團結、利用的工作，他死了就更失控了。」

中國國家主席胡錦濤在與美國總統布希通話時強調，只要達賴真正放棄西藏獨立的主張，停止分裂中國的活動，特別是停止目前在西藏等地煽動策劃暴力犯罪活動，和破壞北京奧運的活動，承認西藏和臺灣是中國領土不可分割的一部分，中國願意同他繼續進行接觸商談。北京希望，中國領導人是務實的，達賴也要拿出誠意。

政教分離意見分化

3‧14西藏暴力事件發生後，流亡藏人中激進勢力抬頭，要求獨立的呼聲高漲，更在海外的抗議活動中不時與當局有衝突發生。血腥和過激行為的畫面經常出現在電視畫面上，令人擔憂的是，達賴喇嘛的權威受影響，西藏暴力會升級。不過，接受本人訪問的大部分流亡藏人，雖然都已經不是堅定的達賴喇嘛「中間道路」的信任者，懷疑這條路是否走的通，他們不認為北京會讓達賴喇嘛走這條路，但他們還是願意相信，達賴喇嘛的非暴力主張是得到絕大多數藏人的擁護，達賴喇嘛在世，不會發生恐怖事件。不過，後達賴時期已不可避免的成為多元的時代，各種聲音並存，一個政教分離的時代將來臨。

西藏流亡政府的前首席部長索南道傑，退休後在流亡的西藏文化研究所任職研究員，目前正在編著達賴喇嘛傳記。索南道傑原來只是離開西藏拉薩二十五公里處一家寺院的普通喇嘛，1959年得知達賴喇嘛離開西藏後，也跟隨而走。到印度後，他參與過修路、建

寺院，後來被選送到印度大學讀書，研究藏傳佛教。1993年，索南道傑由達賴提名任部長，兩年後被選為首席部長，直到2000年。

從一屆平民成為流亡藏人的領導，這就是民主多元的果實。早年，索南道傑曾參與創辦編輯《知識》刊物，在流亡藏人中有很大的影響，還和達賴喇嘛的談判代表洛迪等一起創建「藏青會」。1993年，索南道傑訪問北京，翻譯指他曾是藏青會的組織者，是骨幹，青年會一定會聽他的話。「我很奇怪，回答說，我說的話符合青年會的原則，他們會聽，否則不會聽，因為他們是政府組織，這是民主社會。當時，北京很不明白。」北京指責境內藏人的活動是「藏青會」策劃，索南道傑認為，恰恰相反，「西藏境內的情況惡化，境外的抗議才會劇烈。後達賴時期，達賴期待務實地解決問題，但北京態度強硬，令他沒有絲毫可以突破，激進派才有了抬頭的空間，出現多種聲音，進入多元時代。」

但是，索南道傑並不認為這會影響達賴喇嘛的權威，他指出，「過去藏人對達賴是一種迷信，現在藏人更瞭解達賴喇嘛的和平、和諧、人的價值等基本原則，是一種敬仰。」事實上，達賴也公開表明，藏青會與他的原則不一，但他們的這種追求也是天賦的民主權力。

索南道傑任部長時，1997年，達賴喇嘛首次訪問臺灣，北京駐印度大使傳召達賴喇嘛駐印度德里的代表，指「如果達賴訪臺灣就要中斷關係」索南道傑指示代表問，如果達賴放棄訪臺灣，中共會有何表示？有何進步？結果什麼都沒有。索南道傑指出：「北京政府的西藏政策到了最壞的地步，甚至說不存在西藏問題，這讓我們沒有期待。」

正因為要面對後達賴時代錯綜複雜的局面，達賴要把權力下放到民眾，成為推廣民主的動力。索南道傑強調：「達賴在世時，人

民會絕對執行非暴力的原則，但有一天他不在了，由人民自己決定未來，難保會像現在一樣貫徹達賴的原則。」

連續三屆被選為流亡政府議員的丹增貢波也贊同「達賴喇嘛在世時，不會發生驚天動地的事，基本可以相安無事，但去世後就難說了。」理由是，多元的社會必定不會只結達賴生前期待的果子。丹增貢波早前在青海省一個縣的教育局工作，以他的經驗觀察，西藏出現抗議，在武力鎮壓下，會出現更大的抗爭活動。他認為，現在還沒有任何人可以代替達賴喇嘛的影響力，但仍存在危機，「特別是西藏年青人，希望達賴退出政壇，交給其他人的呼聲出現，達賴也有意退休，加上中國內部的民族主義情緒高漲，也刺激藏人的民族情緒，有可能發生激進的事件。」

丹增貢波又講開他過去一貫的預測，達賴喇嘛退休或者圓寂，在西藏社會中沒有人具達賴的號召力，再提「中間道路」或非暴力會被指賣國賊，「那種狀況會像巴勒斯坦一樣，又重新走回獨立和暴力的時期。」他相信，中共內部如胡耀邦式的持溫和態度的人越來越少，藏漢問對立、對抗、對峙會升級。

如果達賴提出的中間道路亦見不到前景，丹增貢波不否認，支持藏青會主張的流亡藏人會占上風，而議員是選出來的，不迎合這些主張就沒有下次機會，所以，流亡藏人的議會中，藏獨勢力占上風也一定難以避免。

《西藏時報》是非政府的媒體，全世界發行，立場是自由的。現任總編輯龍熱嘉是上世紀九十年代初才成為流亡藏民的。他1994年從青海省的海南藏族自治州來到達蘭薩拉，那時他高中讀了一半，為了瞭解境外的情況出走。來到達蘭薩拉學文化，學英語，學西藏的歷史。

1998年，龍熱嘉到《西藏時報》工作，從記者到總編輯。這十

年，他見證了流亡社區的變化。剛到時，流亡藏人對政治的關注並不強烈，由於達賴喇嘛推出政治民主，完善公投民主，西藏流亡社會進入後達賴時期的民主時代。

因為職業的關係，龍熱嘉接觸了不同層次的藏人，他看到，主流社會開始有不同的聲音，不是以達賴喇嘛為唯一主流聲音，民主的推進，充許對解決西藏問題有不同的看法。龍熱嘉指出：「有一天，達賴喇嘛退休或者退出，他的路線在長期得不到響應下，藏青會的聲音會占主導。」

達賴喇嘛代表與中央政府的第七次談判結束，幾乎所有的採訪回來的報導及評論文章都是負面的，龍熱嘉表示，被採訪的人普遍擔心，這樣的對話會使西藏的條件一再下降，「跟著達賴喇嘛的老一輩、年青人、知識份子因為看不到可能性，都要求放棄談判。」他認為，達賴喇嘛年事已高，流亡政府的資源有限，「是否應該考慮改變對話的方式，請第三者為代表，與北京接觸談判，這樣既使達賴喇嘛不在了，談判也不會停止。」龍熱嘉所表達的，據說代表著一部分知識份子的想法。

才讓吉在《西藏時報》任記者，這位原2003年的西藏小姐，雖然沒有那麼明確地要第三者加入談判，但她覺得，目前「談判雙方是雞同鴨的接觸，差距太大。西藏人權問題，沒有國際社會的壓力，難以改善。」要依靠國際勢力，同樣是她的主張。

與北京的幾次談判以後，才讓吉觀察到，流亡藏人已經分化，年青一代認為和談不會有成果，沒必要繼續下去；年長的及政府人員都還堅持和談的立場。才讓吉表示，「西藏社會產生分化，原因是達賴喇嘛的原則並沒有產生效果。雖然和平反暴力是世界趨勢，自己是弱女子，平時連刀子都不敢提，但有一天遭到危險，為保護自己也會採取反擊。」才讓吉指出，如果發生這種狀況，需要國際

社會給予公平的結論。

才讓吉屬八〇後，居於甘肅夏河，1999年7月，還在念高一，她就隨一眾藏人出走，走了二十七天，到了印度，在達蘭薩拉繼續學業，邊學習還出了二個詩集。2003年她走上選美的舞臺並獲得桂冠。之後又去英國和德國留學，學成沒有留在歐洲，才讓吉選擇返回達蘭薩拉，這一切都是「為了找尋自己」，因為「我的幸福在達蘭薩拉」。

「幸福是靠鬥爭而來」，藏青會前主席拉桑次仁是第一個站出來反對達賴喇嘛的藏人，1988年，達賴喇嘛在斯特拉斯堡發表聲明，要走中間道路，拉桑就提出反對，當時還有藏人因為他反對達賴喇嘛要殺他。如今，這樣的反對聲音越來越強，拉桑認為「總體還是有區別，當時的反對聲音僅局限在知識份子中，現在這樣的聲音已經擴大到一般民眾。」他強調，以前，解決西藏問題，真的只有達賴喇嘛的問題，現在可能不行了，「後達賴喇嘛時代的多元化，全體藏民的要求，已經不是達賴喇嘛一個人可以全部代表了。」

在能獲得西藏自由時機時不抓緊，到失去拿回西藏的機會時，拉桑認為，這個責任就應該由達賴喇嘛負，「西藏的第二、三代沒有宗教約束，到時會有危機。」

但這樣的激進聲音，理性的知識份子並不理會，他們認為，3月的動亂並沒有給西藏帶來希望，不可能持續和長久，即使是藏青會的激進活動，也不可能起到推動西藏問題改善。從政府部門退出，專職從事翻譯工作的旦增德丹表示：「解決西藏問題，不能寄希望於談判，而要找尋改革之路，第一步要從政教分離開始。」不少流亡的西藏知識份子反思，達賴喇嘛有思想，但缺少實踐，西藏的知識份子要擔當責任，未來藏民族存在的基礎，就要從自身的改革做起，要從政治、教育、宗教著手，給西藏一個新的希望。

我們與達賴喇嘛真的無關
——專訪「藏青會」聯絡秘書長貢秋雅沛

貢秋雅沛表示，藏青會與達賴喇嘛的政治要求南轅北轍，兩者無任何關係，「藏人臨死時喊的是西藏獨立，我們有義務貫徹下去」。

2008年的3月下旬，印度烈日炎炎，上百流亡印度的藏民聚集在位於印度議會前的簡法瑪塔街，頂著炎熱不斷呼喊口號，還有部分人絕食抗議。這條街是印度集會抗議、表達意見的民主陣地。自3月14日起，一些流亡藏民聚集在此，聲援西藏境內與當局抗爭的藏民。西藏青年會聯絡秘書長貢秋雅沛接受訪問時表示，這裡的活動由藏青會和婦女會等推動，要求釋放被關押的藏人、停止鎮壓等各種要求。

示威人數最多的是二十五日，簡法瑪塔街上聚集了四千多流亡藏人。貢秋雅沛說，他們要求：漢藏要通過和談解決問題；停止鎮壓西藏境內的僧侶和藏人，給受傷者醫療；釋放班禪喇嘛。

藏青會開宗明義號召西藏獨立，並不排斥非暴力以外的任何方式，所以每當有重大事件發生，藏青會都會在世界各地展開激烈的活動，甚至有衝擊中國駐外使館的舉動。

不過，北京指達賴集團策劃中國藏族居住區的暴亂，貢秋雅沛卻否認藏青會參與其中：「如果我們有能力，也做了此事，我們會承擔，並為之驕傲。很遺憾，我們沒有這份榮耀，因為藏青會成員都列入黑名單，我們有想法和動機，但進不去。」

貢秋雅沛指，1959年開始至今，西藏境內的抗議活動不斷，從來就沒有停止過，「在藏青會成立之前就有，文革中也有，每年類似的抗議活動都會有，只是規模有所不同」。他認為：「如果這次

事件是由達賴喇嘛策劃或挑動，那麼，拉薩街頭的示威者應該叫喊『中間道路』，而不是喊『西藏獨立』，可見『中間道路』並不那麼受支持，藏青會才真正代表西藏民眾的利益。」

藏青會有三萬五千多成員，四十多個國家有分會，成立於1970年10月7日，因為這天是解放軍當年首次進藏的日子。在將近十四萬的流亡藏人中，藏青會是最大的群眾團體。去年9月，新一屆藏青會成立，繼續堅持西藏獨立的要求，貢秋雅沛強調，藏青會章程規定領導層三年一輪，但宗旨不會改變，「而近期的要求一是堅持西藏獨立，二是抵制北京奧運」。他表示，達賴喇嘛和藏青會的政治要求南轅北轍，沒有任何關係，達賴喇嘛主張中間道路，1992年經過公投已得到支持。

不過，貢秋雅沛指出，藏人與中間道路曾經有過蜜月期，1999至2000年時最受歡迎：「藏青會曾似變為流亡藏人的死敵，成員走在街上都被人罵，但最終西藏人民還是看到我們是維護西藏利益的，現在我們變得受歡迎了。」

在政治理念上，藏青會與達賴喇嘛不同，但貢秋雅沛承認達賴喇嘛有影響力：「達賴喇嘛在世，不管他是否真是政教領袖，但總是我們的上司，我們會克制，盡可能不使用暴力。其實，我們中的很多人都非常激進，甚至不惜用生命去捍衛自己的主張。」

3月17日，達賴喇嘛接見一些流亡西藏人組織的領導者時，貢秋雅沛也在場，他說，達賴喇嘛講了很多，但主題就一個，勸他們停止徒步返西藏的活動，指出這活動對奧運有負面影響，因為不僅中國，印度亦給予很大壓力。在勸導下，五個團體組織的徒步返西藏活動，第一站徒步到德里，但藏青會表示不能起到抵制奧運的作用退出了。貢秋雅沛表示，達賴喇嘛只是呼籲，並不是命令，「他把民主賜給我們，我們就可以自己去作出選擇」。對達賴喇嘛，貢

秋雅沛表示絕對忠誠和敬仰，甚至可以用生命作出承諾，「這無可置疑，但從政治立場和組織立場上講，我不能接受，境內藏人臨死時，喊的是西藏獨立，我們有義務貫徹下去」。

貢秋雅沛是德里大學政治學碩士畢業，在學生時代加入藏青會，本屆大會選他為十個常委之一，目前專職藏青會的工作。每次重要的示威抗議活動他都會出現，不僅要協調，還要解救那些被控觸犯法律的藏青會成員。

達賴喇嘛夢回拉薩

正值臺灣大選，採寫了馬英九當選臺灣總統回到香港，接到來自印度的電話，詢問要不要採訪達賴喇嘛？達賴喇嘛就西藏的動亂有話要說。打點行裝，辦好簽證，我直奔印度。

2008年3月22日至29日，達賴喇嘛在印度新德里有個大型法會，信眾主要來自印度和世界各國。期間他接受了我的獨家專訪，希望表示自己對「3‧14」西藏不愉快事件的擔憂和善後的一些想法。見到《亞洲週刊》上刊登我採寫的臺灣星雲大師的封面報導，知道星雲可以自由出入中國，他很高興地說：「我昨天做夢，夢見返回西藏拉薩了。」達賴喇嘛表示，西藏發生的不愉快事件，令他心情很不好：「1959年3月10日，我是在很不愉快的狀態下度過的，現在也有這樣很不愉快的感覺。不過今天能見到一個漢族同胞，心情好一點了。」

達賴喇嘛在法會上就向信眾表示：「過去講經，我的思想邏輯都很清楚，但這次我心裡很不舒服，一方面中國要鎮壓，一方面西藏人對我抱有很大的期待，我夾在中間，有一種焦慮的感覺，所以這次講經我不能夠很緊湊、很嚴密的跟你們講，請你們原諒。」

法會後，達賴喇嘛召開國際媒體記者會，發出《十四世達賴喇嘛對全球華人的呼籲》，指「已向中國領導人表達了為實現和平與穩定而願共同配合的意願」，也「向漢族同胞們保證，我絕對沒有分裂西藏或是在漢藏民族間製造矛盾的圖謀。相反地，我時常為尋求西藏問題在漢藏民族長久互利的基礎獲得解決而進行努力」。達賴喇嘛表示，他支持北京奧運，認為這「是中國人民期待已久的盛會」。他呼籲漢族同胞們：「關心我們兩個民族間存在的問題，盡心盡力地去消除彼此間沒有必要的疑慮和猜忌。為了促成和談，在寬容、理解的基礎上解決西藏問題而作出貢獻。」

北京與達賴特使會談內情

「3‧14」西藏事件後，中國政府和達賴私人代表在深圳舉行首次會談，開啟新一輪對話。中共高層力排黨內強硬聲音，對藏族暴民不判死刑，放下身段作出與達賴代表對話的決定，避免西藏問題影響奧運大局。

中國政府和達賴喇嘛特使終於又見面了。5月4日，中央有關部門負責人與達賴喇嘛私人代表在深圳麒麟山莊會談。會談結束後，雙方表示還將進一步舉行會談。這大大緩解了雙方此前的緊張關係，拉開了新一輪會談的序幕。

這次深圳會談的北京代表是統戰部常務副部長朱維群及副部長斯塔，達賴喇嘛代表則是甲日‧洛迪（前也寫作洛地嘉日）和格桑堅贊。會談結束後，達賴喇嘛的兩名代表經香港返印度，在香港機場受訪時說，對第一回合會談的結果感到振奮，甲日‧洛迪形容，會談坦率，氣氛和諧，他透露，中國明確表達再次接觸的意願，會談將在他向達賴喇嘛報告會談狀況後擇期進行。他們形容今次會談

是好的開始。

　　自3月14日西藏拉薩發生暴亂，並不斷引發中國其他藏區騷亂以來，北京和達賴喇嘛間互相指責對方是藏區不穩定的原因。不過，奧運聖火在西方社會傳遞時不斷遭到騷擾，更何況北京奧運在即，中國在國際社會的形象，都因為西藏問題受到影響，事實表明，指責無助解決實際存在的問題。北京遂宣佈：考慮到達賴方面多次提出恢復商談的要求，中央政府有關部門準備與達賴的私人代表進行接觸磋商。雙方的新一輪接觸在深圳舉行，國家主席胡錦濤在北京亦肯定地對日本記者說：希望跟西藏流亡精神領袖達賴喇嘛的會談將會是有益處的。

　　據悉，3月14日西藏拉薩發生暴亂事件以後，北京在定性達賴喇嘛與該事件的關係及處理手段上有過反復，對暴亂及暴徒採取強硬手段在北京高層沒有疑義，但與達賴的較量該採取何種方式，是以剛性還是柔性政策，黨內高層意見分歧，尤其是不甘寂寞的高層「老黨員」，不斷給政治局提建議，令北京最高層決策舉棋不定。

　　4月中旬北京召開政治局會議，還決定以強硬姿態定性及面對西方勢力及達賴喇嘛，認為這是西方長期圍剿中國的鬥爭，絕不放棄強硬方式應對。4月下旬卻又因應國際形勢的變化，作出與達賴代表對話的決定，並於4月25日通過新華社發稿，單方面對外宣佈。

　　知情者告訴作者，北京完全放下身段，希望可以遏制西藏問題繼續在國際上發酵，進而影響奧運大局，影響中國在國際上的形象。雖然有人批評北京只是權宜之計，是奧運前的公關舉措，但知情人士說，北京是綜合了各方面的情報及諮詢才作決定，並明確提出「為下一步商談創造條件」，都顯示了北京的誠意。據悉，依中國的法律殺人償命，首批宣判的暴徒中就該有人判死刑，但有人上書中央，建議慎用死刑，否則會在漢藏間留下永遠的仇恨，北京很

重視這樣的建議。

香港中文大學亞太研究所沈旭暉博士表示，會談可以不是形式主義的，北京有主導權，可以扭轉局勢。如果半年前北京就與西藏境外包括達賴喇嘛在內的團體和個人展開對話，將2008年定為和諧之年，就更有主導權，受到的質疑會少些。

沈旭暉認為：「北京如果會玩這個遊戲，就不會純粹當作策略。如果中國做了很多事，還有人反對奧運，這有違普世價值。」

這次深圳會談雙方的四位代表，曾經在自2002年重啟會談後的六次對話中多次交手。甲日·洛迪、格桑堅贊參與了所有六次對話，朱維群及斯塔則參加了後幾次對話。

2007年6月底至7月初的中央政府與達賴喇嘛私人代表的第六次會談時，朱維群及斯塔均以統戰部副部長身份，率代表團與甲日·洛迪、格桑堅贊等代表斷斷續續會晤了九個小時，雙方在「談談打打」中相識，可以說是「老朋友」了。

甲日·洛迪是達賴喇嘛駐華府的代表，格桑堅贊是駐歐盟的代表，均為西藏流亡政府的核心成員，兩人應邀於5月3日從深圳入境，前一日，他們已到達香港，在香港留宿一晚。西藏流亡政府發言人5月2日在聲明中表示，這兩名代表將在會面時表達對北京處理西藏示威手法的「深切關注」，並就如何為當地帶來和平提出建議，聲明把會談形容為「與中國領導層代表之間的非正式會談」。其實，這一次接觸是就目前的西藏形勢進行磋商，是就事論事的，並不能算作前六次對話的繼續。

新華社在宣佈準備與達賴喇嘛代表接觸磋商時就表示，中央政府對達賴的政策是一貫的，對話的大門始終是敞開的。希望通過接觸磋商，達賴方面以實際行動停止分裂祖國的活動，停止策劃煽動暴力活動，停止干擾破壞北京奧運會的活動。「三個停止」成為北

京這次對話的主要目的，並依此成果檢驗達賴喇嘛不謀求西藏獨立的真實性，「為下一步商談創造條件」。這樣的表述也被西方媒體詬病為是北京的策略性談判，及奧運前的公關手段。

正準備從臺灣返回印度達蘭薩拉、即將履行新職的前達賴喇嘛西藏宗教基金會董事長才嘉向我表示，達賴喇嘛對與中央政府的對話、會談不會預設任何的前提，「達賴喇嘛關心的是西藏的狀況，面對藏民遭遇肆無忌憚的打壓，藏區充滿著恐懼，達賴喇嘛心裡很難過」。

北京要求保持社會的穩定，制止暴力，達賴喇嘛則要求停止鎮壓以求社會安定，雖然目標都一致，但雙方的定義有差別。

才嘉說，兩者間需要找到共識。「這次接觸磋商的主要目的是希望控制局面，讓目前西藏社會達至安定和平，而不是談解決西藏問題。局勢不穩，北京著急，我們也想讓藏民可以擺脫恐懼。」這一輪磋商，雙方均試圖給眼下的政治緊張形勢降溫，而非繼續前六次的對話。

從2002年始，達賴喇嘛的二哥嘉樂頓珠和時任統戰部長的王兆國商議，展開新一輪的談判，至2007年7月，雙方已對話六次，才嘉也是第四次對話時的代表之一。

2007年，專訪達賴喇嘛時，他曾表示，第六次談判毫無進展。才嘉指出，雖然六次談判進展不大，但達賴喇嘛還是有願望通過接觸達到目的，「這是唯一的方式和路徑，達賴喇嘛表達很清晰，任何衝突要通過對話、面對面的談來解決」。

在西藏「3‧14」騷亂發生後，達賴喇嘛在3月19日曾經致函中國國家主席胡錦濤，提議批准他們派遣特使到西藏，向當地藏民解釋，以穩定當地緊張局勢。達賴喇嘛在信中還表示，他很贊同胡錦濤在兩會期間到西藏組的講話，胡錦濤指，西藏的穩定影響到全中

國的穩定。

　　同時，達賴喇嘛在信中對有中國官員在兩會期間公開指責他是「３・14」暴亂的幕後黑手感到遺憾，表示了自己不謀求獨立，不主張暴力解決西藏問題的真誠。甲日・洛迪在美國國會一個聽證會說，北京有回覆信件，但並沒有接受達賴喇嘛的建議。

　　藏族作家唯色連續不斷在網路上寫「３・14」暴亂後的「大事記」，對這樣的「接觸」，她也有自己的看法：達賴喇嘛希望討論和解釋３月以來的西藏抗暴事件，但中共早已向世界宣讀了他們的宣判書，因此會談不見得會有什麼結果。

　　唯色表示：「另外，討論境內藏地的事情，但境內藏人即當事人——這指的是境內民間領域的藏人而不是官方體制內的藏人——卻缺席，這本身就是問題。解決西藏問題若沒有境內體制外的藏人參與，沒有境內藏人真正的聲音，就不會有實質性的突破。」

我的立場是中間道路
——第三次專訪西藏精神領袖達賴喇嘛

專訪時間：2008年3月28日

如果藏人決定以暴力方式來尋求獨立，我只能退休，我在1987年時就提出過這一立場，這次我又重申了這一立場。我的立場是中間道路，這沒有任何改變。

——達賴喇嘛

*以下訪談，達賴喇嘛簡作達賴

作者：西藏的這次暴亂，卻讓西方社會吵翻了，撕裂的不僅
　　　是漢藏兩個民族，全世界注目，甚至被撕裂，你注意
　　　到嗎？

達賴：我們的立場自始至終在漢藏民族能互利互贏。如你所
　　　知我並不尋求獨立，我自始至終希望留在中華人民共
　　　和國內，是尋求自治。現在的所有的問題，與西方沒
　　　有關係，需要我們兩個民族去面對和解決。當然，包
　　　括西方在內的世界輿論對此問題的呼籲和關注，配合
　　　都是很重要的，但不管怎麼說，這個問題的解決，最
　　　終是在我們兩個民族之間。

作者：為什麼要特別對華人社會發出呼籲？

達賴：最近一段時期，中國官方媒體一些宣傳的方式，給人
　　　的感覺是藏人在反對漢人。據我所聽到的，上海一些
　　　藏人所經營的商店，平時有些朋友光顧，現在不來
　　　了，漢人表現出不高興。在加拿大有一些平時認識的
　　　漢人，也向藏人表現出不喜歡。
　　　我網路上有人流露出對藏人的不滿和仇恨，因此，我
　　　覺得有必要向漢民族作一些解釋，發出一些呼籲，我
　　　是用藏文寫的，翻譯成英文和漢文，這是漢文。我不
　　　希望挑起兩個民族之間的矛盾，我願意為兩個民族的
　　　團結做點事，希望你們盡可能讓更多漢人都知道，盡
　　　可能讓中國大陸的漢人都知道。

作者：你曾說，西藏問題是自治問題，而不是兩個民族的衝

突問題，但為什麼這次事件藏人主要針對漢人的商店、設施等打砸搶燒呢？

達賴：我們現在看到的這些情況，是不是全部都屬實呢？據瞭解，開始講所有漢人的商店和清真寺被燒掉了，後來又說清真寺沒有被燒，而且也不是所有的漢人商店。在很多地方大部分被燒的漢人商店，針對的有從事賣淫活動的場所，有些有妓女的場所。也有一些銀行遭到攻擊，遭到攻擊的原因是有銀行把中央給西藏的很多撥款截留了，用於他們自己的經營活動上，不是按中央的要求用於西藏建設上。依據這些消息，這次事件並不是針對所有漢族，是有針對性的。

作者：其實漢人進藏也不是今天才有的吧？

達賴：我經常對漢族朋友講，五十年代以前，拉薩也有一些漢人的商店，對這些漢人的商店，藏民是很尊重的，都稱他們為北京公子，有很大的敬意。但到1951年的時候，人民解放軍來了，變得暴力，從來沒有人說漢人不好，都是說共產黨不好。1959年之前都說共產黨不好，1959年後二十多年來有很多藏人來見我，有各種各樣的人，有幹部、商人，什麼人都有，那些人就說漢人如何如何，表現出一種民族對立，以民族來劃分。我從中間看到一些不妙的地方，中間有很多不好的東西。我經常強調，漢藏民族大團結。

一些藏人也以民族來劃分，政府也火上澆油，把這說成是藏漢的問題，到了這樣的處境，我很多時候就無

能為力。我想到海外的一些華人對我都很敬重、熱愛，我想能不能表達我的意見？所以有了這個呼籲信。

作者：作為宗教領袖，你如何做到漢藏一視同仁？

達賴：我們在祈禱的時候也不是只為藏人祈禱，而為所有的受害者祈禱，對所有的死者進行祈禱法事活動。以前印度和巴基斯坦的戰爭，我們藏人也為死去的士兵祈禱，不分印度和巴基斯坦，為所有的戰死者祈禱。我在這呼籲信裡已經談到，對漢人的受害者也表示哀悼。我們從很多報導中得到資訊，漢人的老百姓中間，遭受到地方官員的盤剝，或者壓制，有怨無處伸，這些我都表示同情，對任何人來說沒有任何的分別。我一直強調，人類都是平等的，要平等的享有幸福。

作者：你剛才特別強調了西藏不能離開中國，你說依靠中國更有利，能不能說說你的觀點，為什麼？

達賴：全世界都應該知道達賴喇嘛是不謀求獨立的。首先確定西藏不尋求獨立，不尋求獨立，是因為西藏的經濟發展是落後的，所以需要依靠中華人民共和國，同樣，西藏自己的語言、文字傳統宗教還有民族特性，這些獨特的東西需要保護，保護這些就要實現民族區域自治，這是世界上眾所周知的。就因為這樣，世界上就有很多人批評達賴喇嘛，說他出賣西藏。

作者：為什麼會出現二十年來最嚴重的暴亂，你認為是偶然的個別事件，還是另有內情，有人策劃？

達賴：所有地方都是藏族地區，這些地區無一例外地都受到

了地方幹部的不平等對待、欺負、剝奪工作機會。這些幹部在決策中完全無視西藏人的情感，如西藏視為非常寶貴的神山，開採去亂挖，藏人反對，但每次都被鎮壓，沒有任何的考慮和安撫。比如說安多這些地方，以前沒有什麼漢人，現在有很多漢人，開設了很多商店，因為他們完全不尊重藏人。比如有一個報導，有個漢族開了商店，因為價格問題而發生衝突，漢人叫來了漢族公安，馬上就把那個藏人抓起來，當地寺院的一個堪布去要求放人，他們說衝擊他們，竟然開槍把那個藏人打死了。去年，有五十二名藏族幹部被開除，有些是未到年齡讓他們提早退休。把這些藏人清除以後，全部換上漢族幹部。

作者：這和事件發生有何關係？

達賴：在十多年前，陳奎元當西藏黨委書記，他就說過對藏人幹部是不能信任的，最能信任的那兩個人一個是熱地，一個是向巴平措。其實，熱地和向巴平措也通過各種途徑，讓親戚朋友要求達賴喇嘛為他們祈禱，他們也並沒有得到真正的信任。

現在的黨委書記張慶黎，在尚未正式到任時就說，對那些藏人該抓的要抓，該殺的要殺。讓當地的老百姓感到非常的驚愕，從來沒有黨委書記這樣說過。所有種種，都傷了藏族人的心。張慶黎還說，西藏人民對共產黨非常熱愛，把共產黨看成像佛主一樣，類似這樣的言論，這些事情都會讓人不快，讓人不高興。

作者：你告訴我們，這個事件的出現並非偶然，是長期怨憤
　　　的暴發，但北京指這次事件是達賴集團精心策劃的事
　　　件，達賴喇嘛作出否認？但有沒有海外一些激進的藏
　　　人組織與裡面的藏人聯絡策劃這個事件呢？

達賴：對此，最好的方式就是去調查，去瞭解事情的真相，
　　　我一直強調對西藏，對達蘭輝拉，可以派人去調查。
　　　但外面有些藏人和裡面接觸就很難說，從現在發生的
　　　事件，外面絕對沒有人有這麼大的能力挑起這樣的事
　　　情，沒有這種能量。

作者：但這樣的暴力行為，同你宣導的溫和路線是相違背
　　　的，你認不認為，這是一種暴力行為，這種暴力行為
　　　應該予以譴責，但你只是要求克制，對暴力行為不是
　　　更應該譴責嗎？

達賴：總的來說，我並不認為藏人的抗議是暴力的，他們既
　　　沒帶刀也沒有帶槍，都是赤手空拳的，出來時他們就
　　　是和平的抗議方式。後來怎麼會演變，那是另外一
　　　回事。如果內心有痛苦要發洩，這是他們的權力。首
　　　先你去攻擊人，激起對方的抵抗，那就是另外一回事
　　　了。對抗後失控或者失序，這些都有可能出現，問題
　　　的實質是，誰先挑起了這些事端，這才是關鍵。把人
　　　家的憤怒挑起來，他們就會做出過激的行為，所以一
　　　定要去調查。

作者：你剛才又特別提出，希望中央組織調查組到境外流亡
　　　藏人的居住點調查，這是不是一個新的提法？

達賴：以前都說過，這些都曾經談到了。你上次來我們也談
　　　到了，我歡迎北京派調查組到達蘭薩拉來調查。

作者：事件的背後是否意味著激進的勢力抬頭，情況是否會
　　　失控？聽說最近你對激進的情況發了一次火，有沒有
　　　這樣的情況？

達賴：如果藏人決定以暴力方式來尋求獨立，我只能退休，
　　　我在1987年時就提出過這一立場，這次我又重申了這
　　　一立場。我的立場是中間道路，這沒有任何改變，西
　　　藏裡面有人喊西藏獨立，外面很多人說，證明達賴
　　　喇嘛的中間道路已經破產，發表這種言論的在流亡
　　　政府中很多。在印度有很多藏人表現得比較激烈，採
　　　取比較強硬的方式，我因此說過一些話，不知道是否
　　　發火，告誡他們一定要有清醒的認識，不能憑情緒說
　　　話，一定要深思熟慮，我很嚴肅地提出來不知能否說
　　　是發火。

第七章
後達賴喇嘛時代

後達賴喇嘛時代，是一個內部多元化、外部國際化、以及北京不斷強硬化的時代。因為民主進程的要求，因為「中間道路」不斷受挫，流亡藏人中出現多種不同的聲音；而國際社會已經接受達賴喇嘛率領的流亡藏人，出於普世理念及不同的利益考慮給予支持；經濟發展及國力強盛的北京政府對達賴喇嘛及其流亡藏人更趨於強硬對待。

西藏到底會走向哪裡？

2008年3月14日，中國境內藏區爆發流血衝突事件後，北京中央政府和達賴喇嘛的代表嘉日洛迪、格桑堅贊於5月4日在深圳進行了非正式會談，並確定了繼續第七次正式會談的時間。7月1日，雙方代表在北京奧運舉辦在即前進行了新一任的會談，與以往不一樣的是，前幾次會談，北京從來不談進展情況，甚至不承認與達賴喇嘛的代表有什麼會談，只承認是達賴的親友回國探訪。這次會談結束，北京方面率先宣佈，稱中央「四個不支持」要求的提出和達賴方面承諾積極回應，是這次接觸的一個重要進展。

與此不同的是，達賴喇嘛及其代表對這樣的會談大失所望，在前五次會談後，達賴喇嘛都主動表示，會談良性，有進展。但去年第六次會談結束，達賴喇嘛曾首度批評會談沒有絲毫進展，而第七

次會談，仍出乎達賴喇嘛的期望，不僅認為失去會談意義，還對約定今年內的新一任談判不抱期待，甚至要重新評估這類會談的意義。

事實上，總部在達蘭薩拉的《西藏時報》網路調查表明，近九成的受訪者反對達賴喇嘛的代表進行第七次會談；近八成的受訪者認為，奧運後，西藏問題也不會有好轉。有消息稱，這屆流亡政府承受很大壓力，如第八次會談不見成效，可能會遭到藏民抵制。

應對這樣的時代狀況，達賴喇嘛正考慮轉變思路，實行改革走向民主、加強國際聯絡、並寄希望於中國人民將會是他未來的路向。達賴喇嘛表示：「我把右手給中央政府，左手也伸給了關心西藏的國際社會，當我的右手得不到任何東西時，我一定會將左手伸出去，讓國際社會來關心。但是目前我的右手不僅是空的，還被火燒起來了。當有一天，我的右手有成果時，我可以跟國際社會說拜拜，我不需要了。」

達賴喇嘛多次表示，對北京的信任降度低。「但我還是願意信任中國人民，中國人民有文化文明，也是一個能瞭解現實，勤勞的民族。我想很多中國人瞭解西藏後，會對西藏的看法有改變。」

而此時，時任臺灣總統馬英九則表示，歡迎達賴以宗教領袖的身份訪台，達賴喇嘛回應說：「為了跟華人兄弟姊妹建立友好的關係；也為了佛法的交流，能與更多的佛教同修探討佛法，我曾經去過臺灣兩次，如果未來有機會我非常樂意再次前往臺灣訪問。」

達賴喇嘛與北京持續數十年對立、分歧、對抗，近幾年轉為對話，希望通過與中共領導的協商，解決他認為的西藏問題。但經過這一輪從2002年開始的七次會談，達賴喇嘛終於感覺疲憊和無奈。在與作者訪談期間，達賴喇嘛表示，北京提出沒有西藏問題，只有達賴喇嘛的問題時，已通過辦公室發出公開的聲明回應，很清楚表

明，個人沒有要求，北京真的認為，沒有西藏問題的話，其實也沒有什麼談的。「但他們還是要繼續談，也就談吧。」達賴喇嘛似乎有些無奈。

這番話意味著，期望北京的西藏政策有所改變破滅，達賴喇嘛對接下來的會談不抱任何希望，如果沒有什麼突破，甚至會是這輪會談的終結。在進入「後達賴喇嘛及達賴喇嘛後」時代，流亡近五十年的達賴喇嘛將思考如何走向未來。這是達賴喇嘛近年第四度接受的獨家專訪透露的資訊：達賴喇嘛要走自己的路。

2008年8月1日下午，達蘭薩拉正下著瓢潑大雨，訪問還是在達賴喇嘛行宮的會客室，不一樣的是，因為臨近京奧，氣氛緊張，原來可自由通往行宮的道路上新增加了大鐵門，加了保安，見達賴喇嘛要經過二次安全檢查。

有關人士解釋說，西藏境內3月發生衝突，也令達蘭薩拉的安全受到威脅，「最近印度警方就發現有不少不明來歷的漢族青年，單個出現在達蘭薩拉，警方正加強戒備。」雖然，奧運前夕，大部分藏青會成員都集中在新德里抗議，雨季的達蘭薩拉冷清很多，但印度警方明顯加強檢查，一般旅店接待來自中國的遊客，警方都會前來詢問一番，氣氛仍然緊張。

經過幾次沒有結出果實的會談，達賴喇嘛正在思考和探索新路，他強調不會放棄已經深思熟慮的「中間道路」，但面對後達賴喇嘛時期出現的內部多元化，外部國際化及北京中央政府的強硬化，達蘭薩拉要調整策略。達賴喇嘛向我表示，西藏暴亂事件後，曾經覺得中共與以往不一樣，有一個公開的新聞發佈，指與達賴喇嘛會談在進行之中，胡錦濤在訪日前，都與外界表述確定與達賴喇嘛代表會談，希望有成果。因為這樣，「我對會談抱很大的希望，在沒有對外公佈會談消息前，中共外交部也召集了在京的有關國家

使節，宣佈了對話的消息，我們覺得北京非常重視，所以抱有期待。但在談話過程中，兩位代表在電話中向首席部長報告，他們談話非常困難。回到達蘭薩拉後，見到我的第一句話就說，這次談判非常失望。」

7月，達賴喇嘛去美國訪問途中，北京的新聞官員宣佈，達賴喇嘛不能代表西藏，沒有西藏問題。達賴喇嘛回應說「我個人對中央沒有任何要求，如果是我個人的問題，1981年中央發佈了五點意見，我就可以說，『謝謝』，就回去了。但後來天安門事件發生了，不知道會變成什麼，我需要的是對整個西藏問題的改善。對個人，中共怎麼講我都無所謂。」

事實上，流亡海外的西藏人及達賴喇嘛正面對新的形勢，一方面是內部多元聲音的表露越來越明顯，除了支持達賴喇嘛中間道路的主流聲音外，要求西藏獨立的聲音也越來越強烈，甚至成為絕不融合的兩股力量。此時，就有流亡藏人在達蘭薩拉的藏文報上批評達賴喇嘛，指他實際上是親共者。北京舉辦奧運前夕，同樣在印度新德里議會大樓前簡法瑪塔街舉辦抗議活動，西藏流亡政府組織的和藏青會等激進組織的示威場地分開，相距有百多米。前藏青會主席拉桑次仁就公開表示：過去，可能解決了達賴喇嘛的問題也等於解決了西藏問題，「現在已經不是一回事了。」

達賴喇嘛也多次提到退休的想法，並表示，「面對民主開放、多元的時代，又遭遇北京的強權，我要進入一個退休狀態，現在已經是半退休的狀態，很多大的事情由首席部長來決定。」不僅是尋求獨立的藏青會，包括一些理性的知識份子也開始提出要求，他們都贊同政教要分離，「政要民主，教要自由」，他們中有人甚至批評達賴喇嘛對待「護法」、「雄天宗」的態度，達賴喇嘛堅定的勸勉所有藏傳佛教的弟子，不要供奉有著邪惡精神的朵傑凶天（護法

神）是「與毛澤東晚年同樣，犯了排斥異己的錯誤。」同時提出要改革現有的政府體制，認為「西藏民族要存在下去，要從自身改革開始。」

知識份子擔心的是，到十四世達賴喇嘛後時代，如果知識份子占上風，可以延續達賴喇嘛的思想，但一旦激進主義占上風，就會動亂流血。曾任職公務員，現專職翻譯的旦增德丹說，知識份子對下屆達賴喇嘛的靈童轉世已不抱希望，依目前狀況，未來十五世達賴喇嘛至少會出現三個：中國政府會挑一個；流亡政府會選一個；還有可能會在西方社會出現一個。甚至還有人稱會在女性中出現。旦增德丹說：「佛教中有規定可在世選接班人，有人提議在達賴喇嘛在世時就選定十五、六歲的接班人進行培養，以確保達賴喇嘛思想的傳承。」

2008年4月，藏傳佛教各大教派的教主開會，主要研究如何提升佛法，也討論了達賴喇嘛轉世事項。大家覺得達賴喇嘛在世時應該有一個接班人，使得所有的西藏人共同信賴。達賴喇嘛當時表示：「雖然我七十三歲了，但還沒有那麼著急。」他跟各大教派的教主、長者都說，「希望你們想一想，再思考」。旦增德丹說，知識份子的的考慮是，達賴喇嘛後時代，也許在宗教傳承上不會受大的影響，但政治上就難保證了。

不過，達賴喇嘛認為，流亡近來五十年，西藏流亡政府是成功的，已經形成一套較為完美的機制。在教育、宗教、民主制度建設、藏人集中居住保留文化傳統等取得成就，足以保證未來西藏的傳承。據悉，目前流亡藏人所建的學校有七十七所，共有在校學生28,316名，達賴喇嘛的妹妹正在印度南部籌辦西藏大學。

1993年桑傑還是小學六年級時從青海藏區來到印度，由流亡政府提供免費讀書，以優異成績高中畢業，又考入印度南部讀大學，

直至兩年碩士畢業。桑傑學的是政治學，政府除了為他交付學費，還每學期提供6,200元的生活費。桑傑還想繼續讀博士，注意到中國與印度都是兩個崛起的大國，桑傑想到北京去讀中印關係的博士，主要還是不想荒廢自己的中文，但幾次到中國駐印度大使館去申請都被拒。中國大使館的官員告訴桑傑，他背叛了祖國，所以不歡迎。失望的桑傑繼續留在印度讀書，據說，像桑傑這樣學習成績好，又有中英文基礎的學生，要去中國讀書的流亡藏人還不少，但都被拒絕。

桑傑正在享受達賴喇嘛教育基金讀博士，所有費用都由該基金提供。那是2006年，達賴喇嘛拿出自己著書的版權費，提供2,500萬盧比建立基金，供流亡藏人的子女攻讀博士。2007年，流亡藏人有十四位博士享受了該基金，培養的博士還有一個在哈佛畢業後留校任助教。

至2008年，在西藏流亡政府有註冊的西藏寺院有227所，共有僧人29,102人，當然，世界各地還有很多沒有註冊的西藏寺院。不少中國境內的藏人把孩子直接送到印度的藏人佛學院。

斌波多吉在四川藏區上學，當他有出家念頭時，2000年父親把他送到尼泊爾又轉道到印度，入讀達蘭薩拉的宗薩佛學院，現在是中觀六年級。年輕的斌波想的很簡單，「目標是把自己的壞習慣改掉。」

針對不斷有藏人送子女到達蘭薩拉學習，西藏專門發文件，阻止黨員和公務員的子女到達賴喇嘛學校學習，達賴喇嘛表示：「我的觀點很清楚，你們願意來學習，我提供條件和環境，要回去，也可以。」其實，來這裡學習的不僅有中國境內的西藏人，還有外國人及漢人。達賴喇嘛希望通過這樣的學習交流方法，爭取國際社會及漢人的更多瞭解和支持。

九歲就流亡印度的丹增，在新德里西藏村開設了一家旅行社，他還用漢字為旅行社取名「亞爾樂旅行社」，以接待到印度、上達蘭薩拉的漢人。因為他能說藏語、漢語、英語及印度本地語言，熟悉當地情況，中國大陸、臺灣、香港、新加坡等地的漢人都願意找他幫忙。開始流亡藏人還指責他，不過，達賴喇嘛就公開支持這種交流，呼籲流亡藏人要接觸更多的漢人。

　　7月中旬在美國，達賴喇嘛呼籲在美藏人，建立漢藏的協會。達賴喇嘛說：「我希望有什麼節慶活動時，主動邀請華人朋友參加，他們有節慶活動，也要主動去參加，西藏話說是拿著碗去吃飯。如果有漢藏協會，發生問題時，有助相互交流、溝通。」為回應達賴喇嘛的這個呼籲，西藏流亡政府公開招募懂漢語的藏人，通過網路與漢人交朋友，說明西藏流亡政府的原則和立場，和西藏人民所追求的願望。達賴改變西藏的右手不再伸向中國政府，改為伸向中國人民，這成為他新的策略。

贊同政教分離

　　奧運前夕，藏青會等主張西藏獨立的流亡組織活動更為頻密，他們策劃了新一任「人民起義運動」，在8月7日達到高潮，幾萬流亡藏人，包括眾多的僧侶，從四面八方聚集印度首都新德里，抗議西藏失去自由、人權，聲援尚被關押獄中的藏人。

　　早在7月28日，針對北京舉辦奧運的抗議活動就已展開，六個藏人不吃不喝絕食，近百支持者也在絕者現場舉行抗議活動。在絕食活動第七天時，藏青會主席次旺仁增接受訪問時表示，這幾個青年的絕食抗議不是藏青會組織，而是自發的，「他們要表示以自己的生命，捍衛西藏的自由和人權，所以，我們的抗議活動並非針對

奧運，而是西藏的自由。」在北京奧運期間，西藏流亡的藏青會等組織，一直到8月24日，都會有不同的抗議活動。

對於北京指責藏青會是恐怖組織，次旺仁增強調，一直是以和平的方式來抗爭，藏青會最近還發表了聲明，聲稱藏青會不是恐怖組織，世界上有很多組織都會說明藏青會而不會幫助中國政府，真正恐怖的是沒有人權、自由的中國政府。他多次強調，「西藏沒有獨立，活動不會結束。」但也表示，藏青會在世界有八十五個分會，在西藏沒有組織，也否認同西藏境內的人士有聯絡。

達賴喇嘛多次呼籲要理性，避免激進。次旺仁增表示，達賴喇嘛與藏青會沒有關係，「他是西藏人民的精神領袖，我們尊敬他，但藏青會的活動不受他的約束，未來采以什麼樣方式的活動，由藏青會自己決定。尤如達賴喇嘛和流亡政府的想法不變，藏青會爭取西藏獨立的想法也永遠不變。」他指出，這樣做，不是反對達賴喇嘛，而是民主化給予的權力，「政治和宗教是不一樣的，我們對達賴喇嘛仍然尊敬。」

因為在印度舉行抗議活動，不久前，次旺仁增被印度警方拘捕，關押了十二天。他承認抗爭越來越困難，「但西藏人是不懼怕困難的。」次旺仁增在美國十三年，是政治學博士，2007年9月被選為新一屆的藏青會主席。他贊同政教要分離，但「未來如何，要看發展。」雖然在美國接受教育，他表示自己是藏族人，受西藏文化的影響，對國家和人民有一種責任。

處理西藏問題要有新思維

表面的情況，往年在境內不搞紀念活動，在西藏境內是沒有過的。有人公開挺身而出搞紀念遊行，這是和往年不一樣，具體情

況如何尚不清楚。西藏的矛盾這些年來不斷結累，不斷激化，表面上當局好像覺得對西藏控制的很穩，他們的治藏路線也得到很大成功，很大程度上增強自信，覺得相對成功地把西藏人與達賴及海外的分裂勢力區分開了，境內的西藏人主要是過日子，按照他們經濟主義的思維、軌道追求個人利益，不再過問西藏的政治情況，對達賴喇嘛也只是形式上的信仰，也沒實質性的追隨。

這是2000年以來，當局對基本形勢的估計，這樣的估計是否準確？這樣的估計，不僅僅是中國政府的估計，很多海外藏人也有這樣的看法。認為境內的西藏人就是為了掙錢，打麻將，喝酒跳舞。唱歌，不再關心西藏的文化了，如何傳承和沿續西藏文化已經不是藏民生活的主要內容了。他們並沒有形而上的追求了，只要自己的生活過的好就行了。

實際上不是的，當群眾無能為力的時候，要麼對政治極端的冷漠，對社會政治不聞不問，但一旦有可能還是會爆發。以前的不聞不問，不是一個正常的現象，而是沒有管道，和社會對他施加了太多的恐懼的威懾，使他們不敢去做。這種情況不可能永遠是這樣的，尤其是群眾性的突然爆發，人在群眾性的集體動盪中會把原來壓抑的東西釋放出來。而且是一種極端的方式。這次恰恰顯示出來了。這一點以前是有跡象的。

如早前，達賴喇嘛說了一句不要穿皮毛，很多西藏人把皮毛燒了，幾萬元的皮衣，當局控制不了。那時給當局的觸動就很大，他們沒有想到，一直讓藏人追求致富之路，過世俗生活。但因為達賴喇嘛的一句話，他們就能把那麼貴重的衣服燒掉。那次事件，令中國有關部門惱羞成怒，也是非常意外的。但當局沒有接受教訓，不是以教育而是對老百姓進行打壓，抓捕。

原來中國政府也要求保護生態，保護野生動物，但沒有人聽，

但達賴喇嘛講了藏民就聽了，但這本來利益一致。當局卻覺得政治利益受損，凡是敵人擁護的，我們就要反對，逼著藏民穿皮毛，在公開場合讓人去穿皮毛，在公開場合批判達賴喇嘛。不斷出現這樣的狀況，使得藏民反感和怨氣越來越大。其實，這些事都不是海外藏民有意識去挑動的，是這些年結累下來的在顯露。當局沒有接受教訓，在一味的打壓下，結果就會反彈。

中國政府，一方面把這歸到海外，是精心策劃，有組織的，一方面就是還用鎮壓的方式來處理。當局對西藏的評估有失誤，認為用經濟可以代替文化衝突，達賴的影響力越來越小，引致政策上的失誤。

重要的除了政治以外，漢人的移民不斷增加，如果沒有移民，爭議還只是在形而上的，在兩方的官方及知識份子中間，這種爭論而對老百姓的關係不是特別大。

如果你在新疆，與普通的維吾爾族人接觸會感覺敵意很強，但你與普通的藏人接觸就不會感到敵意，與兩邊的文化不同有很大的關係。因為移民進入底層百姓的生活領域，新疆大量的漢人移民，與普通的百姓產生了爭搶資源、競爭，風俗習慣在平時的生活中不斷產生磨擦，敵意由此而生。

西藏過去漢人進入很少，在拉薩可以看到經濟上的份額大部分都被內地來的漢民或回民得到了。藏民族是追求精神快樂的，並不是天天要搞市場競爭，起早貪黑賺錢。漢民族更重視利益，這兩個民族同時放在市場競爭的位置，藏民族是沒有競爭力的。他們節節敗退，挫折感不斷增加，現實生活中的困境加強，這種不滿到一定時候就要發洩了。

在拉薩也大量的徵地，開發搞住宅，當地農民得到的補償很少，他們也到處去上訪，靜坐，與內地的投訴一樣。可投訴無門，

往往變成民族問題的衝突，地產商大多是漢人。這些人肯定也會參與進來。

當局把「3‧14」西藏暴亂定性為打砸搶，是流氓暴徒行為。雖然不能否認是打砸搶，但背後的原因要分析，為什麼會釀成如此大的暴亂。最後釀成全面的騷動，成為打砸搶？是否與治理西藏的方針路線有關係的，導致這樣的結果呢？當局不太願意反省。

表面上，和1987至1989年西藏動亂很像，但實際上是不同的。那時的社會背景是在開放的環境下出現的，原來對他們的壓制很多，傷害很深，八十年代開始對他們不斷開放，包括胡耀邦提出的一些政策，讓藏民一下子有了空間，有了發洩是很正常的，演變成八十年代後期的騷動。

現在很大不同，是在長達十多年中的強烈控制，經濟上又給好處，又去同化，與八十年代初的路線有很大不同，是另一種方向的路線，也是失敗。作者撰文認為當局在治藏方向上基本上是無計可施了。你再左也左不到文化大革命，把廟都砸光了，文革一過又起來了，右，溫和路線，你也溫和不過胡耀邦了，胡耀邦那時把漢人都撤出，讓西藏可以不聽中央的，你能右過胡耀邦嗎？在一左一右中間，該試的都試了。到現在證實基本上沒有一個成功的。1995年第三次西藏工作會議，以後的路線就是經濟上給好處，政治上高壓，胡蘿蔔加大棒。原來在2000年前後覺得取得很大的成功，現在又失敗了。

其實，對西藏最好的一個現成穩定器，就是達賴喇嘛。你只要把達賴喇嘛的問題解決了，西藏的這些問題都可以解決。很多問題都和這些年對達賴喇嘛的攻擊有關，僧侶和達賴喇嘛就是藏民的精神領袖，是至高無上的，你一天到晚逼他們罵偶像，心裡肯定是不滿的。這種抗議和達賴喇嘛站在一起也不奇怪。僧侶在西藏民眾中

有很高的聲望，僧侶遊行你抓去打，去關閉寺廟，老百姓看不下去就反抗，一塊來了。

最終反映的是對西藏政策的失誤。網上有鄧小平的西藏政策為什麼看不到。現在是簡單化，所有西藏問題都同達賴喇嘛掛鉤，是達賴喇嘛陰謀集團的策劃，簡單的評估使得使用的手段也簡單化，是分裂，對分裂份子採用的手段就是打擊。

作者擔心的是這次之後，還要加碼，抓黑手，查幕後，肅清與國外的關係，開除僧侶，整頓寺廟，這樣做的話，也許可以起一定的作用，讓人害怕。但還是在這樣的方向上，那麼又是一個循環，結累更多的矛盾，等待下一次反抗。這樣做，一定是這樣的結果。政府一定是這樣做，因為政府有一大幫吃反分裂飯的人。利用一切機會打反分裂牌，他們的利益都在這裡面，他們不會承認自己是錯的，只是極力把責任歸於海外的敵對勢力，以更強烈的措施去鎮壓，才能鞏固他們的地位和利益。

中國除西藏本地政府以外，公安、國安、統戰等加起來有八個部級單位，有多少人在吃西藏這碗飯？一般的人很難扭轉，整個思維方式就是按強硬方式走。不會按其它思路去搞民族問題，民族問題本身就是人文的問題，是一個經濟問題，其次才是政治問題，這恰恰是共產黨人最缺乏的人文關懷和人文教養。

胡耀邦時代有一段西藏發展的好時期，但你既然給了他們表達的可能性，他們當然要表達，但總的來講，你按此走下去，會把社會不滿吸收掉。但強硬派不給你時間，並試圖將西藏形勢惡化，來否定你的路線，這與強硬派在裡面起作用有關，有的激化了矛盾。

現在和那時不一樣了，那時可能這樣做是因為黨內兩派，現在黨內對治理西藏的態度是高度一致。

這次出事，相信海外西藏人出於人道不樂於見到，但另外也高

興，本來以為中共已經把西藏區割為兩個群體，一個是海外的，一個是境內的，完全沒有想法去追求西藏政治和民族的，現在表現出來了。

達賴喇嘛爭取漢人的新嘗試

2009年8月，以「尋求共同點」為主題的漢藏交流大會在瑞士日內瓦舉行，來自世界各地近百漢藏學者、作家、及社會工作者圍繞「西藏問題」、「漢藏關係」、「面對挑戰」、「漢藏和談」等進行討論，其中來自各地的漢人有七十多位。兩天會議後發表了一份「共識」，雖然這樣的「共識」絕對不會讓北京政府和絕大多數漢人接受，卻也是會議中理性聲音爭取的結果。「共識」在最後爭論中加上了尊重「中間道路」；將「藏人的民族」，改為「自治權」；「為西藏獲得自由」改為「為藏人獲得自由」。

雖然，達賴喇嘛在會議前的記者會上表示，並不期待這次大會有什麼重大成果，但很顯然，這次會議是達賴喇嘛在和北京政府解決西藏問題「對話」無望，寄希望民間合作的一種嘗試，也是達賴喇嘛流亡五十年苦心經營掌握了西藏問題的西方資源後，期望進一步掌握華人民間資源影響北京政府的新嘗試。在會議講話中，達賴喇嘛就表示了兩個期待：第一，請毫無保留地提出未來解決西藏問題的建議和意見；第二，希望各位，向廣大的漢族同胞解釋澄清，西藏問題並非藏、漢民族間的糾紛，境內外藏人沒有仇視漢人，讓我們共同來挽救民族分裂的危機。

一直參加會議的西藏流亡政府首席部長桑東仁波切在會議結束後表示，他對於未來持續讓中國人民瞭解藏人處境與觀點感到樂觀。會議籌備者之一的達賴喇嘛北美代表處代表貢噶扎西也表示，

討論是開放性及充分的。「我個人非常滿意共識的內容。大家認為西藏歷史上的地位誰都不能改變，要尊重歷史；與會者尊重達賴喇嘛中間道路的立場；第三強調了漢藏大團結，保護西藏的宗教文化，西藏民族必須要有保護自己文化的自治權。」

貢噶指，這樣的交流正如達賴喇嘛所說，對北京的高層不抱希望，但對漢人始終如一更多交流的一種。他相信，類似的交流討論活動會繼續，「這不是句點而是起點。互相間的交流需要不斷的進行，才會有更大的共識。這是人情的交流，是要花時間去進行。」他認為，對話分兩種，一種是高層對話，一種是人民對人民。今天的會議就屬後部分，解決疑慮，瞭解真實。所有與會者的尊貴建言，對我們未來有很高的參考價值。

不過，北京官方網站新華網，在這次會議召開時發出評論員文章，為會議定性，「看達賴喇嘛和海外動亂分子的新勾結」，指這樣的會議「事實上，達賴和海外動亂分子的最終目的只有一個，就是推翻中國共產黨的領導，顛覆人民民主政權，分裂中華人民共和國，由這一小夥人回來執掌政權。」「這樣一樁基於政治和金錢算計的『聯姻』，不過是自娛自樂、自欺欺人罷了。」

由於參加這次漢藏會議的海外人士背景複雜，更多的是散居在世界各地的民運人士及臺灣的臺獨人士，也有與會者戲稱這是幾個不同流亡團體的新遊戲。有媒體更指，這種把中國的「民主問題」同「西藏問題」聯繫在一起，成了海外兩股政治勢力的合流。會議一度發出偏激的聲音，有與會者直接詢問桑東仁波切，「為什麼西藏人還這麼有耐心？」「談判是騙局，為什麼還要期待」「流亡政府的非暴力，不獨立是否應該有期限？」「中國的憲法是一部專制的憲法，怎麼可能與民主自治共存呢？」主張臺獨的臺灣人士也在會議中推出臺獨的理念等。以至有參加會議的藏族代表表示，「有

些漢人比藏人還要激進」。

　　但這樣的激進聲音最終並沒有在會議中占上風。美國紐約城市大學斯德頓島學院政治學教授夏明博士表示，會議的兩組人群中，儘管藏人占少數，但他們以信仰帶來的溫和及慈悲為懷的心情看待一切，不存在仇視和憎恨，不說分裂的語言，不去糟蹋西藏的生命等，表現的非常好。他指出：「漢人分成幾部分，有一部有異議的民運人士，他們有政治要求，想把自己的政治要求搭在這次漢藏討論中，所以想把漢藏會議推向更激進化，為他的利益服務，但我想，基本上他們的聲音在這次會議上沒有占上風。」

　　有部分臺灣來的嘉賓，一些是臺獨支持者，夏明認為，他們在會議中把臺獨理念放大。「這樣做是不道德的，我們是被藏族一方邀請過來的，其實應該成人之美，而不是把自己的私貨塞進這樣的平臺。但總體說，藏族一方是蠻成功的，基本上達到了他們的目的，而不是被其他的政治力量利用了。」夏明是第一次參加類似的討論，他指出，瞭解達賴喇嘛的溫和路線，是在中華人民共和國的憲法框架下取得高度自治，有助讓我們理解他的真正要求。通過這次會議，也有助影響國內的民眾，把一些聲音帶出去，我覺得是比較積極的。

　　北京面臨最根本的挑戰，中國共產黨習慣覺得，最有效率的方式是以暴力的方式解決衝突，這種情況下，他也用這樣的方式去解決少數民族的衝突。有一種結構性的衝力，國家機器不斷強化對你的壓制，剝奪你的自由，對你的歧視，尤其是剝奪你的宗教信仰自由。另一個直接鎮壓，打人抓人。無論從新疆的還是西藏，對中國共產黨形成巨大的挑戰，而且對他們的政治智慧巨大的考驗。北京從統戰部角度是太低層級，另外管理層從工程師治國，缺少人文情懷能去理解宗教。我對他們解決問題不樂觀。

大會的主題是「尋找共同點」，參與會議的明鏡創辦人何頻指出，這次日內瓦漢藏會議主要所呈現的是流亡藏人和流亡民運分子的分歧，並不是漢藏之間主要的、全面的、真實的分歧，因為與會的漢人中，來自大陸的民運人士、臺灣民進黨人士占了很大比例，真正專業或沒有政治背景的獨立聲音並不太強。他對作者表示：「我並不吃驚一些來自大陸的民運人士、臺灣民進黨人士比流亡藏人更激進，我也不懷疑他們和流亡藏人最終容易達到共同點，他們在價值觀上原本就比較接近，而且彼此有了很多的瞭解和支持。我擔憂的是，這樣激進的表演有誤導的效應。某些來自大陸的民運人士、臺灣民進黨人士動情的控訴，嚴詞的譴責，支持西藏獨立，甚至指責漢人太濫，可能影響到流亡藏人較溫和路向選擇，不但不會增加流亡藏人和北京官方對話的籌碼，反而可能使北京官方和百姓增加對解開西藏之結甚至中國民主前景的疑惑。」

　　長期關心西藏問題的澳洲悉尼科技大學中國問題研究中心副主任馮崇義博士認為，達賴喇嘛流亡後五十年來第一次這樣的討論，本身是藏人的策略轉換，從一定意義上表現對中央政府談判的失望而轉向民間作為補充，想跟漢人交流，期待尋找一條新路。「用意是好的，但交流遠遠不夠，主要不是這樣一批人，這批人的資訊是不夠充分的。」馮崇義認為應該首先是流亡藏人和本土藏人的溝通和交流，他接觸的本土藏人和流亡藏人的看法差距很大；更大的交流群體是在中國大陸的漢人，包括一般的官員，現在這個和海外民運聯繫緊密的平臺是做不到的。

　　達賴喇嘛試圖以和漢人交往，互動達到解決西藏問題的目的，開始了一種新的嘗試。

後達賴喇嘛時期多元化

2008年3月14日西藏暴力事件發生後，流亡藏人中激進勢力抬頭，要求獨立的呼聲高漲，更在海外的抗議活動中不時與當局有衝突發生。血腥和過激行為的畫面經常出現在電視畫面上，令人擔憂的是，達賴喇嘛的權威受影響，西藏暴力會升級。不過，接受作者訪問的大部分流亡藏人，雖然都已經不是堅定的達賴喇嘛「中間道路」的信任者，懷疑這條路是否走的通，他們不認為北京會讓達賴喇嘛走這條路，但他們還是願意相信，達賴喇嘛的非暴力主張是得到絕大多數藏人的擁護，達賴喇嘛在世，不會發生恐怖事件。但後達賴時期已不可避免的成為多元的時代，各種聲音並存，一個政教分離的時代將來臨。

正因為要面對後達賴時代錯綜複雜的局面，達賴要把權力下放到民眾，成為推廣民主的動力。前首席部長索南道傑強調：「達賴在世時，人民會絕對執行非暴力的原則，但有一天他不在了，由人民自己決定未來，難保會像現在一樣貫徹達賴的原則。」

丹增貢波認為，多元的社會必定不會只結達賴生前期待的果子。他指出，現在還沒有任何人可以代替達賴喇嘛的影響力，但仍存在危機，「特別是西藏年青人，希望達賴退出政壇，交給其他人的呼聲出現，達賴也有意退休，加上中國內部的民族主義情緒高漲，也刺激藏人的民族情緒，有可能發生激進的事件。」如果達賴喇嘛退休或者圓寂，在西藏社會中沒有人具達賴的號召力，再提「中間道路」或非暴力會被指賣國賊，「那種狀況會像巴勒斯坦一樣，又重新走回獨立和暴力的時期。」

藏青會前主席拉桑次仁是第一個站出來反對達賴喇嘛的藏人。1988年，達賴喇嘛在斯特拉斯堡發表聲明，要走中間道路，拉桑就

提出反對，當時還有藏人因為他反對達賴喇嘛要殺他。如今，反對聲音越來越強，拉桑認為「總體還是有區別，當時的反對聲音僅局限在知識份子中，現在這樣的聲音已經擴大到一般民眾。」他強調，以前，解決西藏問題，真的只是達賴喇嘛的問題，現在可能不行了，「後達賴喇嘛時代的多元化，全體藏民的要求，已經不是達賴喇嘛一個人可以全部代表了。」「西藏的第二、三代沒有宗教約束，到時會有危機。」

　　另外一些理性的知識份子並不理會這些激進聲音。他們認為，3月的動亂並沒有給西藏帶來希望，不可能持續和長久，即使是藏青會的激進活動，也不可能起到推動西藏問題改善。從政府部門退出，專職從事翻譯工作的旦增德丹表示：「解決西藏問題，不能寄希望於談判，而要找尋改革之路，第一步要從政教分離開始。」不少流亡的西藏知識份子反思，達賴喇嘛有思想，但缺少實踐，西藏的知識份子要擔當責任，未來藏民族存在的基礎，就要從自身的改革做起，要從政治、教育、宗教著手，給西藏一個新的希望。

達賴喇嘛往何處去？

　　達賴喇嘛多次表示，對北京的信任度降低。達賴喇嘛與北京持續數十年對立、分歧、對抗，到轉為對話，希望通過與中共領導的協商，解決他認為的西藏問題。但經過從2002年開始的多次會談，達賴喇嘛終於感覺疲憊和無奈。達賴喇嘛表示，北京提出沒有西藏問題，只有達賴喇嘛的問題時，他發出公開的聲明回應，很清楚表明，個人沒有要求，北京真的認為，沒有西藏問題的話，其實也沒有什麼可談的。「但他們還是要繼續談，也就談吧。」

這番話是否意味著，期望北京的西藏政策有所改變破滅，達賴喇嘛對接下來的會談不抱任何希望，如果沒有什麼突破，甚至會是這輪會談的終結。在進入「後達賴喇嘛及達賴喇嘛後」時代，流亡數十年的達賴喇嘛將思考如何走向未來。這是達賴喇嘛透露的資訊：達賴喇嘛要走自己的路。

　　經過幾次沒有結出果實的會談，達賴喇嘛正在思考和探索新路，他強調不會放棄已經深思熟慮的「中間道路」，但面對後達賴喇嘛時期出現的內部多元化，外部國際化及北京中央政府的強硬化，達蘭薩拉要調整策略。達賴喇嘛向作者表示，西藏暴亂事件後，曾經覺得中共與以往不一樣，有一個公開的新聞發佈，指與達賴喇嘛會談在進行之中，胡錦濤總書記在訪日前，都與外界表述確定與達賴喇嘛代表會談，希望有成果。因為這樣，「我對會談抱很大的希望，在沒有對外公佈會談消息前，中共外交部也召集了在京的有關國家使節，宣佈了對話的消息，我們覺得北京非常重視，所以抱有期待。但在談話過程中，兩位代表在電話中向首席部長報告，他們談話非常因難。回到達蘭薩拉後，見到我的第一句話就說，這次談判非常失望。」

　　事實上，流亡海外的西藏人及達賴喇嘛正面對新的形勢，一方面是內部多元聲音的表露越來越明顯，除了支持達賴喇嘛中間道路的主流聲音外，要求西藏獨立的聲音也越來越強烈，甚至成為絕不融合的二股力量。有流亡藏人在達蘭薩拉的藏文報上批評達賴喇嘛，指他實際上是親共者。北京舉辦奧運前夕，同樣在印度新德里議會大樓前簡法瑪塔街舉辦抗議活動，西藏「流亡政府」組織的和「藏青會」等激進組織的示威場地分開，相距有百多米。前藏青會主席拉桑次仁公開表示：過去，可能解決了達賴喇嘛的問題也等於解決了西藏問題，「現在已經不是一回事了。」

達賴喇嘛還多次提到退休的想法，不僅是尋求獨立的藏青會，包括一些理性的知識份子也開始提出要求，贊同政教要分離。

我個人無所求
——第四次專訪西藏精神領袖達賴喇嘛

訪問日期：2008年8月1日

　　我再三強調的是，我個人無所求，如果西藏人民真的幸福了，我回到西藏有利於他們，我當然可以回去。一樣的，我對中國人民，能利於他們的，我也可以利用這些的機會。我的一生中，一個很大的使命為人民幸福、社會幸福，和家庭的幸福；第二個使命，我作為宗教人士，要促進宗教和諧，推進這個工作。如果對中國人民可以做任何有利他們的事，我都願意做，中國政府說我是魔鬼，所以要把門關起來。

——達賴喇嘛

*以下訪談，達賴喇嘛簡作達賴

作者：你把解決西藏問題的希望寄於中國人民？

達賴：對，就是這樣。人民是永遠的。中國人民是過去幾千年存在的，在歷史上跟藏人有時候是打仗，但長期的時間是友好相處。但共產黨沒有很多年的歷史，所以政府是有變化的，最重要的還是人民不變。

作者：北京指出，你並不能代表西藏，你代表什麼？

達賴：他們講的很對，我不能代表西藏人民，我經常講，在西藏的西藏人才是我真正的上司。我一直強調，我是他們自由的代言人，西藏的西藏人沒有講真話的權力，班禪大師提出了七萬言書，他入獄了；平措旺傑也提出不同的看法，他也遭遇不測。彭德懷同志1959年提意見，也被打入牢獄。很清楚，這些領導人都沒法提意見，西藏人怎麼能講真話。

作者：你希望講什麼？第八次會談期待什麼？

達賴：中國政府答應會有第八次會談，他們決定有第八次會談，我們也沒有必要不合作。這部分都由人民選舉產生的噶廈政府、首席部長和相關的人在決定，其實在這些方面我真的是半退休狀態。

作者：你是表明，第八次會談就是要談西藏問題，而不是達賴喇嘛的問題？

達賴：是的，已經很公開的講了。

作者：桑東仁波切表明，可以說沒有西藏的獨立問題，但絕對不會沒有西藏的人權、自治的問題，要談的不是獨立的問題，談的是自治的問題，你是否也這樣認為？

達賴：完全同意，是這樣。從1974年開始，就在這個房間裡做了這個決定，那時中國是文化大革命，所有的噶廈成員和兩個議會的正副議長。當時提到，不管未來如何，都要跟中國對話，當時就提到把西藏獨立放一邊。需要六百萬西藏人的真正自治。所以越來越多的藏人都說我出賣了西藏獨立，包括我的大哥也這樣譴

責我。我們講的是，在中華人民共和國的憲法框架之下，需要的是真正的自治，要在當地真正的實施。我一直重複這些也沒有多大的必要，講了幾千遍都沒有用，現在閉嘴最好。

作者：你覺得最大的問題在哪裡？

達賴：最近我見到一個漢族朋友，他去了哲蚌寺，他證實，哲蚌寺被軍警包圍起來了。在安多，也就是現在的四川青海甘肅一帶，很多地方在修建新的軍營，表明要繼續鎮壓的表象。不久前，有個藏人到西藏探親，在鄉村開會，領導都講生活很好。當晚到領導家中作客，領導卻說生活的很苦，債務累累。藏人問，你今早不是說非常好嗎？他回答說，只有這樣講。3月事件還沒有發生時，張慶黎有個講話，講西藏人非常感謝共產黨，把它當成佛陀一樣，這不是真實的狀況。他把真實的狀況掩蓋了。如果有真實的狀況，為什麼控制媒體。我講西藏人民是我們的領導，但他們沒有說話的權力，所以在自由社會的人就要代表他們講話。我很遺憾，特別是在西藏的情況很糟糕，他們一直不承認對西藏進行高壓。

作者：你覺得這樣的後果是什麼呢？

達賴：我一直講，透明度最好，要透明。四川發生地震後，中共的新聞自由和透明化做的很好，外國的記者包括CNN、BBC都讚賞這種做法。地震是天災，西藏發生的事件是人禍，是人為的。人禍就被掩蓋了。一方面

胡錦濤在講和諧社會，我百分之百的支持。江澤民時
代提出西部大開發，我也很贊同，包括青藏鐵路，我
也是很歡迎的。需要發展的話，關鍵是穩定與團結，
但穩定團結的中心是信任。信任應該怎麼來，主要是
透明化，這樣才能產生信任。把事實掩蓋下來，任意
製造很多謊言，張慶黎把共產黨當作佛陀。這些都是
不真實的，雙方沒有辦法產生信任。如果把真實的事
情掩蓋下來，這麼大的國家如果真的是這麼做的話，
是很悲哀的。這麼做法是不能欺騙國際，只能欺騙國
內老百姓。所以人民政府是把人民當愚民。

作者：你個人希望達到什麼目的？

達賴：我再三強調的是，我個人無所求，如果西藏人民真的
幸福了，我回到西藏有利於他們，我當然可以回去。
一樣的，我對中國人民，能利於他們的，我也可以利
用這些的機會。我的一生中，一個很大的使命為人民
幸福、社會幸福，和家庭的幸福；第二個使命，我作
為宗教人士，要促進宗教和諧，推進這個工作。如果
對中國人民可以做任何有利他們的事，我都願意做，
中國政府說我是魔鬼，所以要把門關起來。

中國政府說我是魔鬼都沒有問題，因為中國內部的人
民沒有公開的資訊，只有單方面的資訊，所以會認為
達賴喇嘛是個壞蛋，特別是佛教徒有人會這樣認為，
如果因為中共單方面的宣傳引起他們的這種認識，我
只能遺憾。我沒有說我要當領導人，1992年我就公開

講不要任何職位。

作者：流亡將近五十年了，你覺得最大的成就是什麼？

達賴：我在與一些支持西藏的國際朋友說，你們可以很放心的看到，比起其他流亡的社會，我們做的比較圓滿。最成功的是教育，這五十年來，我們對西藏的教育抓的很緊，西藏境內的小孩與流亡藏人的孩子比較，後者受到更高的教育。其次是寺院，恢復西藏宗教，我們建了很多寺院，特別是寺院內開放辯論，學術氣氛很濃。

還有就是流亡政府的民主化，過去四十九年來，我們從無到有，從有到改進，從改進到發展，我們民主化推進做了不少事情。特別是2001年時，我們進行了全民投票，選舉行政首長的成功，我認為這是成功的。中國非常怕民主，我們這裡是大家高興和樂意的做民主的事。在民主的旗幟下，也有不少人批判我，我也很高興。西藏青年會，就批評我不尋求獨立，但中國政府說藏青會是恐怖份子，我覺得這是錯誤的，他們絕對不是恐怖份子。

作者：你為什麼可以堅持做到這些？

達賴：西藏人為保護自己的文化傳統習慣能夠在一起不散開，在印度就有不少社區，集中居住。在國際上，我們有三十多個國家有西藏人，比較多的是在美國、瑞士、加拿大。在這些地方也聚集在一起，為保護自己的宗教文化而努力，包括一些小孩也學習用各種方法

在做，這本身是一種成就。我成為流亡者後，最好的機會是能夠見到不同的宗教人士，相互交流，最重要的是與科學家的交流，我自己也學到了非常多的知識。要強調的一個重要成就是，四十九年來，讓中共領導人坐立不安，不得安寧，所以得到批評，哈哈哈……。

作者：五十年來，至今的遺憾是什麼？

達賴：當時我們成為流亡的原因是為爭取自己的權益，我們流亡不是因為天災，也不是內戰，是為了自己的權益。1959年開始成為流亡的狀況目前還沒改變。實際上流亡五十年，目前我們的流亡狀況的原因還沒有改進。對西藏人是一種痛苦，中國政府也是一種焦慮。西藏問題的存在對中國的國際形象有損。為改變他的形象，為改變西藏人的痛苦，這個問題需要改變。到目前為止北京都是打壓，出了問題就鎮壓，這解決不了根本的問題。需要一個長遠的解決方法，這一點不在我們手中，是在中國政府的手中。我覺得中國非常需要有一個民主和自由的制度。孫中山講的話很重要，堅持民主、民權、民生的三民主義。

作者：「三民主義」是不是你有生之年最大的願望？

達賴：對，我也很希望在西藏實現「三民主義」。我從1992年開始講，現在重申，當西藏問題解決以後，西藏流亡政府就會解散，我個人的權力也交給西藏地方的政府。但我希望，西藏地方政府要民主化，就是我們多

年來嘗試的民主制度，能夠把它帶到西藏去。我們覺得如果西藏真正可以實現民主，可以變成整個中國的一個民主的示範，也成為我們對中華人民共和國的一個民主貢獻。

作者：北京也希望實現民主，這和你不矛盾的吧？

達賴：在歐洲，特別是蒙古，他們原來是共產黨的國家，實現了民主，現在蒙古的共產黨實施的是民主制度。波蘭原來是共產黨，實行的是社會主義，但採以民主的方式。現在中國的內部，在鄉鎮以下，也實行民主選舉，如果這種民主提升的話，也是一個好方向。過去革命年代，集權很有必要，當權者為革命需要奪權，鞏固政權要高壓，現在建設時期，有不同的聲音，民主是最好的。現在的中國共產黨是沒有共產主義精神的共產黨。我有一個朋友，是諾貝爾和平獎獲得者，他是社會主義者，他很喜歡中國，我問他，你喜歡中國，中國的社會主義怎麼樣？他說中國現在不是社會主義，是集權主義。在經濟上變成資本主義了，貧富差距很大。這與共產主義精神差距很大，他不是馬克思列寧主義。他們已經放棄了這個精神，只有權力。

作者：你說要退休，但似乎思想並沒有退休，還要實現三民主義這個夢想，但很顯然北京不會給你這個機會的，用什麼方法把你的思想傳承下去？

達賴：這種傳承最關鍵的方法是以民主的方式。政府有五年的輪期，然後以教育為基礎，寄希望為下一代的年青

人。在政治方面從五年的選舉發展，不管我在不在，
民主與選舉的方式是既定的，必須進行下去。在宗教
方面，我們不同派別的年青人，包括二三十歲的佛學
造詣很好的下一代已經培養出來了，這是一個已經準
備好的方式。

人民是主人，這是西藏人民當家作主，不是一個領導
的問題，現在西藏爭取的鬥爭，是民族的鬥爭，不是
宗教習慣的鬥爭。如平旺，在年青時，他是共產主
義，他對宗教是不相信的。西藏年青人中也有反對宗
教，但他們有共同對民族的信仰信賴，民族的使命感
很強烈。這是民族的鬥爭是很清楚的，所以要人民作
主。宗教是上師為主，這不是宗教。

作者：讓國際社會瞭解流亡西藏，也是你五十年的成就之一？

達賴：一方面這也是中共的功勞，我每到一個地方，中共就
　　　開始批判，媒體就曝光，如果中共不講話，我也就悄
　　　悄地走了。美國、歐盟在西藏問題都持支持態度，也
　　　一直呼籲中國政府要對話。

作者：未來國際空間的爭奪會很激烈？

達賴：是的，我有感覺。

作者：北京正舉辦奧運，有什麼祝願？

達賴：我支持奧運始終如一，這是十三億中國人的驕傲的
　　　事，我用藏語說，祝福奧運，扎西德勒！

第八章
達賴喇嘛權威受到挑戰

　　達賴喇嘛與北京談判陷入僵局，西藏流亡社會中越來越多人對中間道路不滿，開始直接、公開挑戰達賴喇嘛的權威。達賴喇嘛表示不能控制局勢時「唯一的選擇就是退休、辭職」。

　　2010年，印度北部達蘭薩拉的3月顯得有些「平靜」。3月初，一年一度的紀念活動過後，流亡藏人社會沒有像前些年北京舉辦奧運前夕接連不斷的抗議活動，街頭的標語也不見過往般激烈的語詞。不過，在流亡藏人社會的採訪過程中發現，一股西藏獨立的暗流正形成，並日見波濤洶湧。當達賴喇嘛在國際上的影響力不斷擴大時，他在流亡藏人內部，卻遭遇到了前所未有的挑戰。

　　達賴喇嘛希望漢藏加強交流，並在中國作家王力雄的安排下通過互聯網回答中國網友的提問。自2008年以來，達賴喇嘛推動漢藏交流，向漢人介紹他的「中間道路」，並在世界各地建立百多個漢藏協會，和海外的華人團體接觸溝通明顯增加。但另一方面，達賴喇嘛提出多年的中間道路，不僅被北京否定，在流亡藏人中，持否定態度的聲音在增強。達賴喇嘛接受我的訪問時再次表示，如果獨立的聲音在藏人中占主導，他唯有辭職、退休。

　　1994年在青海被以反革命宣傳煽動罪判刑十八年的李科先，是一個立場鮮明卻又理性的藏獨人士，正在成立西藏憲法起草工作組，還要聽取中國、印度法律專家意見，他稱這是「要聽取周邊國家的意見，處理好周邊國家的關係」。據悉，李科先已請澳洲法學

專家草擬了西藏憲法，要作為研討會的討論文件。

藏獨路線圖曝光

不久前，李科先及一批主張獨立的西藏團體負責人開會，開始制定西藏獨立路線圖，設定西藏獨立的步驟。在流亡西藏議會四十三個議員中，上一屆有七個議員公開表明要走西藏獨立的道路，這一屆四十二個議員中有十四個議員公開表明獨立，獨立力量在議會中增長很快。這些獨立派人士正部署明年的議員選舉，聲稱要爭取讓主張西藏獨立的議員過半，然後還要策劃選出獨派控制的首席部長，完成一場藏獨的顏色革命。

1998年乘保外就醫偷渡來到印度的李科先，在印度首都德里培訓了一段時間後，在達蘭薩拉流亡政府的西藏問題研究中心任研究員，但在政治觀點上，他與流亡政府不一致，李科先因此被勸退。李科先沒參加任何組織，以獨立人士堅持自己的獨立主張，撰寫文章，到學校演講。他認為：「要求獨立，和這一代人能否實現獨立是兩回事。」

李科先表示，獨立是既定目標，各界獨派人士已成立聯合組織，並召開了聯合會議，一旦不能通過選舉「奪權」，將以有憲法、有綱領的聯合組織取代現有流亡政府。一場獨派人士期待改變西藏流亡政府控制權的爭奪戰已經悄然打響。面對流亡社會藏獨勢力抬頭，達賴喇嘛接受訪問時表示：「所謂的獨立，就是我勝它敗，就不是對話。我自己有這樣的對話理念，在全世界宣揚，就不可能對西藏的問題持另一種態度。」

挑戰來自西藏流亡社會獨派勢力的此消彼長，達賴喇嘛和北京間的談判長期不能見效，指責達賴喇嘛「中間道路」走不通的聲

音開始強大，民間媒體和部分民眾也出現轉向。有主張西藏獨立人士向我表示，樂見達賴喇嘛和北京談判陷入僵局，公開稱達賴喇嘛的「中間道路不被中共認同，我們深感高興，這樣西藏獨立才有希望」。

這年1月底，達賴喇嘛的特使甲日‧洛迪、格桑堅贊等一行五人和中國官員舉行了歷時兩天的會談。上一輪談判中，達賴喇嘛方提出一份〈為全體藏人獲得真正自治的備忘錄〉，北京認為這是一份獨立或變相獨立宣言，這一次，甲日‧洛迪等人又作出解釋，北京同樣不接受。談判沒有進展，代表回到達蘭薩拉後，引起一輪爭議。有前任國會議長嘎瑪確派在議會指該「備忘錄」沒有經過討論，不能代表西藏人民。

西藏流亡議會議員由康區、安多、衛藏三區及五大教派組成的，每區各十名委員，每教派各二名委員，還有美洲二名委員，歐洲一名，總共四十三名委員。議員質疑「備忘錄」的代表性，同時不認同相關內容，康區全體代表及另二名議員共十二人在會議中途集體退會表示不滿。據悉，達賴喇嘛的談判代表最後要面對連續二天的聽證會作解釋。這是流亡社會，更是達賴喇嘛面對的第一次。

3月29日，在達蘭薩拉官邸，達賴喇嘛再次接受作者訪問時承認，有人提出「備忘錄」不代表全體西藏人民，這「對中間道路觀點是挑戰。」但達賴喇嘛認為：「這個（中間道路）意見，特別通過了公投。2008年的大會賦予達賴喇嘛的權力，代表西藏人民去解決西藏問題。這是代表民意的，如果中國政府同意的話，我們也會作民意調查，因為這不是達賴喇嘛的問題，而是全體西藏人民的問題。我堅信，大多數西藏人民是會同意的。」達賴喇嘛指，西藏流亡議會看上去簡直無法無天，在吵架，「實質上，吵架也好，是非常自由的一種狀況」。

但事實上，這種自由已經影響到流亡藏人社會的主體意識，甚至威脅到達賴喇嘛的個人權威。長期來，達賴喇嘛提出「中間道路」的構想得不到實現，和北京的談判也處於膠著狀態，流亡社會慢慢產生焦慮情緒，藏獨勢力開始浮出水面。以前公開鼓吹藏獨的人士會被藏民罵，現在這種情況不見了。不久前新開設的獨立聯盟英文網站吸引了眾多的年輕藏民上網，有人公開責罵流亡西藏推行的民主、中間道路。有西藏流亡政府的公務員告訴說，以前的獨立聲音不會挑戰達賴喇嘛的權威，「現在挑戰變得直接、公開了」。

　　《西藏時報》是一份流亡藏人創辦的獨立藏文報章，總編輯龍熱嘉向作者表示，達賴喇嘛離開西藏五十年，和談有三十年了，卻每下愈況，「藏人都認為是一個騙局，看不到民族的希望。以前獨立是情緒化，現在有理據、現實的支持越來越占上風了」。龍熱嘉認為，2008年是個很大的轉折，藏人反思：中間道路行不通，沒有前途，轉而支持獨立。龍熱嘉還畫出流亡社會獨立轉變圖：從激進獨立——為獨立找理論基礎、大規模組織準備——整體社會的改變。他指出，現在西藏的知識份子不再沉默，會通過輿論來表達老百姓的想法。「一個明顯的變化是，對達賴喇嘛的服從從過去的『絕對』到現在的『有限』。」

　　有人在報章撰文，指達賴喇嘛在宗教上是超人，但在歷史、文學、藏學方面的知識有局限，勸說達賴喇嘛不要什麼都參與了。龍熱嘉說，過去對達賴喇嘛的政見提出挑戰尚可理解，現在挑戰擴展到文化、知識層面，還有一批支持者，引起社會廣泛爭議。

　　據悉，《西藏時報》近年也一改支持中間道路文章占主導的內容，要求西藏獨立、批評流亡政府的文章日益趨多，遠超過支持中間道路的文章。龍熱嘉表示：「報社中立，持旁觀者的態度，以事實來發表評論，以前的核心是支持達賴喇嘛的中間道路，現在還持

這樣的立場，報紙就沒人看了。報紙為讀者服務，我們應對社會轉型。」

曾經是達賴喇嘛忠實擁護者的龍熱嘉有意參選明年的流亡議會，他傾向性的轉變，代表著流亡社會的一種挑戰，是傳統西藏社會的叛逆。他說：「對達賴喇嘛，過去是絕對擁護，但他的晚年，到了成為一種選項的時代。」他相信，明年流亡議會獨立派人士會明顯增加。

對於與北京對話沒有進展，達賴喇除了無奈還是無奈，但他認為，這是解決西藏問題的唯一方法。他回憶，上世紀五十年代初，「共產黨的官員對西藏是誠心誠意的，是完全為勞動人民服務的心態。」他表示，1954、1955年到內地去參觀，和共產黨黨內人士談話都比較痛快，基本上是很有誠意的。1956年達賴喇嘛到印度參加佛陀誕辰兩千五百年，在印度住的時間長了一些，那時怕他不回國，國務院總理周恩來親自到印度德里找他談話。

達賴喇嘛說，周恩來講到一定要回去的原因，稱西藏的民主改革可以延後六年，這是毛澤東作的決定，六年以後要不要延期再看西藏人民的願望，看實際的情況再作決定。「周恩來到印度一是為外交，一是為了說服我回國。周恩來很自信而且很誠懇地向我提出。副總理賀龍也專門來我的住處，很強硬地說，『獅子在雪山上是一頭雪山的獅子，但獅子到了峽谷裡，它一定是一條狗』。所以1959年時，獅子已經離開了雪山，五十一年在峽谷裡，沒有變成狗，但變成了『魔鬼』。」達賴喇嘛幽默，但很感歎：現在中國統戰官員的思維狹窄，對整個狀況也不瞭解，和老一輩周恩來年代差距很大！

訪談中，達賴喇嘛多次流露出思鄉的情結，但他以目前的形勢判斷，自認去五臺山朝拜幾乎沒有可能性。他首次向我表示，可先

去香港，「以宗教的一種方式到香港訪問。香港和內地不一樣，實行一國兩制」。

達賴喇嘛在美遭遇「挫敗」

美國總統奧巴馬派白宮顧問賈芮特（ValerieJarrett）率領的美國官員代表團到訪印度達蘭薩拉，先與西藏流亡政府總理舉行會談，2009年9月14日再與達賴喇嘛見面，引起諸多關注。自2008年3月西藏大規模示威抗議後，美國眾議院院長佩洛西來訪，並會晤達賴喇嘛以來，此次是最高層級的美國代表團到訪。不過，可以看到，這樣的訪問純粹屬安撫性的。因為，美國新任總統奧巴馬一再取消與達賴喇嘛的美國會面，這樣的資訊透露出，達賴喇嘛遭遇到近年來前所未有的美國挫敗。

自1991年美國前總統布希會見到訪的達賴喇嘛以後，美國每任新任總統都會會見達賴喇嘛，美國領導人既把西藏問題看作是平衡中美關係的一張牌，同時也把達賴喇嘛當作拉攏美國民心的一面彩旗。奧巴馬之前的三位總統都在和達賴見面這件事情上，發揮了程度不一的「創意」。相同的是，他們都是在非正式的狀況下和達賴喇嘛見面。據悉，小布希總統上任不久，就會見了達賴喇嘛，在其任內總共六次會見了達賴喇嘛。

奧巴馬不想因達賴得罪中國

奧巴馬在競選總統前，亦曾高調支持達賴喇嘛，在總統競選期間，還曾致函給達賴喇嘛，表達他的最高尊重，並承諾將繼續支持西藏的事業，期待在另一個時間與達賴喇嘛舉行會晤。當選總統

後，媒體有數次放風，稱奧巴馬會在西藏暴亂後一周年的4月見達賴，後又有消息稱，奧巴馬將在10月初見達賴。如今，達賴喇嘛期待的會見又被取消了。奧巴馬支援達賴喇嘛在「西藏問題」的中間道路，但他在北京和達賴喇嘛之間也選擇了一條「中間道路」，雖然承諾支持達賴，但不會在達賴喇嘛2010年訪問華盛頓時與他會晤。

奧巴馬在金融危機中上臺，儘管他不斷釋出利好資訊，指稱美國經濟衰退可能已經開始結束！不過民眾對於奧巴馬的經濟政策依然心存疑慮，他所推動的健保改革方案不獲認同，加上哈佛大學黑人教授蓋茲的被捕風波，使得他在6月底的民調施政滿意度，從4月份的61%急跌至53%，只比前總統布希在兩千年獲得競選連任後的民調滿意度高出三個百分點。

7月24日開始，奧巴馬的民望跌破50%的關鍵分數，意味更多的選民否定而不是肯定奧巴馬的施政，其中支持其經濟政策者比例降至僅52%，較高峰下滑八個百分點；支持其醫療政策者比例，更跌破50%至49%。從8月4日開始，該百分比始終未能再次重返50%以上，但到9月1日更跌至最低的45%。這比起包括雷根、老布希、克林頓甚至小布希的同期都要差。

達賴喇嘛急於見奧巴馬，想借機提升自己的國際聲望，並借用國際力量對北京施壓。有法國的前車之鑒，奧巴馬並不想在此時此刻因為達賴而影響到美國的經濟利益從而再影響自己的民望。尤其是中國全國人大委員長吳邦國，在訪美期間會見了美國總統奧巴馬，剛剛簽署了價值124億美元的中美合作協定，有助美國走出經濟困境。任何事情均有輕重緩急，在奧巴馬目前的天秤上，中美關係關乎美國利益，和中國保持和睦友好，10月份到中國訪問自然比見達賴喇嘛更重要。

達賴接連受挫國際市場日縮

奧巴馬不希望在民望低迷的時候去觸碰中國的底線。不過,奧巴馬似乎也不想得罪達賴喇嘛的追隨者和擁護者,派出他的高級顧問賈芮特率領訪問團上印度北部山區見達賴喇嘛,實際上是一種安撫。這三位華府的顧問都是奧巴馬的重要幕僚,美國的公共政策都出自他們之手,按常理都是陪伴總統見一些重要客人的。派他們披掛上陣,奧巴馬此舉既希望淡化對中國的衝擊,又想不失對達賴喇嘛的承諾。

達賴喇嘛辦公室在奧巴馬的高級幕僚離開後,立即發表聲明指,奧巴馬的三名高級幕僚十四日稍早在印度達蘭薩拉會見了達賴喇嘛,討論在解決西藏問題方面,華盛頓能提供何種協助;達賴喇嘛希望,在奧巴馬走訪過中國大陸後,兩人能見上一面。達賴喇嘛的希望有點近乎乞求,他不甘心遭遇如此的美國挫敗。應該說,奧巴馬不斷推遲和達賴見面,這是達賴喇嘛近年來不斷爭取國際支持過程中少有的美國態度。政治上只有永遠的利益而沒有永遠的朋友,在美國眼中,所謂的西藏問題,只是他們的一隻棋子,而且在美國利益中變得越來越不重要了。

達賴喇嘛還藉臺灣水災到臺灣南部訪問祈福,去臺灣也是達賴喇嘛一直的願望,但此行也並沒有讓達賴喇嘛加分。一是他接受地方政府的邀請,註定他的臺灣之行烙上了政治色彩;二是他近年出訪,很少遭遇如此近距離的嗆聲;三是很多出訪的常規活動都被迫取消。這一切都說明,隨著中美及兩岸關係的變化,達賴喇嘛賴以生存的國際市場和國際影響力開始受到挑戰。

「只要有爭端，就應該對話」
——第五次專訪西藏精神領袖達賴喇嘛

時間：2010年3月29日

我一直在全世界到處講，我宣揚一個觀點和理念，二十世紀是一個戰爭的世紀，是一個血腥的世紀，二十一世紀是一個對話的世紀。我認為，只要有爭端，就應該對話，雙方達成和解雙贏的結果。

——達賴喇嘛

*以下訪談，達賴喇嘛簡作達賴

作者：第九次會談結束，與北京關係進入低潮期，你怎麼看？

達賴：中共召開第五次西藏工作會議，有個資訊值得關注，北京召集了除西藏以外的其他藏區的負責人到北京開會，統一的去看除西藏自治區外的四川、雲南、青海、甘肅等藏區的藏人，對他們的政策、發展要統一部署。在全國人大代表會議上，總理溫家寶在工作報告中也提到了對西藏自治區以及其他藏區的發展。我們過去在談判或者對外的要求中，一再提到所有的藏區，我們所提到的是在中華人民共和國憲法框架之內的所有藏區。當然，這裡面還有一個關鍵，因為2008年時出現了西藏自治區及之外的所有藏區的抗議。種種的因素，使中央看到所有藏區共同部署的重要性。

作者：這和你們提出的大藏區不一樣吧？

達賴：我們提出的是西藏名副其實的自治，沒有提大藏區，是中華人民共和國憲法框架內所規定的藏族名副其實的自治，我們提出的這些建議，統戰官員無法直接辯駁，然後他們就提變相獨立，或者是半獨立。從這些方面可以看出，這些統戰官員根本不想解決問題。

作者：最近兩次談判，都圍繞備忘錄進行。北京連中間道路都沒有接受，能接受具體化的備忘錄嗎？

達賴：如果要讓中央政府承認或者接受什麼，那只有一句話：「我們沒有任何要求，我們要回去。」還要肯定一下，中央在西藏做的非常好，西藏人民安居樂業了，我們要回去了。這樣的話他們可能會接受。但我們沒有辦法提。第九次談判時，我們提了一個建議。目前，中央和我之間最大的分歧是對西藏內部的看法不一樣。中央政府一再講，西藏人民安居樂業，沒有痛苦。我們得到的資訊，瞭解到西藏人民當然有物質的發展，但在精神等很多方面是痛苦的。我們的建議對西藏內部人民生活作一完整客觀的調查。另外，2008年3月份西藏所發生的事件，我向全世界呼籲，要求中央派人來調查，如真的是我們操控的話，我們要向全世界道歉，希望中央派人來這裡瞭解情況。

作者：這樣的建議有回應嗎？

達賴：與統戰部接觸，他們也沒有解決問題的決定權，所以統戰部好像在混日子，一再拖，我們也習慣了，像朝

聖一樣到北京去，得到他們的一頓教訓，就回來了。

作者：2008年11月的對話和最近一次對話有什麼進展？

達賴：基本上沒有很大的進展和變化。2008年6月在深圳有
　　　個非正式的對話，那時我們抱有希望，希望中共真的
　　　能面對現實，誠懇的和我們一起談判。但以後的談判
　　　中沒有這樣的希望出現。現在看來，中共最高層領導
　　　還沒有一個解決西藏問題的方式。從宏觀角度講，在
　　　這樣氣氛下，去單獨要求解決西藏問題，面對西藏的
　　　爭議，我覺得是有困難的。

作者：解決西藏問題能不能先易後難，擱置爭議。北京一直
　　　說達賴喇嘛拒絕談個人的前途問題，到底有哪些方面
　　　的前途問題？

達賴：具體的個人前途問題，就是向共產黨投降。1959年我
　　　是逃出來的。那時出來，不是怕西藏內部發生問題。
　　　是怕中國共產黨，所以逃出來了。過去我講過，希望
　　　去五臺山朝聖，這當然是我個人的願望。但現在西藏
　　　狀況如此嚴峻，我要考慮去了以後，很多西藏人會抱
　　　很大希望，結果又卻令西藏人失望，我覺得這樣做效
　　　果不好，從一個比較壞的方面看。西藏人會批評：達
　　　賴喇嘛個人去朝聖，對西藏問題什麼都沒有做。

作者：即使去朝聖，也是藏傳佛教的重要內容。能不能一步
　　　步走，能做的先做呢？

達賴：你問到這個問題，我們也討論過，先把雙方有爭議的
　　　問題放一邊，先去討論雙方都能接受的問題。如西藏

的環境問題，中央政府也很關注，我們也覺得很重
要，達賴喇嘛在全世界有影響力，提到過環境問題，
大家合作；然後就是教育問題，新一代的教育問題很
重要，我們可以派一些老師到國內。這裡的教育抓得
很好，英文、藏文，我們可以派一些老師前去。我們
也可以請西藏境內的學生到印度來留學。有討論過，
但沒有作決定。確實可以把複雜的問題放一邊，簡單
的問題大家共同來先解決。

作者：去五臺山一直是你的願望，能否也作為先解決的一步？

達賴：我有個很好的朋友，與中國政府也很好。見到我時
說，希望尊者先到中國去朝聖。當時我說，即使能去
的話，中央政府如何向中國人民交代，他們把達賴喇
嘛當作分裂主義者，是一個「魔鬼」，在西藏內部狀
況有改變情況下，讓一個分裂者，讓一個魔鬼去朝
聖，這是不可能的一件事情。如果西藏內部狀況往好
的方面轉變，我可以對這些好的方面進行肯定，這
樣可以消除我這個「魔鬼」的罪孽。消除罪孽後我
去朝聖，大家都比較容易接受，對中國人民也比較好
交代。

作者：有沒有去上海世博會看看這樣的意向？

達賴：關鍵的一點是藏人對這些問題的看法，以及西藏內部
一些問題的改善。在這樣的前提之下，回國可以找到
很多藉口，不一定是世博會。比如說，在國內召開
一個為了世界和平的諾貝爾獎得主的會議，我可以參

加，這個「魔鬼」也是得過諾貝爾和平獎的。有的朋友跟我提出，先到香港去訪問，沒有任何政治的因素和考慮。香港也有很多佛教徒，也跟我們有聯絡。我純粹以一個導師的名義，到香港，純粹是宗教的活動，有大型的法會。當然也會見到記者，包括會見到你。但這當然也是很困難的，因為中國政府抱著懷疑和猜忌的態度。

作者：你曾經講過一個假設性的問題，如果大部分藏民同意，靈童轉世制度可以取消。那麼如果大多數西藏人不認同中間道路，而要走獨立之路，達賴喇嘛是否也這樣去認同他們？

達賴：1987年時，西藏發生一些動亂，西藏人抗議，英國的一個記者問，怎麼辦？達賴喇嘛一直呼籲不要動亂，但民眾不聽你的話怎麼辦？我的回答很清楚，我唯一的辦法就是辭職、退休。我在1970年代就產生了中間道路的想法，也徵求了民眾的意見，進行了公投。2008年我們召開了特別大會，得到民眾的完全支持。1990年代公投，大部分民眾是支持中間道路的。

作者：中間道路其實有成果。

達賴：也有部分民眾對中間道路不很瞭解，但他們認為，是達賴喇嘛提出的原則和力量就要支持。至少，中間道路是有成果的。

作者：成果體現在哪些方面？

達賴：未來西藏問題的真正解決，應該是由漢藏兩個民族的

共同瞭解、理解的狀況下解決。所以我的中間道路的提出，得到了非常多漢人朋友、中國的知識份子及民運人士的支持，不同族群的中國人對中間道路的支持。他們對我的理解，這是一個很大的成果。我一直在全世界到處講，我宣揚一個觀點和理念，二十世紀是一個戰爭的世紀，是一個血腥的世紀，二十一世紀是一個對話的世紀。我認為，只要有爭端，就應該對話，雙方達成和解雙贏的結果。

作者：共產黨批評你說一套、做一套，一方面接受共產黨領導，一方面又要共產黨退休，怎麼解釋呢？

達賴：所以共產黨要退休，因為他們沒有聽清楚。最近我跟幾個華人團體講，我所謂的共產黨退休，不是否定共產黨的貢獻，共產黨有過、有錯，也有對中國很大的貢獻，我肯定他們的貢獻，但提到共產黨應該在黨內民主化，然後帶頭實行法治、民主等中國人民需要的體制建設，帶頭去做。做好了，然後光榮退休。而不是恥辱的退休。這個世界上物質是變化的，共產黨不可能永遠不變，永遠執政。我不是批評共產黨，是光榮退休。我也不是反對共產黨，不是抗議共產黨。現在共產內部機制不透明，產生了腐敗，貪污，所以有人對共產黨是否定的。我的想法是共產黨先把內部清理好，整個黨是清廉的，然後退休。

作者：關心西藏問題的漢人越來越多，但另一個矛盾點是，藏人中要求獨立的聲音越來越大了。流亡議會中有七

八個要求獨立的，現在有十四、五個，明年選舉，可能會過半。獨立的聲音強了，這是為什麼？

達賴：這個問題，應該非常詳細的思考。2008年3月在西藏各處發生抗議事件，有的地方喊出的口號就是西藏獨立，對西藏獨立的內容，未來能否獨立沒有作非常詳細的思考。原因是最近兩年，在抗議事件發生後，我在歐美見到很多西藏境內的知識份子，這些知識份子是有影響的，有退休的教師等。他們異口同聲的對我說，現在解決西藏問題的唯一最好的辦法是達賴喇嘛的中間道路。我可以肯定的講，西藏境內的這些精英、有思考的知識份子，他們對達賴喇嘛的中間道路是絕對支持的。這裡面有一個沒有去理性思考的問題。中國政府對西藏嚴屬打壓之時，人們渴望的就是一個西藏的獨立。讓一個地方可以成為獨立的國家，獨立這兩個字叫起來很方便，聽起來也很溫暖。但你問他們，你怎麼去贏得獨立，如何去得到中國人民的支援時，他們絕對沒有詳細的應對方式來回答這些問題。

作者：現在的困難之處在哪裡？

達賴：西藏獨立，你不需要作任何解釋，但中間道路你需要作很多解釋，什麼是中間道路，怎麼去爭取等，這裡就不一樣。比如說對中間道路的背景狀況，其基本原則是什麼，發展過程中我們得到的成果有哪一些等要有詳細的文件來闡述，讓更多的西藏人來瞭解中間道路的整個原由和過程。

這種尋求獨立的西藏人是抱著激動的情緒，你提到的有一部分議員他們很激動，批評達賴喇嘛，批評流亡政府，說中間道路是一種屈服。有些西藏的年輕人，用個人的名義寫文章，也有尖銳的看法。當然，我們一方面歡迎這樣的批評，我們是民主化的社會，我完全支持民主，所以不同的聲音，我們不會去打壓，我們尊重他們的聲音。共產黨反過來講，這裡出現的聲音，似乎又是達賴喇嘛做出來的。

作者：有人提出真正自治的備忘錄不代表全體西藏人民，這是不是在挑戰達賴喇嘛的權威？

達賴：對，這對達賴喇嘛中間道路觀點是一個挑戰。有的人批評說，這個建議已經給中國政府了，還好，中國政府沒有承認，如果承認了，就沒有辦法挽回。我們提出這個意見，特別通過了公投。2008年的大會賦予達賴喇嘛的權力，代表西藏人民去解決西藏問題。這是代表民意的。如果中國政府同意的話，我們也會作民意調查，這個時候我堅信，大多數西藏人民是會同意的。

作者：我關注達賴喇嘛對統戰問題的看法，你也提出統戰要讓西藏官員到達蘭薩拉，你覺得這是不是一個好的統戰方式？

達賴：到目前為止，我還沒有邀請統戰部的官員來，其實也是好的，可以邀請他們到達蘭薩拉來批評我們，來譴責我們。我有時候跟中國的年輕人說，我這隻手跟

毛澤東握過很多次，得到毛澤東加持，當時與毛澤東的關係如父子之間的關係一樣，毛澤東很關心，很疼我，開始很誠懇，1957、1958年就變了。

第九章
西藏問題面臨的現狀

不管形勢如何惡劣，達賴集團內部有不同的聲音，達賴喇嘛至今還是表示不願意獨立，這就應該有統戰的空間，有轉化的空間。雖然艱難，但統戰轉化有進展，就會給北京政府減少很多麻煩。

西藏五十年統戰蒙羞

五十年前的3月10日，西藏局勢不穩，解放軍大軍壓境為平亂，強勢穩定局勢，也因此迫使第十四世達賴喇嘛離開西藏，至今流亡海外。五十年後，這個敏感的日子成為「穩定西藏」的紀念日，又加上2008年「3‧14」藏區暴亂死傷無數，為怕事件重演，當局要增派大批武警荷槍實彈進入藏區，走上街頭，以強勢確保西藏穩定局面。五十年不變，五十年前和五十年後，均要以同樣手段維護藏區安定，說明西藏地區嚴峻的局勢沒有根本改變，不容有絲毫的麻痺大意。當局不得不重拳出擊，不給分裂勢力絲毫的機會。但從另一個層面，顯示出，西藏問題五十年，留下的是統戰工作的敗筆。

2009年媒體報導，拉薩騷亂一周年前夕，中共西藏自治區黨委書記張慶黎由北京急返拉薩坐鎮，這已是張慶黎「兩會」期間第二次返藏。公安部副部長張新楓和武警部隊副參謀長牛志忠也率領大批軍警奔赴西藏，防止騷亂再演。在藏區形勢嚴峻、境內外藏獨分

裂勢力勾結不斷想製造破壞、還有境外敵對的西方勢力作後盾的壓力下，需要旗幟鮮明地反分裂，需要未雨綢繆。面對這樣的惡劣環境，加強武裝力量以防範突發事件造成衝突，是北京政府不得不採取的維護西藏安定的有效措施，也是各國維護本國地區穩定的一貫做法。否則，再發生如2008年「3‧14」般的騷亂事件，不僅影響漢藏團結，不利西藏穩定發展，更會有損中國的國際聲譽和形象。

應該公平地說，北京政府並不願意以此強權的方式來維繫西藏自治，來維護西藏的穩定和發展。1951年5月23日，中央人民政府和西藏地方政府在北京簽訂了《關於和平解放西藏辦法的協定》（「十七條協議」），宣告了西藏和平解放。因為涉及少數民族和宗教政策，和平解放後的西藏歸口中共中央統戰部，意即以和平的方式來維護西藏自治。1954年，達賴喇嘛和班禪到北京參加第一次全國人民代表大會，在北京火車站，他們受到了高規格、隆重熱烈的歡迎，都由統戰部負責安排接待。

五十年代初，中共中央就為統一戰線工作部確定了「瞭解情況，掌握政策，調整關係，安排人事」的基本職能。進入以經濟建設為中心的新的歷史時期後，統戰部門的基本職能內涵加深了，內容更加豐富。中共中央統戰部的網站上將之概括為十大任務──簡而言之，統戰工作就是做爭取、分化，各個擊破，甚至化敵為友的工作。

五十年來，西藏問題一直由統戰部主管，早在1956年，印度總理尼赫魯親自寫信邀請達賴、班禪赴印度參加釋迦牟尼兩千五百年周年紀念大會，當時一些藏獨勢力在印度聚集，勸達賴喇嘛留在印度，達賴喇嘛也左右搖擺。為爭取達賴喇嘛，1956年11月到12月末，周恩來總理三次飛抵印度勸說達賴喇嘛回國，不要被人利用，並成功將其勸回。即使1959年3月達賴喇嘛出走，流亡印度，並尋

求西藏獨立，中央政府都始終沒有放棄以統戰爭取要分道揚鑣的達賴喇嘛。

改革開放的總設計師鄧小平，1979年復出後不久，有眾多的工作等著做，但他沒有忘記把解決達賴喇嘛的問題放在重要位置，主動召請達賴喇嘛的二哥嘉樂頓珠，請他轉告達賴喇嘛，只要放棄藏獨，什麼都可以談；班禪去世，中央政府還轉告達賴喇嘛，希望他回來出席班禪的追悼會。終於爭取到達賴喇嘛表示放棄西藏獨立，改走中間道路。

中共老一代的主要領導對爭取達賴真的可以用苦口婆心，仁至義盡來表達。相信這樣做，是因為覺得達賴喇嘛還是可以爭取，也不希望他長期在外被西方勢力利用。說難聽一點，如果把達賴喇嘛利用得好，用他的影響力，用他轉化的範例，還可以為中國改革開放，為建設西藏所用。

2002年王兆國任統戰部長時，北京由統戰部主導每年一次與達賴喇嘛代表會談，試圖通過談判解決存在的疑慮。開始各自還很認真，以後變為每年一次例行公事，沒有實質進展。更因為近年統戰部認定達賴集團是「分裂集團」，達賴的「中間道路」走的就是分裂之路，這一定性決定了雙方難以調和的敵對關係，也決定了通過這樣的會談難以談出結果。雖然，各任統戰部的領導都表示，和達賴會談的門始終是敞開的，但大門內的人變得並不那麼積極，甚至忘記了中共的統戰傳統。

其實，統戰的職責不是打開大門等人進來，而應該主動出去做工作，化解紛爭和矛盾。很顯然，與周恩來、鄧小平等老一輩中共領袖相比，現任中共統戰部的領導，對轉化達賴集團已經沒有很多信心，有傳言更指統戰達賴不如等其老死。如果指導思想出於此目的，自然不需要統戰了。

因為將達賴喇嘛定性為分裂者，也因為北京掌握有眾多會員的「藏青會」不斷謀劃恐怖活動——親北京的香港媒體報導，「藏青會」在「3‧14」事件後還制訂了一系列新的暴力破壞計畫，擬定了十九人的暗殺名單等；「流亡政府」也研究如何指揮藏人將此次「革命成果」進一步擴大，爭取與「疆獨」、「民運」等聯手在境內搞破壞活動。如果確實如此，達賴集團似乎已經喪失統戰的價值了。但不管形勢如何惡劣，達賴集團內部再有不同的聲音，達賴喇嘛至今還是表示不願意獨立，這就應該有統戰的空間，有轉化的機遇。雖然艱難，但統戰轉化有進展，西藏問題不會被西方利用，就會給北京政府減少很多麻煩。

按理越在敏感時期，越要做好統戰工作，體現統戰分化、爭取，以維護安定局面的重要及效率。但大家所見，在這重要時刻，很少見到統戰部出來盡職，以減少磨擦，依靠的主要還是壓制。

據悉，即使近年由統戰部作為職能部門出面主戰達賴，實際上中央各部委包括外交、公安、國安、民委甚至軍隊等相關十多個部門，都在與之配合。有鑑於此，不如考慮改以對付「疆獨」的同樣方式，由公安部門接手西藏問題，對分裂分子給予狠狠打擊，目標會更明確，措施也會更有效，省得拖泥帶水。

但是，真如此做，這將令五十年的西藏統戰工作蒙羞。

西藏流亡社會的新力量？

1959年，達賴喇嘛率領一些藏人離開西藏來到印度後，每年都會有西藏人來到達蘭薩拉，投奔達賴喇嘛。改革開放以來，雖然中國邊防嚴加防衛，但這樣的投奔數量卻在增加。流亡藏人在印度落腳，又經過學習培訓，有的學了英語、電腦等生存技能後又回到家

鄉，有的則轉投西方社會，成為流亡社會的新力量。據悉，現在歐美等各地流亡藏人非政府組織的領袖，不少都是近年從中國流亡出去的年輕一代，在歐美接受教育後留在當地。不少人在當地參加政治活動，成立政治組織，在日本、法國、瑞典等地的西藏社會組織領導人，都是來自中國藏區的年輕藏人。

李科先是七〇後的西藏人，1998年離開藏區逃亡印度，他表示，在少年時期就形成了獨立的觀點，那時中國有「民運」，拉薩1987、1989年連續發生動亂事件，「那時我就認為，西藏獨立才有希望」。

來到印度，李科先沒有放棄自己的理念，開始他以獨立人士的身份不斷宣揚他的獨立理念，還融合流亡西藏社會的藏獨勢力共同尋找獨立的出路。李科先不僅以安多地區的高民調參選舉行的新一屆議會，還正籌備成立獨立西藏的「憲法起草小組」，他自然就是這個小組的負責人。

2007年，李科先以個人身份參加在達蘭薩拉首次召開的藏獨領袖討論會議，那次會議以流亡西藏社會的本土派領袖為主，各年齡層次的代表都有，大都是知識份子，但如李科先那樣近年來流亡西藏社會的獨派領袖只有四個人。

2009年，李科先組織了一次西藏獨立研討會，中國七、八十年代出生、流亡的西藏人士占了一半。那年下半年的8月，各地流亡的西藏獨派人士將再次聚集印度南方，參會人數將超過三十人，李科先正參與會議籌備工作。李科先說，就是在流亡議會中，近年流亡的藏人的比例約占一成，他認為，「這個數字會慢慢多起來」。一些流亡藏人衝擊中國使館、激進抗議，李科先都沒有去參與，他認為，西藏首先要證明自己，獨立是偉大神聖的象徵，他通過演講、寫作、組織國內外的活動來表達、宣傳獨立理念。「這是理性

的表達，是為理念而奮鬥。」李科先認為，過去藏人對達賴喇嘛是
服從，現在年輕一代「以自己的信念和想法為首要追求，這樣的趨
向越來越明顯」。李科先的叔叔在印度南部做生意，有優越的生
活條件，他希望李科先可以去南部，為了自己的理念，李科先謝
絕了。

　　周加才讓住在李科先的隔壁，兩個人一人租一間小屋，他們是
好朋友，卻有不同的價值觀，周加才讓絕對不贊同西藏獨立。2000
年，周加才讓翻山越嶺來到達蘭薩拉，不為尋求獨立，而是為找到
精神的力量。

　　這位上海華東師範大學的高材生，還是培養對象，他在青海師
專從教，父親還是當地的一位高官。周加才讓表示，當年在北京遇
到一位藏人，宣傳達蘭薩拉的自由、保存完好的西藏文化等，就想
來了。「當然還想見一見達賴喇嘛這位傳奇人物，裡面說他分裂，
到了這裡、看他的自傳，才知道不是這麼回事。」

　　周加才讓當過雜誌的總編，又到臺灣達賴喇嘛基金會，在臺灣
找到了生活中的另一半。現在他是作家，在臺灣寫專欄、出書，將
流亡西藏和真實的西藏介紹給讀者。為了寫作的靈感，他一半時間
在臺灣，一半時間在達蘭薩拉。他說：「在印度過窮日子很過癮，
沒有物欲，活得低調，人生觀變了。」

　　旦增德丹曾經在政府部門工作，現在以翻譯為生。最近剛從
臺灣淡江大學大陸研究所交流回到達蘭薩拉。旦增德丹指解決西藏
問題沒有進展，而且喪失了最好時機。他不贊同獨立，因為「沒有
條件」，但他認為，近些年從中國西藏境內來的、主張獨立的藏人
敢說敢做，他們有使命感，有理想，有歷史責任。「而這裡（達蘭
薩拉）出生的藏人，接受的是印度的教育，見到有錢有勢的人就失
去了正義感。」旦增德丹認為，對流亡西藏來說，不是要急著去談

判，而是要改革，改變流亡社會資源不合理集中，要加快政教分離，要培養人才，從長遠考慮後達賴喇嘛時代的傳承。

不同類型和不同追求的流亡藏人，讓西藏人的流亡隊伍變的不一樣。

藏族精英受打壓處境微妙

2010年，著名藏族作家扎加最新出版的《翻天覆地》一書給他帶來了牢獄之災，不過，這是他出版該書前早已預料的結果。在書中他就寫道：「我不由自主地害怕的想著，一旦這本書公開了；終究，我不得不在這個地球上，忍受寒熱地獄的日子。」紐約時報的報導中引述了他的話：「我可能因為我的嘴而失去我的頭，但這是我選擇的道路，所以承擔起所有的責任。」

扎加筆名「學東」（意指清晨的海螺），體制內藏族知識份子，在青海民族出版社藏文室擔任編輯。2010年3月，他以藏文出版了經歷兩年之久思考和撰寫的新書《翻天覆地》，4月23日被西寧警方以「鼓動分離主義」罪名拘捕，關押。

據悉，警方委派翻譯，用了一個半月將他的《翻天覆地》翻譯成漢語，並要重新審查相關證據後移送檢方。警方搜查扎加的家，帶走他的電腦、手寫的筆記及書的副本，而扎加只能靜默地站立。他的妻子向外發出電子郵件寫道：「他在公安面前完全的靜默，這讓我非常害怕。」扎加的妻子透露，丈夫被捕後，她一直不獲准與扎加見面。

青海副省長王令浚指扎加案會依法處理。扎加只是近年遭遇不測的眾多西藏知識份子的其中之一，來自北京的消息稱，有關當局指示，「要關注藏族知識份子的動向，他們認為知識份子如病毒，

不能讓其不斷擴散，一些境內外藏族知識份子的思想散播比與達賴喇嘛的談判更難控制，要防止西藏地區的『顏色革命』」。

有關國際人權組織的統計數字指，2008年以來，當局加緊鎮壓西藏地區的藏族知識份子和藝術家，目前已有超過五十位藏族精英遭打壓。扎加撰寫的《翻天覆地》既沒有主張暴力，也沒有宣導西藏獨立，主要是提倡了非暴力不合作主張，以為西藏人爭取權利、自由，書中同時譴責中國政府對西藏長達半世紀的高壓管治。告誡藏族的知識份子和公務員，要通過一場「和平革命」和「非暴力不合作」運動，來反抗中央政府在這一爭議地區的強硬統治。

該書印製了一千本，很快就售出七百多本，並流傳到印度，餘下的書籍被警方扣押。有人在尼泊爾又印製了五千冊，在藏文讀者中獲得很大的反響。四十七歲的扎加一直被認為是體制內的藏人，至今已用藏文撰寫了七本著作。

早些時候，扎加之所以被認為是體制內的，是因為他的著作大多對西藏傳統宗教文化持批判性，主張出家的僧侶可把精力放於宗教，在家的藏人不必讓宗教佔據生活。以西方的人文精神批判西藏傳統文化、宗教枷鎖。

據悉，在意識形態上，扎加的思想和理論最初被當局接受。他的妻子也在西寧開了第一家私人書店，一些其他出版社覺得有風險的書不能出，扎加幫忙出，然後在他妻子的書店內賣。

曾經在達賴喇嘛身邊工作過、現居美國的藏族學者嘉揚達傑和扎加是青海老鄉，嘉揚讀過扎加的三本書，其中《根深柢固》、《觀望四海》，前者是批判西藏傳統宗教，認為跟不上現代化步伐；後者是引用西方哲學思想，宣導西藏要跟上現代化步伐，支持自由市場經濟、全球化等。嘉揚說，扎加的書中充滿了唯物論的觀點，達賴喇嘛從環保角度、西藏民族進步出發，不主張穿皮草。扎

加則在二千年時就指穿皮草是野蠻人的生活方式,「他是從生活方式的改變出發,有深刻的人文思想」。

不過,2008年以後,扎加一直沒有寫作,這本書代表了他的思想轉變。嘉揚表示,這本書也可以說是他的「懺悔錄」,通過《翻天覆地》反省自己。過去,扎加認為作為傳統的知識份子,僧侶好吃懶做。但2008年,他看到喇嘛們以和平抗議身體力行,作出承擔,行使和平非暴力的使命,以及在抗震救災中那一片醬紅色,更給他強大的震撼。這讓他對西藏的傳統知識份子有根本的改觀,扎加認為自己沒有勇氣和膽識站出來,只是象牙塔中人感到慚愧。嘉揚說:「他用兩年的時間觀察思考,寫成了一本新書。他指,共產黨一直叫藏人不要感情用事,但沒有感情的社會是不正常人的社會,是違背人性的社會。有感情才有思想上的激蕩,創造出無限的可能。」

書中很清楚寫道自己會被關押,但他讓大家放心,「除非我成為瘋子,否則我是永遠的扎加」。嘉揚認為,當局拘捕扎加是以言入罪,「他的很多思想只不過是普世價值,但只因為他是西藏人,如果是漢人就不會打壓他」。據嘉揚所知,《翻天覆地》的漢文版也將很快在海外翻譯出版。

西藏問題專家王力雄向作者表示,2008年「3‧14」事件後,西藏境內的藏族精英們的處境比原來更加不利,有不少案例可以說明,扎加是其中之一。其實,這些藏族精英原來不是和政府站在對立面的,有些方面可能還有一致。

扎加是青海西寧一個知識份子學派的領頭人。這個學派著重於批判藏族的傳統文化,包括批判西藏的宗教,認為西藏的精神、活力,都是被西藏傳統文化所窒息。「雖然不能說與中國官方意識形態一致,但在某些地方有呼應之處。在西藏以僧侶為代表的傳統知

識份子中他不受歡迎，只在青年學生中有影響。」

2008年「3‧14」事件中的骨幹力量正是原本被扎加批評的對象——以僧侶為代表的傳統知識份子。王力雄說：「這給了扎加他們以震撼。在2008年，扎加他們並沒有站出來，去支持藏人百姓的抗爭，這本書是對整個運動的反思回顧，作出表態，這種表態晚了一些，但比較集中，時間也給了他一定的思考餘地，讓他有空間去思考2008年事件的背景、原因。」最近，西藏藏族精英被抓、被判的情況不少。

2008年西藏拉薩「3‧14」事件發生數月後，中國政府拘捕了時任西藏神湖集團董事長兼總裁的多吉扎西，他的兄長多吉次丹稍後也被逮捕。一年後的6月24日至26日，拉薩法院不公開地審理此案，多吉扎西被指控為西藏流亡政府提供大量資金，因此被判處無期徒刑，並沒收數十億財產。多吉次丹則被判處有期徒刑六年。王力雄認為，這裡面有文化和政治的判斷與落差。多吉扎西在西藏「3‧14」時，帶著員工去慰問武警，被作為表率，政府作出正面的表揚。給他加的「提供資金罪名」，其實並不是政治捐獻，他是給達賴喇嘛辦法會的捐獻。藏人普遍把達賴喇嘛視為宗教上師，給上師捐獻是一種供養，只是一種宗教關係。他給的數量大，因為他富有，從比例上他不比窮苦藏人拿出的更多。但當局反應過度，判如此重罪，不懂得西藏人的文化，過於極端。

這種極端，帶來的後果也會是很糟糕的，王力雄指出：「我們一直在關注呼籲的嘎瑪桑珠被重判十五年，嘎瑪桑珠是一個成功的商人，他的行為過去與政府主流意識都相吻合，一直在做環保、教育、西藏文化保護等工作，從來不參與政治，與政治沒有瓜葛。就是因為他家鄉的親屬百姓和當地的地方官僚發生衝突，就被官僚上升到政治領域，把他視為背後的支持者，成為必須消滅在萌芽狀態

的不穩定因素，可以說他是當局維穩意識形態的犧牲品。」

頻頻發生的類似事件，會對西藏精英產生精神上的打擊，原來的合作者都會疏遠，造成越來越多的隱患。總部設在美國首都華盛頓的國際援助西藏組織（International Campaign forTibet）發佈題為〈狂怒風暴：西藏2008年春天抗議後對藏族作家和藝術家的鎮壓〉的報告，列舉了五十多位包括作家、博客作者、歌手和環保人士在內的藏族精英，在他們對2008年拉薩騷亂以後西藏地區的形勢分享和傳遞資訊以後，被拘捕或監禁、勞教的實例。

不過有消息表示，實際數字會更多一些，有說起碼有八十多人。國際援助西藏組織的報告還列舉了藏族歌手扎西東珠的例子。扎西東珠演唱歌曲中有悼念拉薩騷亂死難者以及藏人遭受迫害的內容。扎西東珠2009年12月底被拘捕，並被判處十五個月勞教。

扎西東珠是個藏族牧民歌手，還自己寫歌。2008年後他寫了一些歌，以歌聲表達心願。過去一年他錄製了十幾首歌。2008年他最有名的歌叫《1958到2008》，講述1958年他所在藏區的藏人叛亂被血腥鎮壓。2008年發生這麼大的事情，又遭到鎮壓，這首歌講述這樣一段西藏歷史。後來寫的一首新歌裡，他也講到2008年的事件。都是講藏人心聲，他說：「作為一個藏人，他沒有參加2008年的抗議，他覺得他想起這件事他就感到很慚愧。作為一個藏人，他沒有見過自己的領袖達賴喇嘛，一想起來他覺得他很痛苦。」

2008年的拉薩事件對許多藏人精英震動很大，這些多年來表示「中立」的藏人知識精英開始參與探討藏人的命運。但很明顯，政府在拉薩抗議活動發生以後開始轉向加緊對藏族精英的監控和打壓。西藏自治區以外藏民已成為目標，北京也擔憂，知識份子受教育程度高，與外界有廣泛的聯繫，文化、思想的傳播力強，難控制。

「3‧14」後，嘉揚參加加拿大溫哥華哥倫比亞大學召開的藏學國際研討會，參加者達四百多人。北京也派出十多位學者與會，其中有數個藏族學者，討論的問題相當廣泛，包括政治、宗教、經濟、文化等。嘉揚認為：「西藏問題毫無疑問被國際關注。」但有藏族學者與嘉揚交流時表示，幾個藏族學者在出海關時遭到極嚴格的檢查。這位藏族學者很無奈地表示，即使像他們這些體制內的共產黨員，由於民族背景不同，同樣不被信任，「共產黨政府就是不相信藏人，與國際社會關注形成反差」。

　　過去，在少數民族地區，自治區書記均由漢人擔任。但下屬基層縣級單位的書記可以由西藏人出任。2008年開始，這種情況再也沒有了，再底層的一把手都由漢人擔任。嘉揚表示，「過去保持中立的藏族知識份子更多的站出來表達意見，本來是通過達賴喇嘛來表達，但北京不同達賴喇嘛對話，西藏人民已經開始，並將用自己的方式來表達」。被壓抑的西藏可能暫時會少了許多異樣的聲音，但未來的結果又將如何呢？

北京奧運防範「徒步回西藏」

　　為確保奧運安全，北京加強保安，嚴厲打擊恐怖襲擊活動，防範流亡藏民「徒步回西藏」活動。民族問題專家王力雄認為，民族和諧共存的前提是瞭解對方。

　　北京奧運安全保衛已經拉開序幕，特別嚴控民族分裂勢力、暴力恐怖勢力、宗教極端勢力。年初已開始實施西藏及新疆族裔人士進京，必須在規定的旅店、賓館居宿等措施。

　　有中國外交部官員表示，在印度的一些流亡藏民組織要發起「西藏人民大起義運動」，並組織千人參加的「再回西藏」，都加

劇奧運保安的緊張氣氛。但中國民族問題專家王力雄則表示，中國奧運期間，來自中國少數民族的恐怖暴力活動不會如想像中嚴重。

為確保奧運安全，北京明顯加強了保安，1月份學校放寒假，在內地讀書的西藏學生回家途經北京，想找旅店住下，車站附近的旅店已經都不接納了，稱接到上面通知，西藏、新疆人不讓住，必須到指定的旅館。

王力雄曾經二十多次赴西藏，著有多本關於西藏問題的專著，他認為，西藏不太可能有恐怖或者暴力活動，「因為他們的宗教領袖達賴喇嘛反對使用暴力，儘管達賴喇嘛的中間道路受到一些海外流亡藏人，尤其是年輕西藏人的質疑，但就現在來看，沒有人公開以暴力反抗、武裝鬥爭為要求，只是定位於獨立的要求」。

印度達蘭薩拉有流亡藏人發起「徒步回西藏」，計畫將於2008年3月10日由西藏流亡政府所在地達蘭薩拉出發，經德里朝西藏前進。該計畫得到回應，約有千人報名參與，包括有外國人。計畫步行六個月，預計在北京奧運期間約8月14至25日到達印藏邊境。另外，流亡海外的西藏五個非政府組織，包括西藏青年會、西藏婦女協會、自由西藏學生運動、西藏九・十・三運動和西藏全國民主黨西藏青年會發起「西藏人民大起義運動」。王力雄認為，這些活動會受到全世界的注目，影響很大。「但相信不會發生暴力，即使有暴力，也不會是參加者的暴力，而是當局使用暴力阻止他們。他們一路所經過的印度、尼泊爾都會全力阻攔，中國更是不會允許他們越境進入西藏。」

華人示威為奪國際話語權

2008年4月19日，歐美等地華人在同一時刻走上街頭，包括洛

杉磯多個華人社團，抗議CNN對中國的負面報導以及卡弗蒂的辱華言論；巴黎共和廣場近萬名華僑華人和中國留學生舉行集會友達支援奧運；德國柏林的華人集會升級為穿越柏林市中心的千人大遊行；三千多名中國學生和華人聚集在倫敦西敏寺議會大樓外及曼徹斯特的BBC廣播大樓外，抗議BBC有關中國的報導失實和不公正。

而這一天，中國各地成千上百的學生、民眾走近法國超市家樂福，實施抵制活動。全球華人統一行動前所少見。老百姓走上街頭，支持奧運、反對支持藏獨、抵制法國貨，表達的是心中的忿忿不平，實質上是要奪取中國在國際舞臺上的話語權。

中國改革了三十年，經濟高速發展取得的成就，足以令中國在國際舞臺上光彩奪目，中國製造成為全球化時代的消費特徵。不過，另一個現象卻是，中國開放了三十年，在國際市場上，中國貨有人要，但中國話卻沒人聽、沒人信。中國在世界經濟舞臺鼎足而立，可在國際政治舞臺上卻難握話語權。法國總統薩科奇（薩科齊）剛上任就赴中國，笑逐顏開地拿下逾千億美元的訂單，但在西藏問題及北京奧運需要幫助時，他卻並不如拿訂單時令北京感到可愛了。即使在西藏暴亂事件中，出現了在西方媒體被扭曲了真相的新聞，中國政府和媒體的抗議聲不斷，也並沒有引起西方社會的足夠重視，甚至根本置之不理。

中國展開聲勢浩大的奧運聖火傳遞，藏獨支持者亦言行激烈，半路攔截奧運聖火，場面暴力，這些都成為西方媒體爭搶新聞的最佳素材。但在西方主流媒體的電視畫面及新聞報導中，華人迎接聖火的喜慶場面沒有立足之地，在媒體切割下的新聞報導中，北京奧運的聖火傳遞演變為一場聖火的搶奪戰。這令中國民眾的心中十分不爽，而中國媒體又千篇一律，只有新華社發出的通稿，這只是一種統一國內百姓思想，卻不能被國際社會認同，更談不上重視的聲音。

走上街頭，發出中國人自己的聲音，終於，「起來，不願做奴隸的人們」、「中國加油」的呼聲不僅在中國各大城市的家樂福門前，也在全世界華人集中的區域響起。五星紅旗和此起彼落的呼喊聲，中國老百姓希望發出自己的怒吼，讓國際社會聽到這樣的吶喊，實質上是要讓國際社會可以不僅注意到中國產品的價廉物美，也注意到中國人的存在以及價值。

　　以國際、國內聲勢浩大的群眾示威及抗議，表達的是中國老百姓在國際舞臺上要說話的權利。記得胡錦濤訪問印度，在孟買接見中國使領館官員及華人華僑時就表示，「人有嘴巴就要說話」，這句話可是說出了老百姓的心裡話。中國老百姓一直有話語權缺失的感受，而中國可以說話的媒體，沒有令西方社會認同的力量，又不能充分表達出百姓們的意見。於是，讓西方瞭解真正的中國聲音，採取抗爭的方式，以奪回國際話語權成為最自然不過的選擇了。其實，華人以及中國百姓在西藏問題暴露以後的表現，只不過是想說話而已。

　　這樣的說話方式及要表達的內容，相信西方社會已經看到了、聽到了，但會不會接受，能不能就此改變對中國的印象，仁者見仁，智者見智。中國正在強大，但她的國際話語還很弱小，遭遇風吹草動就要面對西方社會的群起攻之，其中固然不乏「反華勢力」，但大多數還是源起對中國社會的不瞭解。

　　事實上，西方社會還很難瞭解改革開放已經三十年的中國。近年來，中國一直強調軟實力，也就是說，中國要融入世界，要讓世界相信你，而非臣服你。信任的前提是，大家的語境一定要相同，否則，你說出來的話，對方聽不明白，雞同鴨講，就失去意義了。在面對西藏問題、面對西方的質疑，中國方面所作出的表述，很多時候是國際社會所聽不懂、弄不明白的。久而久之，人家就不想

聽，不願意聽，就「轉檯」了，話語權也因此喪失，或者根本建立不起來。

比如，官方的新華社說，在暴徒面前，「武警保持了極大的克制和忍耐」，國際社會不明白的是，既然是暴徒，為什麼要對他們克制，還要忍耐？是否正因為克制，才會出現打砸搶燒殺幾個小時，甚至一整天都沒有員警來鎮暴；你指稱達賴喇嘛是「披著袈裟的豺狼、人面獸心的惡魔」時，他正在為美國數萬人弘法，這又如何讓國際社會接受呢？當西藏暴亂發生後，所有外國人及境外媒體都被清場，這一措施有千萬個理由來說明為了確保安全，但西方的「反華勢力」也就有一千個理由來質疑中國官方由此發佈的消息和報導的客觀性了。

針對CNN主播日前的辱華言論，北京有十多個律師到北京朝陽區法院提出訴訟，要求CNN賠禮道歉及賠償100元人民幣。而同一時期，紐約海明律師事務所接受委託，代表華人向曼哈頓南區聯邦法院提出集體訴訟，要求CNN母公司特納集團，為包含誹謗等三項罪名，賠償十三億美元。十三億美元意味著十三億人民每人要求賠償一美元，這大概才是西方社會一看都能明白的。

民間奮起，固然可以讓西方社會明白中國人不滿這些不真實、不公平的所作所為，但這並非是奪取國際話語權的長久之計。長遠來講，還需要中國政府及媒體融入國際社會，以客觀的、西方社會聽得明白、看得懂的方式爭取外國民心。得民心者才能得天下。

讓王千源事件還原真相

因為被質疑公開支持「藏獨」，美國杜克大學一年級中國留學生王千源被千夫所指，更因為有人在網路上公開了她的身份、聯絡

方式，甚至包括她家人的資料，王千源及其遠在山東青島的家人都遭遇了恐嚇、謾罵。不過，一夜之間，王千源又成為中、美兩國主流媒體的「紅人」。中國中央電視的網站2008年4月17日在首頁刊登了她的照片和視頻，美國《紐約時報》、《華盛頓郵報》等主流媒體也將訪問她的文章刊於頭版。王千源在接受媒體訪問時指責，這都要「感謝杜克大學中國學生學者聯誼會，是他們公佈了所有的資訊」。王千源已聘請了律師，準備以法律手段維護自己的權益。王千源表示，她站在支持藏族人權要求者一邊，走出來僅是試圖在對峙兩方之間作調停。

不過，杜克大學中國學生學者聯誼會並不接受這樣的指控和解釋，一位不願透露姓名的杜克大學中國學生學者聯誼會執委會成員接受作者訪問時表示，聯誼會致力為整個杜克的華人社區服務，執委會成員都只是普通的學生，希望能夠在課餘給大家的生活提供一些便利。王千源剛到杜克報到時，像其他同期抵達杜克的七十多個中國學生一樣，是由聯誼會組織的志願者將她免費從機場接到學校。「我們絕對不可能刻意對成員進行攻擊或者名譽損害。我們在公開信中強烈譴責任何人對王千源及其父母的人身攻擊和個人隱私洩漏。」

該聯誼會執委會成員說，據4月9日在東校園現場的同學描述，注意到王千源正在和對方的組織者之一Adam Weiss交談。當時的情況是中國人站在一邊散發傳單，對方站在另一邊散發傳單，大家相距十多米，並沒有直接的對抗，還有中國的同學過去和他們進行交談、交換傳單。當對方要開始向西校園遊行時，Adam脫下T恤，王千源在他胸前寫上「Free Tibet」，背後寫上「Save Tibet」。遊行至西校園區時，王千源再度出現。

該同學的現場描述表明，王千源一開始就立場鮮明，並非如

她自己所說，只是調停者。從網路發放的短片看到，在杜克大學的西校園區，王千源從藏獨支持者群體中走出時，向中國遊行示威者們喊話，引起了中國學生學者們的注意，並互相爭執起來。聯誼會執委會成員表示，示威結束當晚，當有人匿名在china list上開始評論王千源時，是聯誼會的負責人最先發信勸阻大家不要進行人身攻擊，並第一時間發信給校方強烈要求對王千源提供保護，包括刪除她在杜克網頁上的個人資訊，更換她的宿舍等等。「我們盡最大的努力消除這個事件帶來的負面影響，因此我們對目前她拒絕和我們交流，並且在媒體上對聯誼會持續的譴責感到很失望。」

據介紹，聯誼會只是這次活動的協辦機構，而有王千源個人資料的網路平臺，是任何人不需要身份驗證就可以登錄的公共資訊交流平臺，十多年來一直為中國學生學者交換二手產品和生活資訊服務。該執委會成員表示：「這是個完全自動的系統，我們從來沒有選擇性發佈任何消息。同時為了方便交流，該網站上有很多中國學生的聯繫方式（杜克花名冊），這些內容都是同學們自己填寫的，如果他們不願意公開，只需要告知，我們就會立刻刪除。」

有人詛咒這位青島女子被汽油焚燒，甚至威脅她回中國之後會被碎屍萬段，網上還貼出王千源父母家門口被潑糞的照片。面對壓力，王千源強調說：「我從來不支持國家分裂，我也不願意有意識針對任何國人。」

達賴獲獎西藏風波幕後

達賴喇嘛在西藏到底有沒有影響力？2007年10月17日，當他在美國國會獲頒金質獎章時，又一次在藏族民眾的集中區測試了藏民對他的崇敬。北京希望以西藏經濟發展，改善藏民生活而讓藏人遠

離達賴喇嘛的意願似乎見效不彰。有媒體報導，為慶祝藏族精神領袖達賴喇嘛獲獎，拉薩哲蚌寺的僧侶準備舉行潑白粉漿儀式以示慶祝時遭當局制止，並發生衝突。據悉，當日，中國不少藏區藏民的慶祝活動四起，拉薩街頭到處有人在「煨桑」，將一些香草、松柏枝放到路邊的香爐中燃燒，拉薩彌漫著一股醉人的香氣展示的是，達賴喇嘛在藏區仍具影響力。

藏族女作家唯色的家就在布達拉宮的後面。身在北京的唯色打電話回拉薩詢問，朋友告訴唯色，一早起身，看到拉薩全城煙霧繚繞，嗅到空氣中的香味，唯色告訴作者：「朋友不知發生了什麼事，走出家門，看到很多人在煨桑，藏民族表達慶祝時會去煨桑，燒香以示祝賀，整個拉薩完全沉浸在桑煙彌漫之中。」而這一天，唯色也在網上觀看達賴喇嘛在美國獲獎儀式實況轉播，在網上和藏族朋友一起興奮地討論至凌晨五點。

唯色說，早前，在達賴喇嘛將要獲獎消息傳出時，當局就很緊張。西藏各單位、居委會、各寺院都開會，規定十七日那天，藏民不能穿節日的盛裝，不能燒香等。「西藏的工作單位和住處一般都在一起，有的單位甚至那幾天都不讓職工出單位的門，控制起來。退休幹部如果有違規，也威脅要扣退休金。」

即使這樣，很多藏族人在那天都穿起節日的衣服。唯色說，傳統的西藏人，尤其是女性，會把頭髮與彩色絲線紮成辮子，然後盤起來。遇到慶祝時刻，都會把辮子放下來，「這表示恭敬，這樣的習俗已經很多年沒有做了，這次在街頭出現，不論長幼，許多女性都這樣做，恢復了過去的習俗，整個拉薩都是慶祝的氣氛。」

據悉，儘管在當局的控制下，藏民們的興奮及表達形式僅次於1989年達賴喇嘛獲諾貝爾和平獎時，群眾自發性的慶祝活動在各地都有。在青海藏區和甘肅藏區等都有自發的慶祝活動。甘肅夏河著

名的拉卜楞寺，上千藏民和僧人晚上聚集在街上點燃鞭炮。員警趕來用水龍頭將鞭炮澆滅，還沒收僧人用以購買鞭炮的款項。當地的朋友告訴唯色，晚上還有牧民舉起達賴喇嘛的像走在街頭，最後被員警帶走。

武警阻止僧侶慶祝

為表示對達賴喇嘛獲獎的興奮心情，西藏最大的格魯派寺廟哲蚌寺僧人要潑白粉漿以示慶祝。來自哲蚌寺僧人更敦巴（化名）告訴我：「這天早上，我們僧人為了表示慶祝，打算用白粉漿粉刷寺院拉康（佛殿）和紮夏（僧舍）外牆。正在準備塗料和容器時，被員警包圍，其中一位僧人剛拿到攪拌塗料的工具，立刻遭到一個警察打來的耳光，緊接著又遭到拳打腳踢的毒打。由於我們僧人一哄而上，警察退到了角落。於是我們開始攪拌塗料，熱熱鬧鬧地粉刷牆壁。但沒過多久，大約上千人的武警部隊闖入寺院，佔領了哲蚌寺裡裡外外的所有區域。此後，大約有五百餘名武警，在哲蚌寺的停車場上，手持槍械進行軍事演練。」

唯色的一些青年朋友當天上午在拉薩街頭燒完香想去哲蚌寺朝拜，在寺外被擋住，不能進入，青年人與員警發生衝突，其中兩人被抓到刑警大隊毆打。

唯色致電哲蚌寺熟悉的僧人，手機都變成空號了，打到哲蚌寺的座機電話，接聽電話的喇嘛很緊張，告訴唯色，混亂的情況平息了，但武警和員警還在寺廟裡，不允許朝拜，外面不讓進，裡面不能出。唯色表示：「這等於軟禁了。拉薩各種傳言很多，有說幾個僧侶被抓，也有說十幾個。」

唯色是藏民受歡迎的女作家，至今已出版了八本書籍，包括詩

集和散文。1988年7月，她從西南民族學院漢語文系畢業，當過甘孜州報記者。1990年回到西藏，調任拉薩《西藏文學》雜誌編輯。2003年1月，唯色撰寫的散文集《西藏筆記》由廣東的花城出版社出版。幾個月後，該書被當局查禁。此時，唯色正在北京魯迅文學院的主編培訓班學習，單位本準備提拔她為副主編。事件發生後，唯色被召回，又因為不願依西藏自治區黨委宣傳部的要求做檢討，被主管單位——西藏自治區文聯將其作離職開除處理，收回了她的住房。這反而使唯色成為一個無拘束的獨立作家，用她的筆紀錄西藏真實的故事。

早期的創作，唯色的意識並沒有那麼明確，她只是一個寫作者，全部的興趣就為寫作，早期詩歌描述的多是虛無縹緲的感受，她在拉薩工作的經歷使她逐漸覺醒：「你會感覺壓抑，隔三差五要政治學習，又有很多的不准。社會現實，讓我從理想和幻想中走回來。」2004年底，唯色與漢人作家王力雄結婚，開始了她的新生活。王力雄對唯色說：「寫詩歌、創作小說，對你的民族是一種奢侈，你的民族有那麼多可歌可泣，悲歡離合的故事，你更應該做的是記錄。」這使她後來的寫作發生了轉向，她要做的是見證，不是虛構，是把真實故事記錄下來，把西藏同胞的人生，把他們的歷史經歷寫成文字，讓外界瞭解西藏人的真實經歷。

書被禁，工作被剝奪，住房被收回，但是思考卻更多了。唯色以前看到西藏有這麼多的束縛和不如意，卻不知為什麼，後來醒悟到，「這都是因為西藏沒有一個真正的自治。我以前生活的甘孜自治州，或者其它自治州，包括西藏自治區，所謂的自治都是有名無實，藏人從來都是被動的。」

唯色寫的《西藏筆記》、《絳紅色的地圖》、《殺劫》、《名為西藏的詩》、《念珠中的故事》，和訪談集《西藏記憶》等，都

真實記錄了西藏及藏人的生活變遷。西方學者認為：「唯色是在用現代傳媒表達觀點方面，中國公共知識份子圈子裡第一位西藏人，第一個把西藏問題從私人談話圈子帶到公共空間的境內西藏人，這對西藏來說意味著一個巨大的突破」。

因為這樣，唯色不斷遭到當局打壓，2006年7月6日達賴喇嘛的七十一歲誕辰，她在博客上表達了對達賴喇嘛生日的祝賀，寫了詩歌，還加上了達賴喇嘛的照片。當時網上有很多支持的跟帖，其中很多是藏人。他們也對達賴喇嘛表達了崇敬。這觸怒了政府，她的兩個博客都被當局關閉。

即使這樣，唯色並沒放棄對達賴喇嘛的崇敬，沒有放棄通過文字來介紹和表達對這位精神領袖的愛戴。唯色表示：「達賴喇嘛在國際上影響這麼大，令藏族人感到很自豪。藏民族人口只有六百多萬，如果不是達賴喇嘛，國際社會可能不知道有一個藏族，因為達賴喇嘛，我們感到特別的自豪。」

唯色繼續她的寫作，她的著作是用漢字寫的，她的博客也用漢文，唯色不僅在藏人中，也在漢人中產生影響。

達賴喇嘛考驗北京的西藏政策

2011年，在流亡藏人社區結束了千百年延續的政教合一，並安排好政治選舉接班的重大事宜後，流亡海外的西藏精神領袖達賴喇嘛卸下政治責任，開始了他有史以來首次沒有政治身份的訪美之旅。美國各界接觸達賴喇嘛，也毫不顧忌中國反分裂的一貫立場，轉趨更為大膽、直接和張揚，似乎要測試流亡藏人社會作出重大改革之後的國際效果。

針對達賴喇嘛訪美活動，北京外交部發言人洪磊再重申，中方

堅決反對達賴喇嘛通過訪問從事分裂祖國的活動，並堅決反對任何外國政府和政要支持、慫恿達賴這類活動。他說，中方的立場是一貫和明確，希望美方恪守在涉藏問題上的承諾，從中美兩國關係大局出發，慎重妥善處理有關問題。但白宮卻不顧北京的反對，總統奧巴馬發出會晤達賴喇嘛的信息。這是奧巴馬上任後第二次會見達賴喇嘛，他們在2010年也曾在白宮會面。

美國國務院發表聲明指出，主管民主與全球事務的國務次卿、同時也是西藏問題特別協調官歐特羅（Maria Otero），2011年7月5日會晤到訪的西藏精神領袖達賴喇嘛，表明華府對西藏的支持。歐特羅在會談中表明，美國強烈支持保存西藏特有的宗教、文化、語言以及保護中國大陸人權；她並且對達賴喇嘛的和平、非暴力承諾以及尋求與北京政府對話的做法，表示讚賞。美國眾議院議長博納（John Boehner）和眾議院少數黨領袖佩洛西（Nancy Pelosi）7月7日也共同在國會會見達賴喇嘛，一連串的高層會晤近年少見。

7月16日，奧巴馬在中國外交部提出嚴正抗議後，同達賴喇嘛在白宮地圖室（Map Room）舉行了四十五分鐘的閉門會晤。據悉，奧巴馬攜十三歲長女馬莉亞（Malia）與十歲幼女薩莎（Sasha），在白宮門口迎接達賴喇嘛，見面時，他告訴達賴喇嘛，大女兒剛過了生日。達賴喇嘛隨即祝她生日快樂。兩個女兒都手拿哈達獻給達賴喇嘛，大女兒還說：「美國有很多總統，但世界上只有一個達賴喇嘛。」

會談中，奧巴馬稱達賴喇嘛退休是一個偉大的選擇，但不忘提醒達賴喇嘛，退下來不能不管西藏問題。達賴喇嘛回答，他作為西藏人，不會不理西藏事。奧巴馬承諾將增加撥款於流亡西藏社會的教育和衛生。

達賴喇嘛於7月5日抵達華盛頓，展開將近二周的弘法之旅，在

當地舉行為期十天的宗教儀式，吸引成千上萬美國民眾參加。他還十分罕有地選擇在美國過他的生日。這位西藏精神領袖在他七十六歲的生日慶祝儀式上說，他「對將政教分離的信念付諸實踐而感到自豪」。

據作者當年早些時候到印度達蘭薩拉採訪及觀察，達賴喇嘛的「自豪」還源自流亡藏人社會近期的一系列變革、變局，正在破解北京既定的西藏政策。北京從來不認同有所謂的西藏問題，只有達賴喇嘛的問題，而負責西藏政策的官員一直以來認為，時間可以解決一切問題，等達賴喇嘛離開人世，北京在中國境內找到轉世靈童，樹立起新的精神領袖，一切盡在掌控之中。而流亡藏人則群龍無首自然成為散沙一盤，所謂的西藏問題可以迎刃而解。然而，有北京的官員表示，達賴喇嘛變局，政教分離並由民選政治領袖，接下來還將進行宗教改革，一旦取消轉世靈童直接指定接班人，北京讓時間解決問題的既定西藏政策的戰略思考將被打破。

達賴喇嘛政教分離，完成了政治接班的改革，是想避免一旦達賴喇嘛不在人世，流亡藏人社會出現政治真空、群龍無首的狀況。而且，西藏流亡社會也達成一致，以後不再稱「流亡政府」，改以「流亡政治組織」，以便於西方承認並捐贈。達賴喇嘛7月1日表示，他離世後由誰繼任的問題中共無權決定。事實上，達賴喇嘛的下一步就會著手宗教改革。在印度達蘭薩拉官邸接受專訪時，達賴喇嘛透露，2011年9月份會召開藏傳佛教高僧會議，商議宗教改革事宜，「不排除會研究轉世靈童的問題」。可能取消轉世靈童也為了避免未來出現內外兩個達賴喇嘛。

這些問題近年一直在達賴喇嘛的思考中，2008年北京舉辦奧運前，就有僧侶向達賴喇嘛建言指定接班人，當時達賴喇嘛還調侃：「你們是否認為我老了？」他不急於去思考這些問題。奧運後，北

京和達賴喇嘛中斷了多年持續的談判，2009年雙方沒有任何接觸。2010年初，達賴喇嘛接受美國媒體訪問時提出，如果大多數西藏人認為可以結束轉世靈童，他願意取消。開始大家認為他只是說說，事實上他已有思考並放風作試探。

對政治裸退反應不一

達賴喇嘛較早就提出處於半退休狀態。我在早前訪問他時就詢問，如果大多數藏人不支持中間道路，他也會放棄嗎？達賴喇嘛回答，如果這樣，就辭職退休了。從長遠看，退出政壇也是達賴喇嘛深思熟慮的決定，而且退意堅決。

在5月份召開的流亡藏人代表大會上，大家對達賴喇嘛執意退出政壇依戀不捨，有人提出達賴喇嘛如英女王、日本天皇般做一個名義上的領袖，達賴喇嘛開玩笑地說：「那你們還要給我找一個王妃。」不管眾人如何勸說，他堅決全退。達賴喇嘛移交政權是一個重大變局，在藏人中形成兩種看法，有開明者認為順應時代潮流，有利改革和西藏發展。但大多數人認為達賴喇嘛移交政權會對西藏帶來麻煩，對解決西藏問題不利。在流亡藏人安全部門擔任翻譯的丹增德丹對作者表示，大部分人是從對精神領袖的深厚感情出發。丹增德丹說：「英國的君主立憲非常適合流亡藏人社會，我看到的局面是，達賴喇嘛改革思考走得快，藏人還跟不上。」

其實，達賴喇嘛出走五十多年來一直在徘徊之中，丹增德丹指出，去年敘利亞、埃及總統下臺對他有影響，「達賴喇嘛不是一個保守的宗教人士，茉莉花革命對他有影響，加快了他變局的步伐」。今年9月召開藏傳佛教高僧大會，達賴喇嘛主動提到將討論十五世達賴喇嘛的轉世問題，丹增德丹表示，過去達賴喇嘛是從不

願意討論這些問題的，「不敢說會有好的結果，但會在是否繼續轉世，還是選舉或者由達賴喇嘛指定，會出現一個框架性的傾向」。丹增德丹讚賞，達賴喇嘛在政治上劃了一個圓滿的句號，並告訴西藏民眾：神可以從神壇上自己走下來；平民可以走上政治教主之位。

達賴喇嘛告訴我，政教分離，走民主之路在他的腦中縈繞已久。小時候，約十二、三歲時，還沒有承擔西藏的政治責任之前，就對西藏一些執政的方式有意見，包括當時西藏的攝政和一些高層領導人解決問題的方式，特別民眾有疾苦的時候，沒有辦法完全地把他們的意願表達出來。那時，跟達賴喇嘛說攝政不是很公正或者當時的官員很不公正的，卻是打掃清潔的清潔工。「我小時候，和身邊的清潔工和服務人員都是有話直講，但是一到公務員的時候，公務員就比較不會講。」說這番話時，達賴喇嘛一臉嚴肅，很認真。

達賴喇嘛十六歲開始承擔了西藏的政治責任，1952年時成立了西藏的改革局，希望進行一些改革。以人大副委員長的身份參加了北京的全國人大會議，1956年到印度，看了印度的國會，覺得北京人大跟印度的國會開會的方式及氣氛完全不一樣。1959年以後，達賴喇嘛流亡到印度，他表示，當時跟總理尼赫魯見面，有時意見非常不合，但因為印度實行民主制度，「我對他發表不同意見的時候沒有任何憂慮，也沒有任何恐懼。由此，我對民主的感受是非常的深」。年屆七十六歲，達賴喇嘛認為，自己「未來十年二十年，甚至能活三十年，局勢會發生什麼，很難講。我還是有這個願望或是信心，在我的一生中，能夠進入西藏，我相信團圓的時刻會實現」。

他們一直說我是魔鬼
——第六次專訪西藏精神領袖達賴喇嘛

專訪時間：2011年5月

他們一直說我是魔鬼，魔鬼的行程就不必要告訴他們了。
1979年我給鄧小平寫過一封信，後來給江澤民也寫過，那個
時候還沒說我是魔鬼，那時候魔鬼的角還沒有長出來，2008
年的時候魔鬼的角就長出來了。

——達賴喇嘛

*以下訪談，達賴喇嘛簡作達賴

作者：你在何時想到要實行民主制度？

達賴：1960年開始，西藏流亡社會就開始實施民主了。十年
　　　前，我們流亡政府的行政首長就由民眾直接選舉產
　　　生。從此以後，我就對外公開地講，我就是半退休狀
　　　態。直選首席部長之前，基本上每個禮拜部長們都會
　　　跟我見面，召開會議。民選行政首長以後，見面和討
　　　論問題就變成了偶爾一次，不定期的。所以說明所有
　　　的責任都由他們在承擔。這次是第三次的首席部長選
　　　舉，這次跟往常的兩次都不一樣，這次選舉比較激
　　　烈，也就是說民眾的參與度非常高，民眾非常熱情，
　　　我個人看到這種選舉氣氛也比較滿意，所以我覺得完
　　　全退休的時間就到了。

作者：我們還看到，這次首席部長不是宗教人士，是在意料之中嗎？

達賴：我覺得，高級僧人領導執政的時代已經結束了。從第五世達賴喇嘛開始到現在，將近四百年的達賴喇嘛作為政教領袖的時代結束了。我不管到世界哪一個地方，都一直公開地表達：政治的領袖跟宗教的領袖一定要分開，政治的制度跟宗教的制度也一定要分開。我這樣表達，也這樣呼籲，自己卻擔任宗教領袖的話，是不行的。幸好到目前為止，還沒有人指責我：「你是什麼？」

作者：退出政壇會否降低你的影響力？

達賴：不管怎麼樣，由達賴喇嘛領導西藏宗教跟政治的制度，未來一定會發生變化。如果未來這種制度，到了不得不改變，而且是被迫改變的話，我覺得我損壞了過去幾世達賴喇嘛的聲譽。現在我可以大膽地講，百分之九十九的西藏人還對我有信心，還會信賴我。雖然最近北京《環球時報》說只有百分之九的人信賴達賴喇嘛，但我自己覺得有百分之九十九，除了藏人以外，在世界各地還有很多的人喜歡我、支持我、讚賞我的風格。這個狀況下，我自願把政治責任卸下來，覺得是個很好的方式。

作者：政教合一在民主時代的主要弊端是什麼？

達賴：如果制度不分開的話，我是西藏的最高宗教領袖，我去執政，別人去批評我執政的方式，他也在批評這個

上師，這對民主是阻礙。一方面因為宗教的原因，民眾可能會減少他要承擔的責任，這也是一個阻礙。我曾經講了一個概念，世界屬於世界人民，中國屬於中國人民，任何一個地方，它都屬於這個地方的人民的，人民要參與執政，不可能大家都去當總理，最好的方式就是投票，去支援心目中最理想的人，選出來的人作為領袖，這個人應該有時間的限制，不能無限期地做下去，時間到了，如果做得好，我們選他繼續做下去，如果做得不好，我們就換一個。這樣人民才是真正當家作主了，人民成了這個地方的執政者。這是一個手段，實際上在反映民眾執政的參與權。比如說佛陀，他曾經在必修的戒律中有明確的規定，在要出家成為僧人的時候，有一百多條戒律，這個戒律不是一個人獨斷地去做，而是在受戒的時候有四個以上的僧眾聯合去授戒，這個是比較民主的。在佛教的教理來說，民主跟佛教的戒律是吻合的。

作者：北京有文章指，政教合一的建立是西藏地方政府和北京政府從屬關係的建立，取消政教合一是否取消了這種從屬關係？

達賴：這個不完全正確，不是這樣的，比如班禪大師和大寶法王，他們過去也做過皇帝的老師，皇帝的座前也有過一些經綸，皇帝也給過他們一些頭銜，但是他們不是西藏的政治領袖。但是這個最大的區別是，過去歷史上的皇帝全都是虔誠的佛教徒，因為信仰而跟達賴

接觸，比如乾隆皇帝還穿著袈裟。現在的執政者，共產黨認為宗教都是毒藥。在宗教上，中央政府對宗教的政策非常嚴格，打壓得很嚴重。中國政府說宗教是毒藥，是不好的，但這個政府來干涉宗教很奇怪，跟原來的滿清皇帝有很大區別。如果共產黨現在講所有的轉世都不能轉世，它有道理，因為它不相信，它認為宗教是毒的，但是如果它這樣認為卻還要干涉轉世的話就很奇怪了。

作者：有人說你的退休是權宜之計，為了確保以後不出現真空，不讓共產黨鑽空子？

達賴：西藏人有一個諺語，兔子怕天掉下來，一直躲在石頭後面，就是「杞人憂天」。我這個是不是權宜之計，還是陰謀詭計，你們可以慢慢觀察。達賴喇嘛的制度是會存在的，跟我的退休沒有關係。第一世達賴喇嘛，二世三世，完全是宗教領袖，我的想法是，第十四世達賴喇嘛的餘生就是要做一個完全的宗教領袖。關於達賴喇嘛的轉世部分，我們也會在印度定期或不定期地召開藏傳佛教的高僧會議，過去也有談過達賴喇嘛的未來，大概兩三次，特別以達賴喇嘛轉世為議題，但沒有做決定，今年年底之前，我們會再開會討論這個問題，要聽高僧的意見。

作者：有些人有疑問，達賴喇嘛會不會繼續支持轉世靈童？靈童會在國內還是海外？這在北京看來是個政治問題。這些是否會引起討論？

達賴：最近，一個禮拜以前，我在美國紐約的大型研討會，有個法國記者問我關於轉世的問題，我當時有回答一些。我問他，你看看我的氣色，轉世應不應該馬上去辦？他說，沒有，不用馬上。如果從現狀來講，我在現階段如果沒有，那麼我想絕大多數西藏人希望有轉世。但未來我相信這個都會發生變化，包括中共的觀點想法，也一定會發生變化。我現在經常提，十三億中國人有權利瞭解事實的真相，我相信十三億中國人瞭解事實真相以後，有分辨對錯好壞善惡的能力，我認為為了讓大家瞭解真相，社會決策的機制、透明的機制很重要，而且媒體的自由也很重要。我覺得一定會發生一些變化，你看溫家寶總理一直在強調政治體制的改革，但有的人跟我講，這跟達賴喇嘛表演一樣，是一種表演。

作者：很多西藏人希望達賴喇嘛半退休，但您堅持全退，有沒有考慮會影響西藏問題的解決？

達賴：從鄧小平開始，我們接觸已經三十多年，我一直在承擔責任，但沒有任何實質性的職務。我除了變成一個他們譴責和辱罵的對象外，什麼都沒有。所以全部退下來的話，他們譴責的目標就模糊了。西藏這解不開的迷，我們一再努力，北京政府似乎閉著眼，自己覺得應該達成它的願望，不理不睬我們真誠的表達。我個人比較擔心的一點是，境內的西藏人希望我回到西藏，有的老年人希望在他們過世之前能夠見我一

眼,另一個在中國內地有很多佛教徒,我昨天見了十幾個,很多流了眼淚,他們說:達賴喇嘛不要忘記我們。境內和國內一些相信我的佛教徒,他們想見我,但我不能回到境內。之前我沒有提我個人的任何意願,未來我也不會提,不會提什麼前途問題。

作者:退休後還會不會繼續跟北京對話?

達賴:只要是對解決西藏問題有利的,我一定會努力,但怎麼去做,主動權不在我們,在北京政府,因為我們所做的一切,北京都說是錯的。在最近洛杉磯一個人權的會議上,有一個西藏自由組織的學生問我未來怎麼跟北京打交道去解決西藏問題,我說我們一直在努力,但一直沒有實質性的結果,我們現在就要向中國的人民、華人、學生、留學生、知識份子去訴說我們的理念,不尋求西藏的獨立,我們不分裂中國,我們尋求西藏真正的自治,在憲法框架之下,藏族的自治州自治縣,需要公平統一的權力,這就是我們的要求。在明尼蘇達,我見了人概一百個中國留學生,互動很好。過去的兩三年之前我也見了很多學生、學者、知識份子,溝通得也很好,所以我們現在的方向就是多跟他們接觸。您來過多次,我們的一些想法,都開誠佈公地跟你講,通過《亞洲週刊》刊登出來,這對跟民眾,尤其是有獨立判斷的民眾溝通有好處。將西藏真正的狀況讓更多中國人知道,這是很重要的。

作者：你曾說遇到重大的事情，會跟中央領導人寫信，這次
　　　改革有給胡錦濤寫封信嗎？
達賴：這次沒有寫信。他們一直說我是魔鬼，魔鬼的行程就
　　　不必要告訴他們了。1979年我給鄧小平寫過一封信，
　　　後來給江澤民也寫過，那個時候還沒說我是魔鬼，那
　　　時候魔鬼的角還沒有長出來，2008年的時候魔鬼的角
　　　就長出來了。

第十章
西藏自焚與幕後路線之爭

　　陳全國任西藏書記後，批出上萬護照予藏人赴印參加法會，展示開明，但遭強硬派質疑。西藏寺廟推「九有」工程，掛領袖像，局勢緊張。四十位藏人自焚，藏人強硬派宣稱非暴力「中間道路」已死。不過胡錦濤定性與達賴是「特殊矛盾」，留下解決問題空間。

　　火球吞噬著人身，在呼喊聲中翻滾後倒下。連續出現藏人以自焚滅生命表達不滿，受全球矚目。從2009年2月27日四川省阿壩州阿壩縣第一起自焚，至2012年5月27日在拉薩發生的兩起自焚，已有四十位境內外藏人自焚，其中二十六人因嚴重燒傷而死亡，自焚事件大多集中在2011年。時至今日，以生命作抗議的藏人似有增無減。北京和達賴喇嘛除了相互指責，並沒有對自焚者作出措詞強硬的勸阻和有效阻止的措施。西藏將往何處去？西藏路線針鋒相對，一直走在十字路口。

　　中國境內藏區自焚事件不斷，政府對這樣極端的行為表示痛惜和遺憾，另一方面對「達賴集團」在海外煽動鼓勵自焚表達憤慨和強烈譴責。而達賴喇嘛在印度接受訪問時反指，這樣的極端事件是地方政府高壓政策逼出來的，先前宣稱已經退休的達賴喇嘛甚至擔憂，境內藏人的抗爭會越來越走向激進。

　　達賴喇嘛退出政治舞臺，結束傳統的政教合一，也使非暴力解決西藏問題的主張進入低潮。曾經九次代表達賴喇嘛與北京進行會談的甲日‧洛迪和格桑堅贊兩名特使日前向西藏流亡政府請辭，

流亡政府稱是因為局勢緊張與和談無望。2012年3月，在達蘭薩拉訪問達賴喇嘛時，他對我表示，對流亡藏人的新領導「我說現在沒有什麼談判了，達賴喇嘛的特使還要不要，希望你們去討論」。事實上，北京正處於十八大前的交接，中央的談判代表、主張對藏強硬的統戰部常務副部長朱維群也已退任，過去一輪談判無疑壽終正寢，北京和達賴喇嘛處於何去何從的期待中。而流亡藏人中強硬派則乘機宣稱非暴力的「中間道路」已死。

北京奧運後中斷兩年的談判，北京和達賴喇嘛大多隔空對峙。2011年12月初，正在德國訪問的中共中央統戰部常務副部長朱維群於柏林舉行媒體座談會時表示：「達賴集團煽動欺騙別人自殺，而且居然搞成了若干例，是不是表明他還有力量呢？我認為不表明他有力量，相反表明他的虛弱與無奈，表明這個集團已經是窮途末路。」他認為，達賴集團把四川發生的自焚事件描繪為藏民族處於「悲慘的境地」，實際上是惡意的炒作和蓄意製造社會緊張空氣。並指，自焚事件涉及四川的四座寺廟，而西藏和其他藏區共有藏傳佛教寺廟3,542座，僧尼人數共十四萬。所以，絕大多數的僧尼沒有參與這個事情，而且是採取譴責態度的。「如果說有誰陷於『悲慘的境地』，那恰恰是達賴集團自己」。

定性「特殊矛盾」

不過，2010年，在北京舉行的第五次西藏工作座談會上，胡錦濤總書記講話中沒有定性與達賴喇嘛是「敵我矛盾」，而是「特殊矛盾」，使得解決西藏問題留出很大空間。

2016年，陳全國替換張慶黎出任西藏自治區黨委書記，年底正值達賴喇嘛在印度佛教聖地菩提迦耶舉行第三十二屆時輪金剛灌頂

法會。藏區自在2008年收回藏人護照限制出境後,首次批出上萬大多年齡在六十歲以上的藏人持護照赴印度參加法會,此舉被海內外藏人譽為陳全國的開明之舉。但事後卻遭到強硬派的質疑,參加法會的藏人返回西藏,遭遇「秋後算帳」,被強制參加「學習班」。光拉薩就有七、八個「學習班」把所有參加法會的藏人關在那裡「學習」,其中大多是六十歲以上的老人,甚至年過八旬的老人也要「洗腦」。

隨後,政府又在西藏全區寺廟推行「九有」工程,除了要有水有電,每個寺廟還要有「領袖像、國旗和黨報」。但這並沒有遏制自焚現象。5月27日再有兩名青年男子在拉薩的大昭寺前自焚,其中一人身亡,首次將自焚燃燒至西藏拉薩。新華社報導指,這是拉薩首度發生類似的抗議事件,警方在事發後數分鐘內撲滅火勢,其中一人死亡,另一位名為Dargye的男子則被救回。5月30日下午三點左右,藏東壤塘縣一名西藏婦女自焚,並當場死亡。

與此同時,中央電視臺製作《達賴集團與自焚暴力事件》專題片,描述藏人自焚事件。中國外交部在談及上述問題時指出,自焚屬於「變相的暴力和恐怖主義」,指責「達賴喇嘛和西藏獨立人士美化自焚事件,煽動更多的效仿」。而網路評論則稱:如果除去畫外音及字幕,專題片卻似對政府施壓的控訴。

流亡藏人對自焚現象也爭議不斷。印度3月的一個周日,丹增曲給清晨出門從羅布林卡趕到示威地參加活動,四歲的孩子還在酣睡。端坐在印度北部山區達蘭薩拉小鎮中心廣場,她和一些藏民一起絕食一天,這是藏青會組織聲援其三位成員在聯合國總部絕食二十六天的活動,並哀悼近來用生命抗爭的逝者。丹增曲給,是流亡藏人的第二代,生於斯,長於斯,曾在南印度大學讀社會學,又到美國讀了六年法律。丹增曲給有親友在西藏。從來沒有去過西藏的

她，把在藏區生活的藏人形容得如生活在地獄般。她對作者表示，十五歲起就參加社會活動，現在是藏青會的秘書長，看到不斷有人自焚，寶貴的生命被火焰吞噬，心裡很難過。帶著一瓶水，她選擇以絕食方式聲援，回家還會把這些故事講給孩子聽，讓他知道媽媽在做什麼。

每年3月，註定是藏區難以平靜的時刻，3月10日、3月14日分別是1959年、2008年兩次藏人騷亂事件的「紀念日」，每當此時政府即加強藏區的維穩力量。儘管有目共睹藏區正欣欣向榮、政府為維穩作出努力，但仍然擋不住境內外藏民不間斷抗議帶來的困擾。達賴喇嘛去年宣佈退出政壇後的第一個3月，境內藏民不斷以自焚殘害生命的方式表達不滿，境外藏青會成員則「上訪」到聯合國，在聯合國總部門外連續二十多日絕食。這些藏民在達賴喇嘛退休後，用更為激烈的抗爭方式以圖引起國際社會的注意並向中國施壓，讓經歷了五十多年前達賴喇嘛出走西藏後曾經有過的藏人武裝對抗，到上世紀七八十年代後時而出現的集體抗爭，目前又轉入到個體自殘進而影響群體的形式。

連續發生超過三十起藏人自焚事件，這些年輕僧尼以極慘烈的方式走上絕路，令人震驚和痛心。中國外交部發言人批評指：藏區的自焚事件與達賴集團在境外鼓動及策劃有關，達賴集團鼓動自焚是違背佛教教義，亦挑戰人類道德底線。哲蚌寺格魯派佛學博士久美昂秀則針鋒相對指：自焚者並不違背佛教教義，「佛陀說過，為了法獻出自己的生命。為佛法不傷害他人，唯有傷害自己」。

總部設在印度達蘭薩拉的藏青會極力否認是自焚的鼓動者。副會長頓珠拉達向我表示：「西藏境內發生的事，青年會沒有任何鼓動，也沒有必要作這樣的煽動。」不過，頓珠拉達否認自焚行為代表著失望，「我們認為，他們是為追求、理想獻身，不是簡單的無

奈之舉，是最高的獻身精神，藏青會予以肯定」。頓珠拉達坦言，在聯合國總部前的絕食行動是藏青會安排的，提出包括在聯合國監督下派調查組到西藏、撤走軍警、開放採訪等五大要求，就是要向國際社會傳遞爭取權益的訊息。

抗爭從集體轉向個體

奧運會之後，北京和達賴喇嘛代表的談判已經中止了兩年之久，去年達賴喇嘛決意退休，頓珠拉達認為，北京沒有正面回應「中間道路」，這條路已死，如今藏人的抗爭到了一種新的階段。其特點是：

藏人抗爭的形式從集體轉向個體：2008年3月拉薩暴亂，抗爭是一種集體行為，如今政府對藏區控制很嚴，藏人聚集就會被驅散，改以單個自焚形式達到更多人參與的目的。同仁縣一名藏人自焚身亡，觸發當地藏民數千人參加葬禮發生衝突。

抗爭形式從顯形到隱形：集體式的絕食遊行在武警林立的看管下已經不可能了，藏人化整為零，個體自焚往往是突然冒出，令人措手不及。

抗爭人員從普通藏民發展到喇嘛僧尼：自焚者不少是出家人，在聯合國總部參加絕食的三位藏人中有一個是喇嘛。頓珠拉達稱：「這種情況近年少有，層次高、針對性強、有突破性。」

但這樣的所謂針對性、突破性大多以生命為代價，隱藏著很大的危險。達賴喇嘛在接受訪問時被問到：「佛教徒不殺生，現在傷害自己，你是否擔心，發展下去會不會更進一步傷害他人？」達賴喇嘛回答說：「不擔心是假的，曾經在拉薩發生一起爆炸，是在無人的建築中，在四川藏區也發生一起，爆炸物件是建築物。但未來

會不會以人為物件？所以的確有擔心過。因此，我一再提醒大眾，我們的原則是非暴力，這句話一直反復地在講。

「自焚不是絕望是政治要求」
——專訪流亡藏人首席部長洛桑僧格

專訪時間：2012年3月

我們真正的主人在西藏，我幾次呼籲不僅不要自焚，也不要面對面的衝突。面對面被抓、被關、受苦，吃虧的是藏人。自焚出現時，開始我認為藏人絕望了，但自焚越來越頻密後，我又有了新的看法，這不是一種絕望，而是一種政治要求，他們將以這種方式來達到政治要求。

——洛桑僧格

洛桑僧格為藏區自焚者痛心，努力將逝者的要求傳遞到世界各個角落。他期待十八大換屆後新領導人的新思想，但同時也認為中國領導人中保守者的執政時間都比較長。

達賴喇嘛宣佈政治退休後，留美哈佛學者洛桑僧格成為第一位民選流亡藏人首席部長，也是政教分離後首位流亡藏人非僧侶政治領袖，他的出現，讓流亡藏人在政治民主化和世俗化邁出了重要的一步。3月中旬，他正在參加為期二周的流亡藏人議會大會，用周日休息時間，在印度下達蘭薩拉一家簡陋的印度餐廳內接受作者的訪問。

餐廳門口擁擠著一大堆人，圍著一個小窗戶，這裡是達蘭薩拉的火車售票點。流亡藏人的政治領袖輕車簡從出現在這兒，兩位隨從包括司機、秘書在餐廳門口靜候著，洛桑僧格正在餐廳內與印度地方官員談事。送走印度官員，洛桑僧格來到餐廳一角，自己要了一杯飲料，把外套往椅子上一搭，開始接受訪問。比起他的前任，民選又非僧侶的洛桑僧格一切都顯得隨意。這時，洛桑僧格哈佛大學就讀博士時的導師夫婦走進餐廳，洛桑僧格趕緊起身去招呼他們到一邊入座。

　　儘管正值議會質詢期間，議員們猛烈批評洛桑僧格半年執政什麼變化都沒有，但洛桑僧格在議會的總結報告中講，去年3月份至今，達賴喇嘛完全退出政壇已經一年了，過去西藏民眾很擔心達賴喇嘛退出政壇後的局面會怎樣，大家很擔心，勸說達賴喇嘛不要退出。「但一年來看，很穩定，民眾認同達賴喇嘛的決定，國際社會表現越來越多的肯定。」上任幾個月，洛桑僧格會見了上千來自西藏境內的民眾，藏民們用唱歌、繪畫、唐卡的方式表達對洛桑僧格的讚頌。洛桑僧格表示，這是達賴喇嘛實施的民主制度得到民眾支持的驕傲。洛桑僧格為西藏境內不斷出現藏人自焚事件擔憂，但他認為，自焚者表達的是政治要求。「自焚者都是四十歲以下，他們出生在共產黨所講的天堂裡，都沒有見過達賴喇嘛，也沒有見過西藏過去的舊制度。願意獻出自己的生命，都是為了西藏的未來，瞭解和認識到西藏命運的苦難。」以下是訪問的主要內容：

作者：上任幾個月，遇到問題，你會去請示達賴喇嘛嗎？

洛桑：政治上、法律法規上達賴喇嘛的政治權責完全交給民
選的領導人了，在晉見達賴喇嘛時，他會說，這些事
情完全應該由你們自己討論決定。但是，在印度五十
年，加上在西藏六十年，有豐富的經驗，有時候遇
到問題，我會請示達賴喇嘛給我們一些意見。到目
前為止，大部分他都說，你們自己討論，自己可以
決定。

作者：最近的大事件是西藏境內的僧人自焚，對流亡領袖是
否是一個考驗？這個問題上與達賴喇嘛是否有一個共
同的意見？

洛桑：西藏境內的狀況很嚴峻，這個問題沒有跟達賴喇嘛討
論過，作為流亡藏人行政組織，我們把一些資訊遞交
達賴喇嘛，他是我們的精神領袖，請他祈禱，讓他為
逝者安魂。去年3月份自焚頻繁開始，4月份行政組織
討論，然後議會討論，沒有去和達賴喇嘛商談如何面
對。但我們把決定給他。

作者：如何去解決或者面對，有沒有一個意見？

洛桑：去年的10月10日，我們跟議會共同發表了一個聲明，
之後在美國《華盛頓郵報》我發表文章，今年1月26
日我發表了一個聲明，包括今年3月10日的講話，我
們都講得很明白，不僅不鼓勵用這種方式去抗爭，而
且呼籲他們不要用此方式去抗爭。為什麼我們的呼籲
不起作用，原因很清楚，是中共強硬的做法越來越嚴

重。如一個藏人奮起抗議，馬上會遭到拘押，甚至被槍殺，西藏人連抗議表達不滿的自由都沒有，很多藏人只能對自己下手。我們在聲明中講了，最好阻止自焚的方式是中共檢討對西藏區實施的強硬方式。

作者：看起來是個人自焚單一事件，是否是藏人抗爭到了一個新的時期？

洛桑：我們真正的主人在西藏，我幾次呼籲不僅不要自焚，也不要面對面的衝突。面對面被抓、被關、受苦，吃虧的是藏人。自焚出現時，開始我認為藏人絕望了，但自焚越來越頻密後，我又有了新的看法，這不是一種絕望，而是一種政治要求，他們將以這種方式來達到政治要求。

作為一個人、一個佛教徒、一個藏人，我個人看到這些事情發生後，非常痛心。他們付出珍貴的生命很不容易，但很希望找到另外一種方式來表達要求。有時我內心天人交戰。但我也非常擔心，他們以生命為代價的呼聲被消音。我覺得有責任將他們的聲音傳遞到世界各個角落。

作者：作為藏人的政治領袖，僅將逝者的聲音傳遞是否還不夠，如何實現他們的要求是否更重要？你會怎麼做？

洛桑：你講的沒錯，我分兩個階段，他們的要求聲音讓世界聽到這是我義不容辭的責任，如果連聲音都沒人聽到，要實現要求是不可能的。另外，要各方面的因素齊全，他們的要求才有可能實現。要求的內容也很重

要。達到這個內容，我的主張一直沒有變，在我競選時提出的堅持中間道路一直沒有變，以和談的方式解決問題。一定要由我們與中國政府用中間道路的方式來討論，得到國際支援，我覺得這些都是很重要的。

作者：如果再啟動和談，有什麼要求和條件？

洛桑：以中間道路談判的聲音，最近這兩年越來越小，需要反思。最近我出席議會討論，大家都在討論，為什麼支持中間道路的聲音小了。我們願意和談，而且最希望通過和談來解決問題，現在問題的關鍵是，中共對和談及解決問題是否一致。我們希望和談，最主要是要解決問題。過去九次的談判，加上八十年代開始，加起來三十年，我們的對象主要是統戰部，一直沒有結果的原因，就是卡在統戰部。事情變得越來越負面。

作者：三十年來，據瞭解還是有蜜月期的，如鄧小平與嘉樂頓珠見面後，這裡也派了一些代表團進去，你有沒有信心仍然促進談判？

洛桑：我個人當然有信心，曾經有個中國的知識份子，他講過，西藏問題，如果有個開通的人想通了，就馬上可以解決，我也這麼認為。統戰部是極少數的人，所以，中國有人願意面對這些問題就容易解決了。我有信心可以通過和談來解決問題。

作者：接下去中國十八大換屆，你對新領導有什麼期待？

洛桑：一個新人上來，應該有新的思想、新的施政方針等，換一個人是我們可以期待的。但我們從中國過去近幾十年的歷史來看、領導者的思路來看，反而是比較左的人施政長於開放者，雖然你講，胡耀邦、趙紫陽這些人較開放，但執政時間都較短。我們擔心，往往是那些保守者執政時間都較長。

作者：過去，北京只同達賴喇嘛談判，達賴喇嘛退出政壇，他的特使再談政治問題，是否有點不符合邏輯？

洛桑：我們不是很注重形式，關鍵是北京有沒有意願，如果可以達到目的，形式不是主要的。我們的流亡藏人憲章上有規定，他雖然不是政治領袖，但作為宗教領袖，仍然可以認定特使。代表達賴喇嘛也是代表全體西藏人。原來去談判的都是達賴喇嘛的特使，但指導的都是流亡組織，談判回來，先向流亡組織首席部長彙報。

作者：你是務實的？

洛桑：到了政府以後，看到很多教條主義的做法，我不管以前，我要按照當前的去做。一個新的人上來，有不一樣的特點，我是務實的。過去十六年在哈佛大學時，與漢人對話，我認為是必須的。不惜對話，會找到共同點，作為務實的人，往往希望他的對手也務實。中國文化講尊重儒家文化，就是務實文化。

達蘭薩拉的藏人在減少

2008年北京奧運後，流亡藏人社會有不小的變化，而常態化抗爭有從境外向境內轉變的趨勢，是其中一個明顯變化。以往最多時，每年都有三四千藏區的藏民翻越喜瑪拉雅山來到達蘭薩拉，而近年情況有變，每年從藏區來的藏民僅數百人。北京放開外出藏人可以申請返回的政策，不少流亡藏人長期在達蘭薩拉生活，無法申請前往西方國家，轉而紛紛申請回國，達蘭薩拉的藏人在逐年減少。流亡西藏政策研究學會研究員丹增德丹指出，達蘭薩拉現在的印度人越來越多，很多商店、酒店都被印度人買去了。他認為，境外藏人的抗爭能力在削弱，「年輕人都熱衷拿外國護照，已沒有什麼希望了，而境內藏人的民族意識越來越強，抗爭有一個境外向境內轉變的趨勢」。

每逢有自焚事件發生，流亡藏人政治犯組織執行會長李科先都領著他的組織成員手拿蠟燭一起禱告，看著一個個生命逝去，深感難受。他表示，實在沒有什麼可以做的，真不希望西藏民眾以這樣的方式來爭取民族尊嚴。「雖然這些自焚者應該得到尊重，但我還是希望有辦法可以阻止任何以生命為代價的行動。境外的藏人除了悲傷，似乎不知道可以為他們做什麼。但我擔心抗爭會走向極端。」李科先認為，只有達賴喇嘛才有這種停止自殘的號召力。

看到不少藏人不斷走向生命的極端，有人希望達賴喇嘛出面呼籲珍惜生命，也有人認為達賴喇嘛沒有權力也沒必要這樣做。但站出來呼籲珍惜生命的藏人，往往受到激進藏人的批評。丹增德丹認為，達賴喇嘛政治上退休，但影響力還在，達賴喇嘛有幾方面情況需要評估，一是他已經退休，沒有這樣的責任；二是即使出面呼籲，也只能解決一時的危機；三是可能不起作用，反而北京會說是

達賴喇嘛的陰謀。「最好的辦法是中共與達賴喇嘛達成某種默契，重新開啟和談，實際解決一些問題，包括讓達賴喇嘛回國。」

藏民中的極端問題最好由達賴喇嘛發揮影響力；西藏問題最好的解決方式是談判。但在訪問過程中，達賴喇嘛數次推說已經退休，不再過問有關政治的問題，他表示：「現在主要享受社會民主及承擔宗教方面職責。」他也在多個場合表示，講真心話，北京不要聽，又不願意講違心話，唯有閉嘴。與過往數次接受訪問比較，這次達賴喇嘛明顯以退休為搪塞，並表示出遺憾和失望。

說不定我那顆失望的心會慢慢恢復起來
——第七次專訪西藏精神領袖達賴喇嘛

專訪時間：2012年3月17日

人大的記者會上，他（溫家寶）非常清楚的提到了政治體制改革，講得很具體，第二天薄熙來被趕下臺了。溫家寶是否有很大的膽量，他的講話是否發自他的內心？習近平執政，他能夠面對事實，說不定我那顆失望的心會慢慢恢復起來。

——達賴喇嘛

*以下訪談，達賴喇嘛簡作達賴

作者：近期自焚的主要原因是什麼？

達賴：我去年將政治權力移交給民選首席部長，我不過問了。去年11月，在日本訪問，就有記者問到自焚的

事，我認為，這件事是悲哀的，關鍵是要尋找到原
因。所以中國政府光說這事件由外面操控，不解決問
題，說不定有一天講，中國內地的騷亂也是達蘭薩拉
挑動的。尋找原因才是重要的。

作者：你不同意北京指是「達賴集團」的操控？

達賴：溫家寶最近一直在講政治體制改革，這個基礎應該是
實事求是的原則。我認為，在西藏發生的事情，應該
實事求是面對。網路上有個藏族的黨員發表公開信，
提到2008年3月，阿壩發生抗議事件後，軍警跑到格
爾登寺院中的護法廟，把所有供養給護法神的刀槍集
中起來，指責是作亂恐怖的證據。依藏民習俗，承諾
一輩子不打獵，就把刀槍供給護法神，這明明是藏民
供奉給護法神的刀槍。進入寺廟的公安武警可以欺騙
領導，欺騙部分外地民眾，但欺騙不了全世界。2008
年西藏事件發生後，溫家寶在記者會上定性，說是達
賴喇嘛集團有計劃、有組織、有預謀的暴亂活動。我
也公開講，希望中國政府專門派人到達蘭薩拉，我們
公開所有的資料、所有的檔案，包括達賴喇嘛對西藏
新來人的每一次講話。

作者：自焚者喊的口號，有要宗教自由、有要達賴喇嘛回來、
也有要西藏獨立的，依你的判斷究竟是什麼原因？

達賴：前任黨委書記陳奎元到西藏後，他的施政方針變得非
常強硬。我見到一些西藏大學的學生，他們說，課本
中原來一些藏語課文被刪除了。西藏的名家及印度龍

樹菩薩的著作等原來都有，陳奎元來了後，所有的課程都用漢語。接下來很多打壓讓西藏人覺得變成新的文化大革命。繼任張慶黎從新疆建設兵團來，剛到西藏就開了內部會議講了，該抓的抓、該殺的殺、該關的關。會議後馬上有人打電話給我們，之前沒有一個書記如此強硬。所以西藏人民這樣痛苦和悲憤的情況是來自這類書記非常強硬的做法。新任書記陳全國在黨員幹部會議上講，維護穩定要處於臨戰狀態。如果是針對少數人，你不需要臨戰狀態。今年有很多西藏人來參加我的法會，他們說，現在的拉薩已經變成了大監獄。

有個中國作者說：「在拉薩，漢人比藏人多，軍警比僧人多，監控鏡頭比窗戶還多。」我這樣講，也許他們不高興，但實際上這些麻煩的製造者是中國的官員。我個人覺得，地方的很多官員為了政績，在欺騙他們的領導。

作者：現在需要面對的是如何解決問題，有什麼看法？

達賴：結束這種問題的做法，我早就提到中國民主化的改革，中國民主化當然不可能一夜之間發生，一夜變化說不定會動亂。所以要在黨的領導之下，民主要循序漸進去做。最近溫家寶也講了。然而我也講，共產黨這樣做了，慢慢退休了，他的歷史是光榮和了不起的。但講真話他們不高興，我跟一些北京朋友講，我講真話你們不高興，假話、謊言我不能講，唯一的方

法就是閉嘴，閉嘴就好了。

作者：雖然達賴喇嘛已退休了，但願不願意與中央政府在遇到嚴峻問題時尋求協商解決？

達賴：我在最近一段時間跟藏人政治負責人在內部談話時講得很清楚，關於政治問題，我不參與了，一切決定不要來問我了。但我也對他們講，中共對西藏的狀況需要有一個實事求是的反思，他們如果認識到現在的做法存在錯誤，認識到現在高壓強硬的做法是錯的話，作為一個藏人，我的出現、幫助、參與有益的話，我會努力的。現在關鍵是，我個人誠心誠意努力了三十多年，基本上都是浪費。

作者：現在問題很嚴峻，幾十個生命消失了，都是達賴喇嘛的信眾，有沒有更好的辦法阻止這種行為嗎？

達賴：呼籲也沒有用，不起作用。最好的辦法是實施權力的北京當局。我在很遠的地方，只是聽到一些消息，但具體做的是北京當局。共產黨的講法是，只要有一個人喜歡共產黨，他就會說，人民，這代表人民。有百分之九十九的人不喜歡共產黨，他會說是少數的分裂主義，是魔鬼，是魔鬼的追隨者。（笑）

作者：北京與達賴喇嘛的談判中斷有兩年了，現在如果有人還提出來要跟「魔鬼」談判，這是否是解決問題的好途徑？

達賴：我覺得沒有什麼作用，我剛才講了，首先要到當地去改變對西藏的做法。如果現在西藏的問題如此嚴峻，

即使北京派一個代表團來，我跟他們見面。別人會怎麼看，西藏問題這麼糟糕，我跟北京代表談什麼？

作者：你說作為藏人，也可以為解決西藏問題努力，你能在當中扮演什麼樣的角色呢？

達賴：不要以任何政治的身份，有了環境和氣氛，首先可以到中國去朝聖，見很多佛教徒。如果不能去中國大陸，可以先到香港弘法，純粹以宗教的方式，一步一步去推一些事，我覺得是可能的。我去香港，見一些佛教徒，去弘法，讓他們瞭解，達賴喇嘛不是一個壞蛋，我個人方面，覺得也是一個基礎。比如說，這就是解決問題的基礎，要解決大問題，一定先要有一些基礎。我最大的擔心不是政治上，是西藏的文化和宗教的邊緣化，最後被滅亡。西藏的文化和宗教不僅是對西藏人的，對漢人、對整個世界有積極作用的。保持西藏的文化和宗教是責任。在這個狀況還沒有改變前，我怎麼去和中國政府合作？

作者：國際上都很關心西藏嚴峻局勢，國際的關注是否有助解決中央與西藏的關係？

達賴：你看最近的敘利亞事件，雖然有國際壓力，但沒有效果，美法英等國家出了很大的力，但因為中國、俄羅斯的反對而沒有很大的效果。現在唯一的是他們在批評，在罵中國和俄羅斯，沒有效果。但回到事件的原點，敘利亞的領導人不可能長期維持下去。但是，我想大家知道是遲早的事，但中國還是支援敘利亞，這

種情況我不明白。

作者：你對中共領導人怎麼看？

達賴：我遇到國際社會中的中國朋友，他們講，習近平要上
　　　臺，他的做法可能會有些變化。過去幾年，溫家寶總
　　　理提到政治改革的詞語，還提到了西方的民主，但他
　　　提了很多，都沒有實施。人大的記者會上，他（溫家
　　　寶）非常清楚的提到了政治體制改革，講得很具體，
　　　第二天薄熙來被趕下臺了。溫家寶是否有很大的膽
　　　量，他的講話是否發自他的內心？習近平執政，他
　　　能夠面對事實，說不定我那顆失望的心會慢慢恢復
　　　起來。

第十一章
涉藏問題應當何去何從

　　因為地域特殊及人文環境，還因為流亡海外的達賴喇嘛等引發的特殊矛盾，位於中國西部高原的西藏的經濟社會發展，令北京高層更為關注。為落實第五次西藏工作會議精神，中共中央統戰部召開座談會，為做好西藏民族宗教等工作聽取意見。

尋找西藏工作的創新模式

　　出席座談會的中共中央黨校教授、民族理論及政策專家、博士靳薇表示，傾心聽取專家意見，是中央統戰工作的傳統。據悉，在中央第五次西藏工作會議召開前，統戰部也召開了專家座談會，力圖將西藏工作納入更科學軌道。「為西藏工作一再召開專家座談會，彰顯出中央政府尋找西藏工作創新模式的努力和決心」。接受訪問時，靳薇指出，達賴把西藏問題政治化，認為存在所謂西藏問題，「我們不認同這樣的說法，我們關注的是西藏包括民族、宗教、文化、經濟等方面的具體工作。當然，和中國其它各省情況一樣，工作做不好就會產生問題」。

　　靳薇長期關注研究西藏發展，撰寫了三十九萬字專著《西藏：援助與發展》，剛由西藏人民出版社出版，並被列為國務院發展研究中心民族發展研究所的系列叢書。此書被權威專家薦為「全面研究援藏政策效果的第一本書」。

靳薇自1994年起重點關注援藏專案的社會及經濟效益評估，她五次進藏地考察調研，跟蹤調查了二十多個援建專案，進行了共四千多人次的問卷調查，經過了十多年的調查研究和思考撰寫了此專著。

《西藏：援助與發展》指出，西藏上世紀五十年代初和平解放後，為改變其落後的狀況，中央政府對西藏實行了全面的特殊優惠政策。改革開放以後，對西藏的優惠政策力度更強，形成了「中央關心西藏，全國支持西藏」的轟轟烈烈局面。靳薇表示，「中央政府自上而下給予的高強度財政和專案支持，幫助西藏初步形成了社會主義的經濟基礎。2000年我在西藏近兩千人次的問卷調查表明，西藏民眾的生活滿意度超過『一般』，接近『滿意』。但同時，傳統的援助方式強化了西藏的計劃經濟，導致西藏形成了援助依賴，中央政府則形成了策略依賴」。

在專著即將完成時，發生了2008年的拉薩「3‧14」事件，並波及其它藏區。在回答事件發生原因時，一位相關部門的領導在中央黨校的報告中指出：形勢大好「加」談判無果「等於」必須搞亂。這位領導講話時還提到其它藏族居住地區近年強烈要求援助。中央下了決心，要對其他藏區也加強援助。第五次西藏工作會議，中央亦邀請了西藏以外有藏區的省領導參加，靳薇認為，藏區的經濟工作已經提到政治高度。但她指出，「我們曾樂觀地認為，只要經濟發展了，一切問題都會迎刃而解。現在看來，現實情況可能更複雜些」。

在靳薇的調研中，總體上藏民對援助滿意度甚高。問題是，西藏對中央及內地各省市的援助的依賴度也甚高。靳薇的研究發現：財政援助的結果造成財政依賴。西藏自治區人大常委會副主任尼瑪次仁在今年2月的國務院新聞發佈會上公佈，僅2001年至2008年

間，中央財政對西藏轉移支付就達到1,541億元人民幣（約227億美元）。目前，西藏的財政每支出百元，就有九十多元來自中央的支持。

專案援助的結果也造成依賴。2001年至2009年，國家對西藏的固定資產投資超過1,100億元，主要用於「十五」期間117個項目和「十一五」期間180個專案的建設。另外，中央部委和各援藏對口省市，每年還會給予西藏資金與專案。靳薇說：「中央在西藏建的部分專案，如醫院、學校、酒店甚至工廠，需要投入更多的錢來維持和運作。」在西藏，「生產經營性的援建項目，大多維持艱難。」十餘年間的調查，靳薇看到有的項目活了，有的項目死了，還有一些仍在掙扎。

靳薇在書中描述的布達拉宮廣場就是典型個案。這個經常在電視中出現的廣場，是援藏項目之一。廣場有著由花崗岩鋪就的地面，環繞的燈柱，十分富麗堂皇。由於拉薩晝夜溫差大，花崗岩容易開裂損壞。石塊更新、廣場維護、綠化、照明用電，都需要錢。但這些費用，需要西藏地方財政自己負擔。為省錢，廣場平時只能滿足最低限度的普通照明，只有在重大節日和活動時，為烘托氣氛，才特別地多開一些燈。1952至2005年間，西藏的財政自給率僅為6.45%，援助西藏建成的專案越多，西藏的財政負擔也就越重，進而轉為中央財政的負擔。

人才援助造成人才依賴。靳薇表示，西藏整體人口文化水準低，成人文盲、半文盲率占五成，新投資這麼多專案，需要管理者、技術人員和受過訓練的合格勞動力，出現人才的荒蕪。1994年後實施了幹部的對口支持，迄今已有三千七百餘名領導幹部陸續進藏工作。雖然注入了新的發展活力，但還是無法從根本上緩解西藏人才匱乏的窘境。書中例舉了日喀則市塑膠編織廠和輪胎翻新廠，

由青島市政府投資1,300萬援助建設。2002年8月竣工，卻一直未能投產運營。以後儘管各方想法，2005年還更新調整設備等。但2006年，靳薇去工廠調研時，見到2005年投產運營的編織廠停工待料；輪胎翻新廠則尚未開工。靳薇說，援藏幹部可以投資建廠，但他們是行政管理者，搞項目的出發點和落腳點是政績，而不是賺錢。

「中央關心西藏，全國支持西藏」的援藏命題已經實施了三十年。自1980年中央召開第一次西藏工作會議之後，「舉全國力支持西藏」成為一種付諸實施的政策。2000年至2009年對西藏的資助金額每年增長二成，每五年翻二至三翻，「十一五」超過一千億，「十二五」計畫三千億。靳薇認為，傳統的援助方式將內地的發展模式搬到西藏，以為僅僅依靠錢和物資等生產要素投入就能有效組織起生產，沒有注意到西藏的人力資本、文化、地域等的特殊性。如果不注意創新援助方式，消極後果將會不斷產生。「這種輸血而非促進造血的援助，至今仍無助西藏形成自我發展的能力，會導致西藏等藏區長期存在一個西藏工作問題」。

西藏的企業也有非常成功的例子。拉薩市啤酒廠，由國企改制為中、德、丹麥合資的股份有限公司。它不是援藏項目，但成為目前西藏現代化程度最高的工廠之一，管理得很好。還有一些內地私企老闆在藏投資建小工廠，也有成功的個案。靳薇發現，外來的援建專案，當地民眾參與程度越高，成功可能性就越大。

第五次西藏工作會議強調，援助的目的，是讓西藏有自我發展能力，以實現中國特色和西藏特色的現代化。靳薇認為，把內地的發展模式照搬到西藏，實際上很難達到這一目的。靳薇在西藏考察時，曾到一個桃園裡摘果子。她看到，每個枝子上都結滿了小桃子。她對園主說：桃子太小了，應請技術員教你嫁接，好讓它們長大點，賣更多的錢。園主聽了，笑而不答。

離開桃園後，有人告訴靳薇：西藏只需要小桃子不需要大桃子。當農牧民來趕集，小桃子一塊錢可以買五個，分給幾個孩子吃。大桃子一元錢只能買一個，怎麼分呢？靳薇很感慨，「我們拿著內地的大桃子，以為是無上的好東西，卻並沒有問過人家是不是需要」。

達賴喇嘛使出的是「軟招」

與「藏獨」組織的強硬攻勢相背，達賴喇嘛使出的是「軟招」，他不斷對北京釋放善意，強調「中間路線」，強調反對暴力和支持北京奧運。甚至在「3‧14」西藏暴亂事件發生後，達賴主動寫信給北京，聲稱可以協助北京平息西藏的困境，並一再強調他的和平主張。即使面對部分強硬勢力的謾罵，達賴擺出的還是要與北京對話、對談，而不願意對抗、對峙的態度。以柔軟姿態站在解決西藏問題的高處，這是達賴喇嘛不願放棄解決西藏問題主導權的架勢。

而西方各種勢力對正在發展富裕的中國，早就心不平氣不順，對中國的現代化，中國式的民主、人權橫挑鼻子豎挑眼。西藏矛盾激化正碰上北京奧運，於是將兩者捆綁起來對中國施壓。他們軟硬兼施，雖然誰都知道，奧運是國際活動，抵制京奧對各方都不利，但中國辦好奧運心切，正好被西方勢力抓住短處，硬的要脅，聲言不出席北京奧運開幕式；軟的又提出「西藏問題的政策沒變」，「希望中國與達賴喇嘛對話」，其目的也是想擺出對西藏問題有主導權的架勢。

其實，儘管國際上各種勢力都加入，要爭奪解決西藏問題的主導權，但招式也就是這幾種，要麼硬，要麼軟，要麼就是軟硬兼

施。而北京近年來，在對待解決西藏問題的招式上單一，僅有硬的一種，對暴力者以強硬還擊，對達賴的軟招式也強硬對待，有的時候，拳頭就打在了棉花上，效果不佳。中國有句古話，兵來將擋，水來土掩，克敵制勝的招式一定要多變。中共創史人之一毛澤東就一直說，要以「革命的兩手來抵抗反革命的兩手」，他的繼承人鄧小平在位時提出，要「兩手抓，兩手都要硬」。現任國家領導人胡錦濤主張「軟的更軟，硬的更硬」，並在解決臺灣問題上見到功力。但在西藏問題上為什麼就不能使用「兩手」呢？

不管西藏問題如何複雜，也不管西藏問題有多少勢力介入，北京應該承認問題客觀存在，並必須以多種措施應對。硬措施自然可以顯示實力，但軟招數並不代表實力不夠，更不是示弱的表現。以對話、對談代替對抗、對峙是世界潮流，也是胡錦濤主席創造和諧社會，和諧世界的主調，更何況西藏問題只要達賴喇嘛真正放棄獨立及以真誠的態度支持奧運，譴責及阻止暴力，北京和他之間就是手足同胞之情的問題，更需要以柔制柔，以柔克剛。

「我們放棄獨立，爭取民族自治」
——專訪西藏流亡政府首席部長桑東仁波切

桑東仁波切：「我們放棄獨立，爭取民族自治，中國是五十五個民族組成的，西藏只是其中之一，所以一個民族間只能建立一個民族的區域自治，不能有兩個或者三個的自治。我們爭取的自治是對整體西藏民族的自治，所以不能去分大的或者小的，而是全部西藏人享受的自治。」

剛剛從美國出訪回到印度達蘭薩拉，西藏流亡政府首席部長桑東仁波切接受作者的訪問，早前，桑東就曾說，第七次會談條件不成熟，難以達到目的似乎在他的預料之中。原來，早在舉行第六次會談時，流亡政府明確表明，第七次的會談應該在2007年的12月份。最遲推到2008年的1、2月，桑東指，這是考慮到奧運會，儘量與奧運遠一些，有利集中精神商談。如果不能在奧運會前舉行，就要推遲到奧運以後。「5月4日在深圳的非正式會談中，中方促使第七次會談要儘快舉行，我們才取得了這樣的機會。但雙方都沒有充分的準備。會談後我們很失望。」

作者：10月份舉行第八次會談，你是否也認為條件不成熟的？

桑東：10月份的會談是經過雙方磋商後確定的，流亡政府沒
　　　　有對會談寄很大希望，也不相信第八次會談會有什
　　　　麼好的結果。但離10月份還有幾個月，也許在這三個
　　　　月的時間內，我們期待西藏境內會發生出人意料的變
　　　　化，如被抓的人釋放、人權狀況有改善等。那時奧運
　　　　會已經結束，中國領導人趨向更為開明，也許是機會
　　　　和希望。

作者：還是把希望寄託在北京的改變之中？

桑東：應該是的。

作者：萬一沒有如期待的改變呢？

桑東：如果10月份的會談沒有成果，那麼說明中國政府沒有
　　　　解決西藏問題的誠意。我們會考慮，要不要繼續這樣

的會談。

作者：第八次會談成功的標誌是什麼？期待達到什麼目的？

桑東：第八次會談，我們的代表希望與中共代表討論，西藏
如何完全實施民族區域自治法中的所有權益。如果中
方有誠意，就應該聽取流亡政府代表的意見，然後改
善西藏內部的狀況。如果有跡象這樣做了，說明會談
有進展，但如果中共代表無心聽這些意見，繼續強硬
的政府方針，那麼會談就是不成功的。

作者：北京不認為存在西藏問題，否定了談這方面問題的基
礎，前景是否不樂觀？

桑東：你提到的沒有西藏問題的說法，只是媒體傳播的一種
觀點。其實，我們與北京代表接觸中，他們準確的說
法是，在西藏沒有政治獨立的問題，但確認西藏人民
現實存在著問題。所以，我們的代表提出的是有關西
藏境內人民的地位和權益的磋商，從沒有對達賴喇嘛
的前景和地位等提出問題。

作者：有關這方面的問題，有什麼準備？

桑東：有關在中華人民共和國憲法框架內的民族區域自治法
實落方面的討論。流亡政府的代表準備了一個比較全
面的資料，對這個議題進行討論，那麼我相信，第八
次會談才走上了軌道。如果不進行討論的話，這種會
談是否要進行，是會受到質疑的。

作者：部長是否認同，西藏沒有獨立的問題，但有改善自治
人權等問題？

桑東：是這樣的，我完全同意。

作者：如果第八次談判也做不到，雙方仍然有差距，西藏流亡政府將以怎樣的方式來繼續自己的主張和要求維護權益？會做什麼樣的調整？

桑東：當然我們會調整，但對中間道路的繼續實施不會作任何改變，但我們要考慮是否與中共領導人的接觸，同時我們會一直等待中共領導的變化。當然與中國人民的接觸要加緊，要儘量與中國人民的接觸。這次達賴喇嘛在訪問美國時，提到對中國政府的信任越來越小，但對中國人民的信任是沒有變化的。我們有信心，沒有辦法與這一代的中國領導人接觸，但相信與未來的中國領導人可以接觸，有繼續會談的可能性。

作者：部長不久前堅持強調西藏不能劃分成十一個區域，你是否還很堅持大西藏的理念？

桑東：我們並不認為有一個大的西藏或者小的西藏，西藏就是西藏。如果我們爭取獨立的話，1951年失去的國家邊境線、失去的土地，相當於現在的西藏自治區。我們放棄獨立，爭取民族自治，中國是五十五個民族組成的，西藏只是其中之一，所以一個民族間只能建立一個民族的區域自治，不能有兩個或者三個的自治。我們爭取的自治是對整體西藏民族的自治，所以不能去分大的或者小的，而是全部西藏人享受的自治。在西藏爭取自治的原則上，自治就是一個區域。分而自

> 治的思想是封建社會、殖民主義的管理方法，不是現
> 代文明的管理方式。我不贊成分而自治。

重啟談判解決涉藏問題
——專訪中共中央黨校社科教研部教授靳薇

　　自2008年北京奧運以後，北京中斷與達賴喇嘛代表的
對話，但西藏的激進並沒有得到緩解，形勢依然嚴峻。雖然
激烈的衝突主要發生在境外，但境內藏人自焚現象沒有間
斷，2009年至今已經發生超過一百起；達賴喇嘛說不謀求
獨立，堅持走中間道路，還表示要返回藏區，要去五臺山朝
聖，但支持的聲音越來越弱；境外藏獨勢力更乘勢整合，各
種藏獨力量宣佈整合為西藏獨立聯盟，還要成為政黨。藏獨
勢力反而在成長，且可能結合外國勢力越來越大，這成為不
真的事實。

　　如何面對久拖不決的西藏問題？如何面對難以消除的
西藏嚴峻形勢？如何統戰處理達賴喇嘛的問題？中共中央黨
校靳薇教授接受專訪時表示，西藏問題，或者是涉藏問題的
複雜性在於涉及到歷史和現實，涉及到宗教、文化、政治各
領域的問題，中央定性存在分裂的達賴集團，但又不能簡單
採用敵我矛盾處理，西藏的經濟發展，藏民的生活改善，但
並沒因此而改變他們對達賴喇嘛的尊崇敬。靳薇指出，中央
政府和達賴喇嘛代表曾經有過九次談判，「我認為，雙方認

真、坦誠、共同面對未來的建設性會談，才是解決達賴喇嘛問題和涉藏問題的最好出路。」

靳薇出生在雲南，幼時即對少數民族的文化風俗有濃厚興趣，她1982到中國社會科學院民族研究所師從楊堃教授學習民族學，碩士畢業後一直在中共中央黨校任教，2000年又在北大馬戎教授指導下研究民族社會學獲博士學位，主要研究領域是西藏問題，側重1949年後的西藏政策。靳薇曾七次赴藏，調研時間累計一年餘，並多次考察雲南、四川、青海藏區。她的博士論文，後來出版成《西藏：援助與發展》的論著。以下是訪問的主要內容：

作者：如何認識實際存在的西藏問題，是民族問題、宗教文化問題，還是政治問題？

靳薇：所謂西藏問題，很難簡單定性，可以說是「一言難盡」。毛澤東在1952年4月曾指出：「對西藏在政治上必須採取極端謹慎的態度，……必須認識藏族問題的極端嚴重性，必須應付恰當，不能和處理尋常關係一例看待。」

作者：目前北京如何定義？

靳薇：自八十年代以來，有一種明顯傾向，把西藏的相關問題均認為是政治問題。比如，提出西藏的發展問題，是政治問題、戰略問題和國家的全域問題。近年，政府相關部門的領導明確表示，不存在一個「西藏問題」，只存在達賴喇嘛集團搞分裂的問題。目前國內

對相關問題的表述為：「涉藏問題」，意指與居住在包括西藏、青海、四川、甘肅、雲南五個省區的六百餘萬藏族民眾社會管理及社會發展相關的一些問題。

作者：你的研究結果怎麼看呢？

靳薇：我個人認為，涉藏問題不能一概而論。比如境內外藏獨極端勢力不懈堅持的「西藏獨立」問題、通過滲透搞破壞搞分裂的問題，達賴喇嘛提出的高度自治、大藏區問題，毫無疑問是政治問題。而在境內發生的一些局部的矛盾衝突，大多緣於民族宗教問題。如果涉及到傷害民眾的生命財產安全的事件，就是刑事犯罪問題了。要具體問題具體分析。

作者：第五次西藏工作會議定性為與達賴集團的矛盾是特殊矛盾，這種特殊性表現在哪些方面？

靳薇：第五次西藏工作會議的這種定性，是比較科學準確的。第十四世達賴喇嘛曾是西藏政教合一的地方政權領袖，自1959年出走後，長期致力於西藏獨立的分裂活動，對中國的領土和主權完整直接提出挑戰。在這個層面上，我們與達賴喇嘛集團的矛盾是對立和不可調和的。但同時也要看到，達賴喇嘛是六百餘萬藏族民眾信奉的「活神仙」，是他們精神崇拜的對象，有相當的號召力。對他的態度和處理相關問題的方式會影響到千千萬萬藏族民眾的情感，因此又不能簡單的將他當作敵人來對待。

作者：正是因為特殊性，一直以來，西藏問題、達賴喇嘛問

題都由統戰部來處理，根據你說的這些特殊性，能不能除了敵對方式，還能有其它更好的方式來處理？

靳薇：去年11月，中共第十八次代表大會，胡錦濤同志作了大會報告。您可能注意到，報告中，延續了中國共產黨一直以來的政策原則，將民族問題、宗教問題放在統戰工作的部分。在國家事務的管理中，負責管理民族宗教事務的，既有屬於國務院的國家民委、國家宗教局，也有屬於中國共產黨中央委員會的統戰部。由於中國目前的國情，屬於黨委系統的統戰部起著更重要的領導作用。目前的管理職責分配，涉藏問題由中央統戰部負責，新疆問題由中央政法委負責。這在中國的三十一個省區中是最為特殊的，由此也可以看出中共中央和中央政府對這兩個地區的重視。

處理達賴喇嘛問題的方式，除了敵對方式外，當然有其他方式。至2010年，中央政府的代表與達賴喇嘛的代表已經展開過九次會談。雙方認真、坦誠、共同面對未來的建設性會談，是解決達賴喇嘛問題和涉藏問題的最好出路。

作者：達賴喇嘛也提出繼續對話，可能性有多大？

靳薇：達賴喇嘛是涉藏問題的關鍵人物，我個人以為雙方坦誠、真實、建設性的對話是非常必要的。2010年，中央人民政府的代表與達賴喇嘛代表進行了第九次會談，雙方均認為無實質進展。但為涉藏工作計，我個人建議重啟會談。

作者：可以談些什麼呢？

靳薇：有幾個方面可以思考：

　　一、擱置爭議，破解膠著狀態、推進會談。按照「先易後難」的方法，擱置「中間道路」等政治議題，商議讓達賴喇嘛純粹以宗教領袖的身份訪問香港或澳門。將來可以考慮讓達賴喇嘛居留香港。達賴喇嘛2011年退出政壇，身份只是宗教領袖，完全可以淡化政治色彩、以宗教身份行事。如進展順利，將來或許可以考慮達賴喇嘛回藏區訪問的安排。

　　二、力爭只產生國內達賴喇嘛靈童。十四世達賴喇嘛年事已高，按照藏傳佛教的儀軌轉世的問題，已經迫在眉睫。目前的局勢，將出現「雙胞達賴喇嘛」，即在海外和國內各認定一個靈童，導致問題更為複雜，對藏區的穩定和安全影響甚大。若「達賴喇嘛僵局」得到破解，應爭取讓達賴喇嘛轉世靈童產生於國內。雖然我們可以用「金瓶掣簽」限制靈童產生於國外，但歷史上也有由活佛自行指定接班人的先例。「雙胞班禪」的尷尬應當盡力避免。

作者：你覺得意義會在哪裡？

靳薇：達賴喇嘛後時期，西方國家民眾出於普世價值等觀念的「達賴喇嘛迷戀」會逐漸淡化，涉藏問題的國際壓力將逐漸減輕。而內地的藏民群體，如果國內有一個

按宗教儀軌產生的達賴喇嘛可信仰，焦慮和暴烈的情緒會得到平復。境外流亡藏人政府，極有可能在達賴喇嘛後走極端暴力路線，並與其他極端組織合流。但如果我們可以化解「達賴喇嘛困局」，可以起到「四兩撥千斤」的作用，分化瓦解境外的藏獨勢力。

作者：有沒有讓達賴喇嘛回國的可能？

靳薇：談達賴喇嘛回國問題，我認為必須先進行兩個評估。第一，認真評估六百餘萬藏族民眾對共產黨的信賴和情感；第二，正確評估藏族民眾對達賴喇嘛的崇拜和感情。如何正確客觀地進行評估？「今生靠共產黨，來世靠達賴喇嘛」，這是我在西藏的歷次考察中，聽到普通民眾說得最多最直接的一句話。可以說它一語道盡評估的關鍵。

在評估問題上，中國共產黨必須高度自信！五十年代西藏和平解放後，共產黨對西藏和藏區的廣大民眾傾注了很大的關心和愛護，在經濟建設方面給予了極大的支持和幫助。藏區的經濟社會發展在近五十餘年中實現了很大發展，物質生活、醫療衛生、教育、交通有了非常大的改善。因此，藏族民眾對共產黨是深懷感激的，對共產黨領導的中華人民共和國也是充分認同的。

但同時，共產黨在經濟建設和物質增加方面的工作做得再多，給予的財富和幫助再多，也不可能抹殺達賴喇嘛在普通民眾心目的地位，更不可能改變藏族民眾

對達賴喇嘛的崇拜和依賴。對普通的藏族民眾來說，這種崇拜沒有絲毫政治意義和企圖，「獨立」對普通民眾來說只是一個空洞的字眼，他們沒有興趣也不懂得是什麼意思。藏族民眾對共產黨充滿感激、高度認同，他們對達賴喇嘛只是一種宗教上的崇拜，並無政治目的。我們的各級領導和相關部門，對此一定要有充分的自信和體認。在正確評估的基礎上，才可能談達賴喇嘛回國的問題。

作者：近期這麼多人自焚，而不少是年青人，為什麼會集中在近期以及是年青人呢？

靳薇：藏民自焚2009年始於四川省阿壩州，到今年元月已有百餘名藏民前仆後繼點燃身體。我概括的困局是：一、自焚一直持續並加速發展，幾乎變成了一種「集體癔症」，成了傳染病，成為一場運動；二、制止的措施尚未明顯收效；三、自焚有可能引發更深層次的矛盾，圍繞自焚的報導、記載、祈福、慰問等行為不斷擴大其社會影響，藏民的激動情緒和當地政府的制止行動對峙，激發更多矛盾。會由一種宗教動員演變為政治動員和仇恨動員，矛盾向藏民整個族群擴散，使中央政府與達賴喇嘛分裂主義集團的政治衝突演化為漢藏之間的族群衝突。四、自焚是激越情緒被煽動後的表現，自焚集中在青年人，是對共產黨感情的代際差異所致。年長的藏族民眾，對共產黨幫助他們翻身解放、分得土地和牛羊深懷感激和感恩。而青年人缺

乏新舊政府對比，物質生活改善在他們是天經地義的
事，而且青年人容易衝動，也很容易情緒化地表達。

作者：十八大以後的中央領導層更為開明開放，在處理西藏
問題上有轉變思路更為積極的可能嗎？

靳薇：我們也很期待新一屆中央領導人有新的政治智慧解決
目前的涉藏問題困局！俞正聲在履新後不久即到藏區
視察，也反映出新領導人對涉藏問題的重視。我個
人的建議是：必須審慎對待涉藏工作。建國已經六十
餘年，但毛澤東「必須認識藏族問題的極端嚴重性，
必須應付恰當，不能和處理尋常關係一例看待」的觀
點，仍有價值。我認為，要解決好涉藏問題，必須審
慎對待藏區工作，尤其審慎處理涉及宗教信仰的事
務。一、審時度勢，落實科學發展觀，西藏自治區的
幾位書記，在任時對宗教事務的一些作法失之偏頗，
為今天的民怨累積埋下伏筆。涉藏問題需要審時度
勢，否則寬嚴皆誤；二、剝離宗教與政治，慎重對待
藏民的心理需求。藏族民眾千百年來受宗教影響，形
成「重精神輕物質、重來世輕今生」的民族特性，這
和中國的主體民族漢族有著巨大差別。作為執政黨的
中國共產黨，一定要認清這一點。

涉藏問題對當下的中國至關重要。若能創新思維、破
解僵局，不僅可促進社會穩定，避免形成難以癒合的
民族創傷，對國內其他少數民族亦有正面影響。同
時，對臺灣統一有幫助，也可以提高中國的國際形象。

達賴喇嘛已作好準備，期盼北京重啟談判

　　2012年農曆新年剛剛過去的2月13日成為一個極敏感的數字。數百藏獨者聚集美國紐約，以「藏獨復國」為號召整合所有流亡的藏獨組織，召開「西藏獨立聯盟」成立預備大會。而同一天，甘肅省甘南州合作市勒秀鄉吉昂村藏人珠巴卡抗議中國的西藏政策，於2月13日自焚身亡，他是2009年以來中國境內第101位自焚的藏人。

　　自2009年至今，中國藏區境內超過110人選擇以極端的自焚方式表達政治抗議，年齡集中在二十歲左右的數十名青年僧尼因此而獻出自己寶貴的生命。人們對無辜喪生的生命表達憐憫的同時，也對置身事外的流亡藏人精神領袖達賴喇嘛無動於衷的模糊態度感到詫異。

　　西方社會也不斷介入，美國國務院發言人紐蘭（Victoria Nuland）在新聞發佈會上表示，美國對自焚藏人人數過百表示震驚，美國呼籲考慮自焚的藏人慎重思考。紐蘭還稱，美國一如既往的呼籲中國政府反思對藏區的政策，這種政策造成了藏區的緊張局勢和藏人的不滿。藏獨更激進、藏民希望達賴喇嘛回家、自焚人數不斷增加，達賴喇嘛則稱，如果北京願意，已經作好重啟談判的準備。十八大後，中共總書記習近平面對的西藏形勢更嚴峻、複雜。

　　事實上，中共十八大前後爆發藏人自焚潮，向當局施壓意圖明顯。雖然北京自2009年開始中斷了和達賴喇嘛保持了多年的談判，但北京對境內外藏人採取一手硬一手軟的政策，一方面對自焚參與者採取斷然措施懲治和威懾，另一方面則通過柔性措施爭取人心。

　　2012年1月26日，四川省阿壩藏族羌族自治州中級法院以教唆八人自焚為由，分別判處一藏人死緩，一藏人十年徒刑。而新任中共中央常委俞正聲還未上任全國政協主席就赴藏區調研，向藏民宣

傳富民惠民政策以表達中央的關心。據悉，農曆新年，青海藏區藏民家家戶戶都收到政府發放的新年禮物。早前，基於人道理由，北京還允許流亡藏人經審查後可以返藏區探親，並允許探親結束可以選擇留下或返回。本來屬於「叛逃」的藏人，獲政府接納可以返回探親，在藏人中受到歡迎。

去年9月17日，「西藏自治區外事僑務辦公室」揭牌儀式在拉薩舉行。中國國僑辦副主任馬儒沛出席揭牌儀式時指出，「西藏僑務工作將圍繞著西藏穩定、國防建設和涉藏僑務工作展開，有很強的生命力。」這意味著當局承認存在海外「藏僑」，爭取境外藏人尤其是新生代藏人的認同成為新的統戰任務。當局還曾罕見地肯定境外藏胞「愛國作用」，標誌對境外藏人態度和政策的調整，透露出中央解決西藏問題的新思維。

中共召開十八大前後，流亡藏人總部的印度達蘭薩拉表面一切平靜，沒有什麼抗議話動，沒有什麼新的標語口號。在政治上已經退休，達賴喇嘛曾委任的「談判代表」也已經辭職，在最近連續二次接受訪問中，達賴喇嘛堅持自己提出的「中間道路」，時不時透露出對十八大後的期待，期待北京政策改變，他願意再啟談判；還期待能到臺灣走走，有機會到香港弘法；期待實現數十年來想到五臺山朝聖的願望。

但與此同時也有一股與達賴喇嘛較力的暗流形成。達賴喇嘛主張走中間道路，但受到的挑戰和壓力不僅來自北京，還來自他的信眾。流亡藏人各派政治勢力，各種力量進行新的整合，想尋找新的挑戰由頭和方法。據悉，藏獨團體正醞釀要以更硬的一手強化對抗力量。

在經過談判失利、達賴喇嘛辭去政治職務及境內藏區不斷出現自焚事件後。流亡海外的藏獨團體正策劃整合西藏獨立的聯合組

織。包括藏青會、政治犯組織、民主黨等在內的西藏流亡藏獨組織已多次召開研究會議，商討建立超越組織、派別，整合全球藏獨力量的「西藏獨立、復國的整合團體」。

首次會議於2011年4月在紐約召開，有八十多名藏獨支持者與會。6月27日，在達蘭薩拉再次召開有二十多人參加的超派別的聯合討論會，其中還有十個民選流亡議員與會，並發表了「西藏國民議會建國宣言」。西藏青年會主席次旺仁增公開表示，不支持中間道路，「藏青會除獨立外的任何談判都是排斥的。達賴喇嘛政治權力下放，是給予推動民主最大的機會。」

流亡藏獨人士策劃整合所有藏獨統一團體——「西藏獨立聯盟」，該組織將首次吸納外國支持藏獨者加入。計畫會議由各組織及黨派推薦正式代表超過一百名，吸納支持藏獨的外國代表超過一百名，包括印度境內支持西藏獨立的官員、學者等。

2月13日是第十三世達賴喇嘛返回西藏宣佈獨立的紀念日。這一天在美國紐約，一百多人出席召開了西藏獨立聯盟成立預備大會，宣佈以藏獨復國為號召的聯盟成立。這個最大規模的不分種族、團體、國籍的藏獨組織，未來不僅與執政的中共抗衡，還是流亡藏人中針對現有流亡政府的最大反對黨。在預備會議的復國宣言中稱，該組織主要做二件事，一是堅持西藏獨立；二是提倡民主改革，在西藏境內製造民主基礎。該組織的核心層決定，5月份宣告會議章程，9月份召開代表大會選舉核心領導。此次會議將是歷史上最具規模的藏獨大會，西藏獨派老將：嘉楊諾布、丹增中傑、拉桑才浪等都加入。

藏獨聯盟將成為流亡社會的反對黨，要修訂現有的流亡政府憲法，改變議會議員來自地區（三個地區每區十個，十大教派每教派二人）的格局，而以政黨替代，要實行政黨輪替制度，西藏獨立聯

盟將是流亡政府的最大反對黨。他們不認同現有的流亡行政中心，堅持要以流亡政府作為流亡西藏人的政府組織。值得注意的是，會議宣言中去掉了過去一再強調的「非暴力」方式。這意味著，北京未來將面對更大規模，更為強硬的藏獨組織。

流亡藏人的政治犯「九十三」組織主張西藏獨立，執行會長李科先表示，他們並不反對達賴喇嘛與北京採取談判的方法來解決西藏問題，但他認為，如果沒有談判，中間道路也就沒有了。他指出，在流亡藏人中有「三個80%」之說。即：80%的藏民支持「中間道路」；80%認為與北京談判不會成功；現在可以讓藏人回去了，但80%不敢回去。

儘管藏獨勢力整合，以加強分裂的力度，達賴喇嘛的「中間道路」面對越來越大的挑戰，甚至會有外國人加入藏獨組織，出現真正的外國「勢力」。但達賴喇嘛接受我的訪問時回答說，中間道路是通過深思熟慮後得出的方案，「是我在1974年，也是在這個房間裡作出了這個決定（意即，他是在那時開始放棄尋求獨立）。」

達賴喇嘛說，三十年來一直堅持中間道路的立場沒有變，西藏人內部也有些人反對，在支持西藏的國際團體中，也有不少聲音反持中間道路。但到目前為止，我們都是堅持這個方針和原則。「我過去這麼多年來，非常誠懇，很誠意的提出了雙贏的方案，但沒有得到認同，沒有任何成果。我的誠意用百分比來比的話，中間道路能得到解決問題好的成果，我有100%信心。但統戰部對我的批判，令我的信心已落到了60%。為什麼會失去信心呢？我擔心，不知未來會發展什麼事情。」

達賴喇嘛擔心，已經堅持了三十多年了，如果到了四十年、五十年，仍然沒有任何成果，會讓西藏人民用民主的方式去決定。他表示，所推重的民主不是口號，是誠心誠意的，「當民主的討論和

趨勢到了某種程度，我不得不尊重民主的決定。讓西藏人民坐下來去詳細的商討，這種商討要去考慮暫時的、長遠的利益，找到真正對西藏人民有利的決定。」達賴喇嘛說，到時，他不能提出反對，只會提出自己中間道路的堅持，表示自己的觀點，卻要尊重民主的結果。

2012年達賴喇嘛七十七歲，如果再等二十年，那是九十七歲。他說，人生已經到了最末端，有時心情有點悲傷。「悲傷的原因是，經常會遇到來自大陸的非常虔誠的佛教徒，他們見到我時，流著眼淚說，達賴喇嘛尊者，你不要忘記我們在大陸的信徒。聽到這樣講的時候，我的心情真的有些悲傷。」

現任流亡首席部長洛桑桑格，在選舉時表示，要支持中間道路。達賴喇嘛說，他是看到了對藏人有利，對未來西藏發展有利益的前途，所以他選擇了中間道路。也完全支持中間道路。首席部長洛桑桑格也表示，達賴喇嘛提出了中間道路，一是根據佛法的中庸之道的思想，另外也是借鑒了漢藏之間歷史上發生糾葛後解決的方式。

2011年7月初，達賴喇嘛在印度新德里醫院兩雙眼睛都做了白內障手術，然後在印度境內的弘法活動。他語意雙關的說，「現在看一切都更清楚了」。早前，他一直在印度最北邊的拉達克，山高四、五千米，對他沒有任何影響，一點頭痛的感覺都沒有。「在一個海拔四千米的地方住了一個晚上，感覺都很好」。

問到有人說他可以活到113歲，這是否傳言？達賴喇嘛很認真地回答：「沒錯，有人說我可以活到113歲」。達賴喇嘛曾做過活到113歲的夢。他說，「當然夢不能完全相信」。兩百年之前，有一個寧瑪派的大師預言，一位上師可以活到113歲，以後很多高僧大德在解讀這個預言時都說，這位尊者就是達賴喇嘛。達賴喇嘛表示：「我想說，如果中國政府允許我回到西藏，我身體一點沒有問題。」

政治上退休以後，達賴喇嘛有更多的時間注重佛教與科學的對話。第二十六屆「心靈與生命研討會」1月中在位於南印度的哲蚌寺召開。前幾屆面向公眾的研討會基本上是面對西方觀眾，本屆研討會是第一次面向流亡藏人社區，共有九百多人參加，是迄今為止規模最大的會議。1989年後，達賴喇嘛與科學家的對話從每隔兩、三年一次增加到每年一度。從腦神經學、精神病學、心理學擴大到現代物理學、生物學、天文學、哲學、宗教學、倫理學等。達賴喇嘛說，近三十年來，有很多機會和科學家開會及討論，「我對科學，卻還有另一種更深層的想法：科學不僅涉及了對「現實」（reality）的瞭解，科學還涉及一個重要的問題，就是它如何影響倫理道德與人的價值」。

我們追求的是西藏最終的自治
——第八次專訪西藏精神領袖達賴喇嘛

訪問時間：2012年8月16日

我們追求的是西藏最終的自治，中間道路最終就是要實現名符其實的自治。當自治的依據和空間被中央取消了，那麼自治的路沒有可能走了。西藏人講，已經有官員及知識份子提出了這樣的觀點，那我們已經沒有路可以走，唯一的方法就是尋求新的政治鬥爭的方式，與新的鬥爭的方向。

——達賴喇嘛

作者：眼前最嚴重的情況是自焚一直無法停止，原因是什
　　　麼呢？

達賴：現在自焚的人，他們喊的口號還是留下的遺囑，裡面
　　　有一個共同的內容，要我回去。第二句話是，要自
　　　由。有的人說宗教自由，有的說西藏自由。當然，在
　　　印度有人解釋，這個自由是指獨立。但我個人認為，
　　　他們呼喊的口號不是完全要獨立。回顧歷史，1951
　　　年，簽訂了十七條後，到1959年沒有說要獨立，講的
　　　是自治。我們覺得西藏人不是說只要精神不需要物質
　　　生活，自由的內涵不是完全的要求獨立。如果有一個
　　　真正的自治，我想西藏人還是可以接受的。

作者：西藏不就是自治區嗎？

達賴：現在西藏的自治可以說還是一個只有名沒有實的東
　　　西，在這樣的自治中，西藏的官員有多大的權力？西
　　　藏自治區的決策都是黨委和中央控制，我們提出的
　　　是，西藏需要一個名符其實的自治，為保護文化、宗
　　　教的區域自治。

作者：你認為自治的內容應該涵蓋那些？

達賴：中國一再譴責說什麼我們突出大西藏，這個概念，可
　　　能在西藏歷史上文學描寫中有大小西藏的說法，我們
　　　從來沒有說過什麼大小西藏的問題，我們的要求是在
　　　中華人民共和國憲法規定的所有藏族地區，需要一個
　　　統一的自治、統一的發展、統一的保護管理。需要什

麼樣的自治，這需要民眾來認定，而不是由我提出。但我覺得，西藏人，不管是哪一個地區的西藏人，是憲法規定的，不管是自治區還是自治州、自治縣，民眾一定有一個統一平等的發展空間及待遇。

作者：你致力推動中間道路，如在有生之年看不到結果，你會怎麼辦？

達賴：我推重民主不是口號上的，是誠心誠意的，當民主的討論和趨勢到了某種程度，我不得不尊重民主的決定。讓西藏人民坐下來去詳細的商討，這種商討要去考慮暫時和長遠的利益，找到真正對西藏人民有利的決定。當然，在討論時，我會提出自己中間道路的堅持，對漢藏雙方的利益，對西藏人長久的利益等，我會去講清楚。但只是表達我的觀點，我要尊重民主的結果，不能提出反對。

作者：有中國的學者和官員提出取消民族自治，假如取消民族自治，那中間道路就意味著沒有可追尋的理由了？

達賴：我們追求的是西藏最終的自治，中間道路最終就是要實現名符其實的自治。當自治的依據和空間被中央取消了，那麼自治的路沒有可能走了。西藏人講，已經有官員及知識份子提出了這樣的觀點，那我們已經沒有路可以走，唯一的方法就是尋求新的政治鬥爭的方式，與新的鬥爭的方向。

作者：文章中也提到了，如美國、印度都沒有區域民族自治，為什麼中國不可以呢？

達賴：中國另外一個學者講的很好，美國與印度是沒有民族區域自治，但這些國家發展的基礎是自由、民主和法治。如果中國真正有民主自由法治的話，那麼取消民族區域自治是可以的。這是中國學者寫文章中提到的。我在海內外演講時說，作為一個人，與其它動物不同。我們是有智慧的，可以通過智慧來決定一些事情，當運用智慧時，不能僅看到眼前的東西，而要看到更遠，更完整，要整體去思考、去瞭解。這就需要靠智慧。當我們不能靠智慧去決定時，我們很多決定會是錯誤的。

作者：如何打破現在的僵局？

達賴：過去的經驗和現階段的狀況看，我個人做一些有意義的事，中央有人同樣會說：這是魔鬼，所做所為是分裂中國。我覺得，不會有很大的意義。包括最近西藏不斷出現自焚，很多人也跟我提出問題。我回答，我已經退出政治，這是一個政治的問題，我沒有話講。為什麼這麼說呢？我認為，我自己的出發點再好，但接下來中央一定是一大堆譴責我，說我是分裂。我覺得，我能做的是有限的。關鍵是在中央，中央能實事求是的面對西藏境內的事情，然後去緩和，緩和的動力都在中央。

作者：如果開啟談判，機會在哪裡？

達賴：機會的第一點，我們要瞭解的是，高層是否覺得現在的做法完全正確的，不需要改變。如果這樣，就不可

能再去製造什麼機會。如果他們覺得現在西藏存在問題，而且要有新的思考，去創造談判的機會，那是可行的。先看領導人有沒有需要重新思考，我們等幾個月。如果有需要，可以在香港，新加坡，臺灣作進一步聯絡。之前與統戰部接觸的代表也辭職了，我們也允許辭職，現在沒有了。但要注意，我們只是一個人辭職，並不是與中央打交道從此停止。中央高層，如果真的要有改變的話，我們已經準備好了。

作者：你有些什麼想做的呢？

達賴：臺灣去年12月份召開國際婦女大會，已經邀請我去，我也答應了，但馬英九是否答應，他要看北京。香港有大學也口頭上邀請我去，我個人覺得，香港那裡也有很多佛教徒，途經那裡，或者去訪問，我都有意願。關鍵是中央高層，他們那邊作好了改變的準備，我這兒配合是沒有問題的。

作者：六年前第一次訪問你時，你提出要去五臺山朝聖，還有這個願望嗎？

達賴：我一直有這個願望，就是去五臺山朝聖。1955年我在北京時就提出要去五臺山朝拜，當時說去五臺山的公路沒修好，不便去，所以沒實現願望。大約十年前，我和臺灣的道海長老一起發願，祈願有朝一日能上五臺山，我以藏語念誦龍樹菩薩的「中觀根本論」，長老以中文念誦，我們也請一位印度僧人，讓他以梵文念誦。祈願我們的願望能夠實現。

作者：西藏境內自焚一直不斷，自焚者幾乎有同一要求達賴喇嘛返回西藏，你是否很想回到西藏，回到藏民的身邊？

達賴：我1959年失去家園，但過去五十多年來找到很多新的家，而且自由來去，也很舒適。然而，當我想到西藏境內那麼多日夜盼望著見我一面的僧俗民眾，我當然希望能回去和他們見見面，特別是那些老年人。可是你看，以目前西藏這種情勢之下，還談什麼回家，你說我怎麼回去？中共說我是魔鬼；最近又說藏區的自焚是由「達賴集團」煽動、策劃。如此推卸責任、嫁禍於人的做法，能解決問題的話倒無所謂，關鍵是除了更加讓藏人憤慨之外，解決不了實質問題。

作者：北京有人一直在阻撓，不希望你回去，對有生之年回到西藏是否有信心？

達賴：信心當然有。因為我相信一切都會發生正面的變化，只是時間問題。

作者：十八大後有新的人事安排，對解決西藏問題有沒有正面意義？

達賴：聽說人事安排過程很複雜，因為都不是公開的，我也就不知道。我常說中國在過去五、六十年，毛澤東、鄧小平、江澤明、胡錦濤時代都發生了不同的變化。這一代中國領導人面臨的問題更具挑戰性。你看，對外中美、中日、中印等關係，以及中國與東南亞諸國的關係，對內有西藏、新疆等問題；日趨惡化的生態

環境問題；還有貧富差距加大，貪污腐敗嚴重等等。如果中國想要變成一個能服務世界的真正大國、強國，就要得到世界的尊重和信任。光靠經濟發展是不可能達到目的，唯一的做法就是務實的面對問題，尋求解決問題的科學方法，而不是每年增加維穩預算。這就要看新一代領導人的智慧和魄力了。

作者：你和習仲勳有些交情，會不會也讓習近平可以有些懷舊？

達賴：1954、1955年我在北京時，我和習仲勳見過幾次面，當時他（習仲勳）是周恩來的秘書，都說秘書也像總理一樣很厲害。後來的時間證明，習仲勳是一個非常務實的人，特別在1989年的天安門事件發生時，他是人大副委員長，據說他支持趙紫陽和學生對話，反對武力鎮壓。希望這些對後來者都有正面影響。

第十二章
追訪達賴喇嘛的二哥：嘉樂頓珠

等待達賴喇嘛回家的日子

　　為了追訪達賴喇嘛的二哥嘉樂頓珠，2007年夏天雨季，我從香港遠赴印度，在印度首都新德里乘內陸機到巴哥朵拉（Bag-dogra），再搭計程車在崎嶇的山路上顛簸，前往印度西孟加拉邦北部的噶倫堡。噶倫堡是著名旅遊城市大吉嶺屬下的小鎮，由於大雨令山路崩塌，兩個半小時的山路，要繞道行走四個多小時，至傍晚時分才來到嘉樂頓珠的住處。自鄧小平邀請嘉樂頓珠赴京、向達賴喇嘛提出放棄西藏獨立、歡迎達賴喇嘛回國的主張後，嘉樂頓珠很多時候都在噶倫堡，在他的美式小屋等待達賴喇嘛回家的日子。

　　入屋的門口外擺著一張小桌、幾把椅子，這是嘉樂頓珠常坐著喝咖啡的小天地。處事低調的嘉樂頓珠在這裡再次接受作者的獨家訪問。言語間，嘉樂頓珠最關心的是漢藏間的團結，最擔心的是被西方國家利用，「中了人家的離間計」，擔心對立、對抗開始浮現。他期望達賴喇嘛可以早日回去，「只要回去了，和國家領導人有溝通，我相信一切隔閡都容易解決。北京領導人和達賴喇嘛是有智慧化解矛盾的」。嘉樂頓珠說，已經多次口頭或書面向統戰部、香港中聯辦提出，想見國家主席胡錦濤，但至今沒有任何回應，不知道是資訊沒有傳遞到，還是胡錦濤不願見他。

印度和中國的時差是兩個半小時，但自從到北京見過鄧小平以後，嘉樂頓珠手上戴了幾十年的老式手表，時針就一直與喜瑪拉雅山那邊的中國時間同步。嘉樂頓珠看看手表說，自鄧小平敞開大門，提出解決西藏問題的新思維，已經期待了二十八年，「難道還要再等二十八年嗎？」他說：「我計算的是中國時間，如果達賴喇嘛可以回中國，我是一定會回去的，我不貪戀這裡，這裡不是我的家。」

住在印度心在家鄉

嘉樂頓珠在噶倫堡的住處占地二畝，花園、車庫、傭人房都一應俱全，花園草坪的盡頭有一張椅子，坐在那兒可以遙望遠方，山的那邊就是嘉樂頓珠的家鄉西藏亞東。他還依照藏人的傳統習慣建了一座香爐，對著家鄉的方向。很長一段時間，陪伴嘉樂頓珠的是八隻純種藏獒，成為嘉樂頓珠在噶倫堡最忠實的「保鑣」。最近年紀大了，才請了一兩個工人幫著照顧生活。

1952年，嘉樂頓珠從西藏出走來到印度，他說，當時連毛澤東要他帶領西藏青年代表團進京都不去，與弟弟和母親商量後就經屬於西藏山南地區的錯那縣的達旺出走印度，事實上這也為了達賴喇嘛留一條後路。1959年，達賴喇嘛離開西藏，走的也是達旺這條通道。為了避嫌，嘉樂頓珠出走時隨身僅攜帶二千盧比，先在大吉嶺住了七年，達賴喇嘛來到印度後，搬到新德里居住，負責同印度政府聯絡，後來才來到噶倫堡。

早在1945年11月份，十六歲的嘉樂頓珠隨西藏政府派出的一個抗戰勝利祝賀團去南京，嘉樂頓珠應邀去南京讀書，當時經印度來到錫金的噶倫堡，坐美國的軍用飛機，從加爾各答到昆明，再從昆

明轉飛南京，那時對噶倫堡就有一個美好印象。

1962年中印邊境發生戰事，有錢人出走，嘉樂頓珠花了7,200盧比買下這塊地，當年僅相當100美元。在美國的時候，他曾花了100美元買了一份美式小別墅的設計圖紙，1966年按圖蓋起了這幢複式建築。

這幢美式建築，樓上樓下約有十來間房，房間裡都掛有家庭成員的照片，最多的當然是達賴喇嘛，達賴喇嘛在他的心中有著崇高的位置。嘉樂頓珠走南闖北，曾經與很多國家的領導人和知名人士合照，但在他掛出的照片中與中共領導人的照片甚少，只見到一張多年前和中共原統戰部長王兆國見面時的照片。嘉樂頓珠說：「王兆國當統戰部長那幾年，我每年都能見他，一起吃飯。他平易近人、善聽意見，2002年北京開始與達賴喇嘛的代表對話，就是採納了我的建議。他很不錯的。」

以後，嘉樂頓珠又將住處旁的二畝地買下來，種一些蔬菜，養了八頭奶牛、十八隻雞，還雇了十多人開了一家小掛麵廠，這是他一直的夢想。1952年來到印度，他的住房每月房租是250盧比，他就同太太商量，最好可以買地種菜自給自足。如今，嘉樂頓珠就是過著自給自足的生活，每天擠出的牛奶還供應給附近的學校；母雞下的蛋吃不完；自製的掛麵可以在鎮上賣。嘉樂頓珠笑著說：「做麵條賺不了很多錢，但可以維持生活，我用這些收入支付工人的工錢以及水電費、電話費。我常開玩笑對工人說，你們都有工資，就我一個人沒有工資。」據悉，麵廠工人每天收入約2.5美元。嘉樂頓珠自食其力、自給自足，和常人所理解的藏族貴族完全不一樣。

養牛養雞種菜開麵廠

　　達賴喇嘛在定居達蘭薩拉後，曾再返噶倫堡，看望在噶倫堡的藏人。在嘉樂頓珠的美式小屋住了一個星期，還在花園內種下一棵小樹，如今長得挺拔、翠綠。嘉樂頓珠說，那次還來了一大堆保安、秘書，要在養牛處搭帳篷安頓。

　　當年跟隨達賴喇嘛出逃後定居在噶倫堡的藏人有四千多人，現在生活都不錯，有些人做小買賣、開小店；這裡有小西藏之稱，藏人用土豆做的粉絲一直流傳到新德里。這裡到錫金五十英里，到西藏那朵拉山口有六十英里。據嘉樂頓珠介紹，噶倫堡是旅遊聖地大吉嶺的一個鎮，人口近十萬，原居民都是藏族，有些是追隨十三世達賴喇嘛來的。1959年以前，很多西藏人來來去去，有做生意的馬隊，把羊毛賣給印度人，又將印度的土產品、布料、砂糖等運回西藏。但噶倫堡是禁區，印度人不允許西藏人隨便進入，需要居留證，每年要換一次。

　　噶倫堡距嘉樂頓珠曾經居住過的大吉嶺三十多英里，分別處於兩座不同的山上，直線距離僅八英里。印度語中「大吉嶺」是「喇嘛教雷神」之意，該地區居住著許多來自相鄰國家和地區的世族或部落。在這幾千米高的山上，1881年就開通了高山火車，如今這條仍然行駛於西里古里到大吉嶺之間的鐵路，全長三百公里，被聯合國教科文組織列為世界文化遺產。大吉嶺出名的物產還有茶葉，大吉嶺茶被譽為紅茶中的「香檳」。

　　鮮為人知的是，大吉嶺、噶倫堡一度有「東方卡薩布蘭卡」之稱，諜影幢幢。嘉樂頓珠說，據傳這裡有很多間諜。1949年中國人民解放軍十八軍進西藏時，很多情報機構人員蜂擁至大吉嶺，臺灣來的都有，瞭解解放軍進藏的事。「我1952年來時，有俄國、英

國、希臘的，還有美國、日本的。有基督教的神父，也有比丘尼，他們以考古學家、歷史學家等名義出現在這裡，其實都是調查解放軍的動向。當時的印度總理尼赫魯批評噶倫堡是特務的窩」。這一切都跟西藏的變化有關係。

如今，大吉嶺、噶倫堡平靜了，留下更多的是美麗風光和充滿印度特色的風土人情。印度喜劇片《穿越大吉嶺》在今年的威尼斯電影節上舉行了首映式，這部充滿溫情的影片入圍本屆電影節競賽單元，受到媒體廣泛關注。但嘉樂頓珠無心留戀這些秀麗景色，看著中央政府與達賴喇嘛間仍然難有突破，他難以平靜，一直心系的還是藏漢之間的團結，以及達賴喇嘛可以早日回國。

與蔣介石夫婦的淵源

畢業於原南京中央政治學校（臺灣政治大學前身）的嘉樂頓珠透露，當時國民黨領袖蔣介石「把我當他們家的子女那樣看待，蔣先生和蔣夫人對我是恩重如山」。嘉樂頓珠的所有學費、生活費都由蔣介石出，蔣介石的官邸嘉樂頓珠都可以自由進出。1951年嘉樂頓珠還去臺灣看蔣介石，「他還給我送了五萬美元，叫我好好的念書」。

到美國後，嘉樂頓珠本來打算到史丹福（斯坦福）大學念書的，美國政府給了他五年的獎學金。但他還是記掛著西藏，因為解放軍進入西藏，嘉樂頓珠想回去幫達賴喇嘛。嘉樂頓珠表示：「美國政府勸我不要回去。我說我怎麼能眼看我的弟弟遇到問題而不去幫他們，我良心過不去，起碼我會講普通話。」1952年，嘉樂頓珠經過印度回到西藏。

嘉樂頓珠說，當時的共產黨是支持西藏的貴族和上層人士，每

月還津貼錢給這些有錢人，每個貴族每月都可收到八九百大圓的津貼。嘉樂頓珠的姐姐、姐夫都收到過。但民間因物價高漲而怨聲載道，人民生活非常困難。

當時，嘉樂頓珠一方面規勸西藏政府，指出西藏舊有的土地制度不合理，應該把土地收歸國有，然後分給西藏的普羅大眾，希望能夠試行土地改革。「那時西藏社會官員都反對，不贊成我的建議。中央政府的代表張進武、張國華等人籠絡西藏上流社會，也不贊成我的方法。」

剛二十出頭的嘉樂頓珠認為，西藏土地改革是解決貧富差距的很重要的方法。要推翻傳統的制度。「但他們不以為然。那時，我的處境很困難，如果太積極，要得罪中央代表。假如我跟著那些代表，又會被人認為你是走狗。我覺得有力使不上，所以想辦法離開了西藏。」

拒絕了毛澤東的北上邀請

在嘉樂頓珠還沒離開前，中共領袖毛澤東從北京發來了電報，希望嘉樂頓珠到北京發展。希望嘉樂頓珠能領導西藏青年代表團，參加中國青年代表大會，然後參加中國青年代表團出席在奧地利維也納舉行的世界青年代表大會。

正想離開的嘉樂頓珠答應下來了，但要求先讓他去西藏南部看看。結果他一去就到了印度。

在印度噶倫堡定居後，嘉樂頓珠建立保護西藏的組織，並開始與美國中央情報局聯絡，創建西藏護教護國組織。據悉，1959年，西藏政教領袖達賴喇嘛率西藏噶廈官員、民眾，成功逃離中共的嚴密監視，流亡印度。這個全過程與嘉樂頓珠的精密安排是分不開的。

在以後的事過境遷中，嘉樂頓珠基於自身所受到的艱難磨練後深思熟慮，又受到達賴喇嘛的非暴力思想的薰陶，漸漸認識到西藏問題不是西藏與美國、印度之間的問題，而是它與中國之間的問題，其解決只能依靠自己的努力。為了更深地研究、瞭解中國、尋找解開這個問題的謎底，嘉樂頓珠深居簡出於香港，身在漢營心在藏，時時關注著西藏問題。直到1979年鄧小平派人找到他，嘉樂頓珠一直在西藏流亡政府與北京中央政府之引線。

軍方懷疑藏人當特務

過去，嘉樂頓珠是兩邊勸。他說，常勸軍代表張國華要忍耐、慢慢來，把藏族當作一個小弟弟。「我說漢族是我們的老大哥，雖然這個小弟弟不聽話，但中央政府應該忍耐些，不要激動。但他懷疑每一個人都是特務」。那時，張國華常跟嘉樂頓珠說，攝政王（為達賴喇嘛主理工作的老頭）是美國人的特務，嘉樂勸說，絕對不是，並稱可以打賭去問他，美國在什麼地方？在西藏的哪個方向？他一定搞不清楚。

當年嘉樂頓珠也勸達賴喇嘛要進行土地改革，但達賴喇嘛願意，他周圍的人不贊成。令嘉樂頓珠左右為難，就從南部的達旺逃出來了。嘉樂頓珠1952年來到達旺時，老百姓來看望他，「他們說，印度人派人來佔領了我們的領地，把我們的縣長趕走了，你是不是來解決我們的問題？我說不是，我是逃難來的。他們都很失望，我也是落難者」。

嘉樂頓珠還是兩邊勸。「我真的擔心會很麻煩，我跑了二十八年，辛辛苦苦的，我一方面勸中央政府，一方面勸達賴喇嘛。心裡很累，很辛苦。看到現在這個情形很可怕。將來有衝突的話，要死

很多西藏人，也要死很多印度人，也要死很多國內的人。為什麼我們這樣糊塗呢？為什麼我們一直這樣糊塗下去呢？我也許是杞人憂天。我們藏人有句諺語，叫做『兔子睡覺時不閉眼睛，它怕藍天會掉下來』；我變成一隻兔子，總怕天會掉下來。」看得出，歷經過各種磨難的老人，有一種漢藏團結的情懷。他說：「說這樣的話是相當痛心的，因為親身領略過幾十年的悲愴，而真正能理解的人又不多。」

達賴喇嘛和西藏「流亡政府」為瞭解西藏的真實情況，在1979年8月，派了五人考察團離開新德里前往西藏和北京。考察團於北京停留兩周，考察西藏四個月，開啟了達賴喇嘛流亡後與北京政府接觸的一頁。自1979年到1980年間，先後派出了三批參觀代表團到西藏。但前去西藏的訪問團回來後的反映都不好，代表團所到之處都是哭訴所遭遇的苦難。嘉樂頓珠將詳細情況告訴新華社社長李菊生。李菊生向中央作了彙報，這是直接導致1980年3月14日胡耀邦主持召開了中共中央書記處「西藏工作座談會」的一個重要原因，後來被稱為「第一次西藏工作座談會」，並將座談會紀要作為中央文件發給全黨。

兩個月之後，六十五歲的胡耀邦親自到西藏視察，隨行者有當時的副總理萬里、全國人大副委員長阿沛·阿旺晉美、民族委員會主任楊靜仁等

1981年7月28日，時任中共中央總書記的胡耀邦在人民大會堂接見嘉樂頓珠，會談約一個小時，胡耀邦交給嘉樂頓珠「關於達賴喇嘛回國的五條方針」。其中體現了鄧小平「向前看」的精神，提出歡迎達賴喇嘛回國的邀請。

胡耀邦的豁達、謀求漢藏和諧的真誠感染了遠在印度的達賴喇嘛，達賴喇嘛隨後亦宣佈放棄西藏獨立，尋求解決西藏問題的「中

間道路」：解決西藏問題的過程中，西藏人既不接受西藏在目前中華人民共和國所處的地位或狀態，也不尋求西藏的主權獨立地位，而是取中間路線，即在中華人民共和國的框架範圍內尋求整個西藏三區施行名副其實的自主自治。達賴喇嘛也因此獲得諾貝爾和平獎。

鄧公願望至今未實現

嘉樂頓珠說，從1979年開始，二十多年與北京中央政府接觸，鄧小平在世時，中央政府邀請達賴喇嘛到國內訪問、提議與達賴喇嘛的代表對談。「但我們這兒沒有做好，失去了很多機會。鄧小平過世後的十多年，中央政府沒有積極的行動，達賴喇嘛這方面倒是積極很多」。

嘉樂頓珠一心想做的事，是促成達賴喇嘛可以早日回到中國。他從王兆國當統戰部長時就提出，「應當邀請達賴喇嘛到國內看看，另方面也讓達賴喇嘛與中央領導人面對面的對對話，讓他也聽聽中央領導人的意見，中央領導人需要他做什麼；同樣的，也讓中央領導人聽聽達賴喇嘛想說什麼、做什麼。2002年時，王兆國部長說，我們會讓達賴喇嘛的代表來溝通，至今去了六次」。嘉樂頓珠同達賴喇嘛的代表說了，你們去，不用說太多的事情，主要的是怎樣促成達賴喇嘛去看看國家領導人，另方面也讓達賴喇嘛去看看國內的漢族同胞。嘉樂頓珠說：「我始終認為達賴喇嘛是一個通情達理的人，他的中間路線不左也不右，是一個溫和的路線，他能同中央領導見面，能共同商量來解決一些問題。」

鄧小平在世時，主理統戰部的是丁關根，曾有一個構想，希望達賴喇嘛能回到中國領導藏區的宗教活動，丁關根還寫了一封信給嘉樂頓珠，希望達賴喇嘛回國後，領導藏區的宗教。嘉樂頓珠認

為，這是一個很好的主意。青海的藏族信仰佛教，甘南藏族自治州也信佛教，還有雲南、四川的藏區藏民都信佛教。達賴喇嘛可以從宗教、文化上先開始統一藏區。嘉樂頓珠說：「行政上有困難，要馬上從行政上改變幾十年來的現狀是不現實的，但可以從一個宗教、西藏文化上的大藏區開始。大藏區的事我們可以慢慢談，我想達賴喇嘛不會堅持的，這是我的想法吧。總之見面談最重要，達賴喇嘛回去有做不完的事。對藏族有貢獻，對漢藏團結有好處。」

嘉樂頓珠多次向北京建議與達賴喇嘛會談，時任統戰部長王兆國接納建議，由2002年起安排官員與達賴的代表會面；他多次寫信或口頭向統戰部和香港中聯辦提出求見胡錦濤，也沒有任何回應，不知資訊有否傳給胡錦濤。

現在對達賴喇嘛的政策是倒退了
——專訪達賴喇嘛的二哥嘉樂頓珠

專訪時間：2007年7月7日

嘉樂頓珠輕輕拍了一下手掌說：「我是孤掌難鳴呀，兩邊做工作，有可能兩邊都不討好，我堅持了二十八年了，快進棺材了，我真的很想看到一個好的結果。」

自從1952年離開中國定居印度，嘉樂頓珠一直很低調，鄧小平兩次在人民大會堂會見他，他都沒有向外界披露內情。如今，嘉樂頓珠首次向作者傾吐當時的情景，是想重溫鄧小平對藏族同胞的關懷，也希望中央政府信守諾言，繼

續鄧小平設計的路線。嘉樂頓珠表示，去年5、6月起，北京一些人指責達賴喇嘛搞分裂的聲音此起彼落，「我很驚訝，鄧小平先生說了，除了獨立，什麼都可以談，現在我們還沒有到談判桌上，有人已經說什麼都不行。在這種情形下，他們已經撇開了鄧小平先生同我達成的共識。」嘉樂頓珠強調達賴喇嘛不謀求西藏獨立是真實的，但中央政府還有人指責他，這與當年鄧小平、胡耀邦等國家領導人提出的西藏政策相比較，「現在對達賴喇嘛的政策是倒退了」。

作者：你這二十多年來不斷來往於北京和印度達蘭薩拉，主要做些什麼？

嘉樂：我是兩面勸，到中央去，和中央領導人說，勸他們改變態度，中央政府應該尊重藏族人民的基本權利，我們不要獨立，願意成為國家大家庭中的一分子，但你應該對我們公平、平等；到印度，勸他們應該與大陸同胞及中央多接觸，多瞭解中國內地的情況。我們很多在海外的藏族同胞不清楚中國大陸的情況，不瞭解情況就很難溝通。

作者：你覺得解決西藏問題的基礎是什麼？

嘉樂：我是尊重鄧小平先生的講法，往前看。達賴喇嘛的中心思想是為了長久計，為了永久計，能同漢族同胞和好。過去二十八年就是聽從鄧小平先生的勸告，達賴喇嘛與中央政府溝通，當然中間也有很多的磨擦，對漢族地區的情形不熟悉，中央政府也不熟悉達賴喇嘛

及周圍人的想法看法，所以一直拖到現在還不能有解
決問題的良方。

作者：你對鄧小平印象如何？

嘉樂：鄧小平先生是一個非常有魄力的領導人，他敢作敢
為，眼光看得很遠。我是流亡到印度、反對共產黨的
人當中一個很重要的人物。鄧小平主動找我去看他，
就很有胸懷。這很不容易的，他很有眼光。

作者：現在的阻力在哪裡？

嘉樂：2006年的5、6月份，中央很多機構批評達賴喇嘛，說
他分裂、鬧獨立，說他反動等等，我覺得，對我來說
這是一個很大的轉變，從鄧小平到胡耀邦、趙紫陽到
江澤民，他們沒有改變過鄧小平的路線。

作者：今天中央對達賴喇嘛的政策和環境與當年見鄧小平時
相比怎麼樣？

嘉樂：是退步了，完全退步了。罵達賴喇嘛的結果是，藏族
人民中出現一些反對的聲音，指我們為什麼還要堅持
中間路線呢？有人常常對我抱怨：為什麼還要走中間
路線，不走另一條路呢？為什麼要跟共產黨呢？反對
聲音很厲害，有很多電話責問我，說「你傻了，這是
一個騙局」。

作者：你覺得達賴喇嘛不謀求西藏獨立是否真實、肯定？

嘉樂：這是絕對肯定的，達賴喇嘛反復說，不願意離開中國
這個大家庭，願意做這個大家庭的一分子，我們可以
得到很多好處，西藏的很多事都要靠漢族的支持，要

靠中央政府的支持。我誇獎他,他採取的方式是了不起的方式,中間路線是溫和的路線。一些領導幹部罵他走藏獨路線,藏獨對誰有好處?我覺得那些幹部真的是傻了,或許是瘋了吧,我不曉得。

作者:達賴喇嘛對北京的政策和態度很關心嗎?

嘉樂:達賴喇嘛一直是沒有變的,一直是關心的,但最近被罵了以後,我擔心他會變。我對北京的一些幹部說,你們應該好好對待藏族人民,好好的爭取達賴喇嘛,他是唯一一個藏族人之中可以修補漢藏兩個民族裂痕的人。漢藏間有些傷痕,達賴喇嘛可以治傷,除了他沒有人了。他們罵達賴喇嘛罵得很厲害,我就認為他們罵錯了。我勸了這麼多年,達賴喇嘛可以說被我勸得七七八八了,他完全跟我的想法一樣,你一罵,大家就認為共產黨的政策變了,你這麼一罵,我怕他會改變自己的想法。

作者:你是否擔憂共產黨的政策會變?

嘉樂:不是擔憂政策會變,而是認為北京不守諾言,所有的藏民都這麼認為。因為達賴喇嘛和藏族人都很老實,我們想的都很簡單。國際局勢這麼複雜,達賴喇嘛住在印度,一些外國人,美國、歐洲、日本人都有他們的打算,你長期這麼拖下去對藏漢都不利。已經拖了這麼長時間,再拖下去,中國有個說法叫做「夜長夢多」,時間長了會不知道可能發生什麼事情。

作者:中國不也有一句話叫做「好事多磨」嗎?

嘉樂：已經不是好事多磨了，磨不起了。西藏的情形、處境再拖下去我不看好，我不希望將來有災難性的事情發生。我說你們以為達賴喇嘛死了問題就可以解決了，恰恰相反，問題會變得更複雜了。他在世，你可以找達賴喇嘛，他死後你要找人對話也沒有了。我跟你說，達賴喇嘛是一個了不起的人物，是世界公認的。我覺得有些人糊塗了，他也許沖昏了頭腦，以為經濟好，有錢、有勢，有軍隊，我不怕，我什麼都可以做。這是錯的！達賴喇嘛是自己同胞。

作者：你覺得是有人不信守諾言，還是政策改變了？

嘉樂：假如真的改變政策的話，這就很嚴重了。不管達賴喇嘛也好，我也好，我們為什麼同共產黨打交道，是以1979年我同鄧小平先生達成的共識作基礎，根據那個基礎，根據那個會談的內容，我們保持與中央政府的聯絡溝通，不談獨立，但從去年5、6月份開始，有些人把所有的都推翻了，變成沒有基礎了，怎麼談呢？

作者：統戰部不知有共識？

嘉樂：去年6月份的時候在北京，我問統戰部一位領導，你們就這樣把原來與鄧小平先生達成的共識推翻了嗎？他糊糊塗塗地回答了一句，「我不知道你同鄧小平先生說了一些什麼話。」我說，你這樣做是不對的，你反對達賴喇嘛，痛罵他，藏族人民是敢怒而不敢言，其實他們心裡很難過的。

作者：你還有沒有信心呢？

嘉樂：如果我沒有信心的話，我就不會來香港，我就不會見
　　　你們了。因此我還是不能隔岸觀火，我還是心掛這件
　　　事，為的是將來避免麻煩，我看到很多麻煩的情景，
　　　假如共產黨不改變思維的話，我不看好啊！我還是要
　　　勸勸他們，希望他們恢復到鄧小平的路線，希望可以
　　　把達賴喇嘛請回去，避免外面被別人利用。

第十三章
西藏問題，未來難題在海外

　　十八大以來，習近平的治藏政策見效，中國境內藏區相對平穩，早前的衝突、自焚現象沒有惡化的跡象。最近，西藏主政者陳全國的發言更被搬上中紀委官方網站，在其發言中，透露當局在西藏推行「十五條」嚴明政治紀律，以肅清「叛國者」達賴喇嘛在西藏的信徒甚至朝拜者，當局似要在黨內加大控制力度。據陳全國稱，今年以來，全西藏共查處違反政治紀律行為十九件、處分二十人，做到了無一人出境參加十四世達賴集團組織的「法會」。

　　自達賴喇嘛流亡印度後，藏區民眾陸陸續續有翻越山嶺逃亡其駐地達蘭薩拉者，包括具有黨員身份的藏人，也有前去朝聖的，甚至還有黨員干部身份的漢人。如今，開放的西藏，在一個幾乎全民信教的民族，宗教領袖對於民眾的號召力難以退潮，當局能否全面控制境內人士赴印度以宗教目的朝拜達賴喇嘛，始終是被質疑的。

　　更何況，達賴喇嘛離開中國五十多年，幾乎是以一生的經歷在經營他的國際宗教王國，吸引的國際崇拜者無數，這些西方的藏傳佛教徒總數究竟有多少無法統計，但如果說不會低於中國境內藏人數六百萬應該不算誇張的。只是現行的政治體制下，北京比較容易控制境內的藏人活動。但是，北京難以控制的是，西藏問題未來在海外出現的狀況！

西方熱情高漲的藏傳佛教

就在陳全國大肆清查境內黨員幹部背棄黨投靠達賴喇嘛的行為時，華盛頓時間2015年10月26日，西藏精神領袖達賴喇嘛獲得了美國費城國家憲法中心（The National Constitution Center）頒發的自由勳章。儘管達賴喇嘛本人出於身體健康的考慮沒有出席，但頒獎儀式照常舉行，著名演員李察‧吉爾（Richard Gere）代替他接受獎章。

達賴喇嘛是6月被選為本年度「自由勳章」的獲得者，表彰他為推動世界各地人權發展所做出的貢獻。費城國家憲法中心的CEO傑弗瑞‧羅斯宣佈，西藏精神領袖第十四世達賴喇嘛「強調了自由、對話和包容的理念」，因此授予他本年度的「自由勳章」。

李察‧吉爾是達賴喇嘛的信徒，他說，「他（達賴喇嘛）是一個能令所有人感動的人。我在亞洲、澳大利亞、美國各地，還有歐洲都見過他。不論你的年齡多大，性別是什麼，或者來自什麼文化背景。」

美國前總統喬治‧布希也通過視頻祝賀了達賴喇嘛。費城市長邁克爾‧納特爾出席了頒獎典禮。現場的觀眾中有生活在美國的流亡藏人，但大多數出席者是美國人，他們為一個外國人得獎慶賀歡喜，更因為他是一個藏傳佛教的宗教領袖，是一個可以給予寬慰的精神領袖。

流亡海外五十六年的西藏精神領袖達賴喇嘛八十歲了，他的慶生選擇在美國度過。星期天的南加州安納罕市本田中心體育館，美國說唱歌手弗蘭帝用吉他彈唱的方式，帶領一群孩童和全場一萬多名觀眾，向站在四層高的生日蛋糕旁的達賴喇嘛唱出生日快樂歌。

而這已經是達賴喇嘛在美國的三場慶生活動之一。早一些時候

達賴喇嘛在英國參加格拉斯頓伯里當代表演藝術節時，全場一齊為他唱生日快樂歌慶祝。達賴喇嘛已經在國際舞台上聚集起了他的敬仰和崇拜者。

美國民眾支持流亡藏人

2015年4月，我在美國採訪十七世大寶法王噶瑪巴時談到美國藏傳佛教，他也注意到藏傳佛教在美國傳播很快，他去Google及Facebook總部，發現不少人對藏傳佛教有興趣。這兩大IT企業還專設了禪修打坐的小房間，供員工使用，不是因為多了西藏人，而是美國社會多了藏傳佛教的信眾。

大寶法王噶瑪巴無法猜測未來藏傳佛教是否會成為美國的主流宗教之一。但大寶法王噶瑪巴覺得，美國或者西方人學習佛法接觸藏傳佛教的目的，和東方如亞洲民眾或西藏民眾接觸佛法的目的應該是不一樣的。「大部分西方人，他們在平時很繁忙，身心都很疲倦，他們需要找到精神上的依靠，尋找一種輕鬆和愉快。他們沒有想到傳統上的目標不僅是這一世，也是為了來世，得到佛果。很多人可能沒有那麼遙遠的目標，可能是很短暫的此生一些心靈的安慰和輕鬆。這和傳統的學習佛法的目標好像有點不相同。」

總部設立在華盛頓的國際聲援西藏運動組織成立於1988年，之前是代表達賴喇嘛在美國處理一些事情，設在紐約，因為聯合國在那兒，通過向聯合國表達西藏的狀況。後來美國的一些有識之士向達賴喇嘛建議，要在華府設立機構，通過美國向中國政府施加壓力。

Bhuchung Tsering是該組織的執行副主席，他向我表示，「這是一個非政府組織，但我們的理念與達賴喇嘛相近。」

國際聲援西藏運動組織通過美國社會的民間驅動和社會大眾和國會的支持。2002年，美國官方出台了西藏政策，成為一個法案。美國國務院國務卿還安排一個西藏事務的高級協調員。「依我瞭解，華府有很多國際組織，沒一個是華府安排協調員與之聯絡的。」Bhuchung Tsering說。

有關西藏問題，無論是宗教教育文化的各種法案，都有協調員統籌。美國之音和自由亞洲電台的藏語節目撥款、每年二十個赴美讀書的獎學金、經濟上所有藏區的援助項目也來自協調員統籌。Bhuchung Tsering表示，我們互動最主要的部門是國會。已經有二十多年了，議員有新舊變更。他們退休後，新的上來，支持者歷史傳承越來越多。「我可以自豪的講，國會裡面，對西藏問題，大部分是支持者，比例不斷上升。」

流亡藏人分布在美國各地，每個參議員的任何議題，總是會聽到西藏人的聲音。Bhuchung Tsering說，如猶太人一樣，西藏人的問題已經不僅是美國的外交問題，亦已經是美國的內政問題了。

作為非政府組織，國際聲援西藏運動經費來自民間。中國部負責人Thecho Gyatso表示，組織沒拿流亡政府、沒拿達賴喇嘛、也沒拿美國政府的一分錢，「我們都是拿別人的捐款，是會員制。不是我們了不起，而是有草根美國民眾的支持。」

對西藏有神秘主義的感覺和感情，早已在美國存在。Thecho Gyatso介紹說，美國前總統羅斯福寫信給達賴喇嘛，還送了手表。信中說，我們這裡老百姓對西藏很嚮往，西藏對美國老百姓是一個很親近的地方。

在美國，對西藏支持，五十、六十年代時美國全反共，反共者就支持西藏；西皮文化在美國流行，也是支持的大群體。對西藏內部問題不瞭解，只是嚮往，所以有虛無的感覺；五九年後，想法

有很大的改變。現在美國，很少有人提出以武裝來推翻西藏現政權的。Thecho Gyatso表示，有些人提出要武力解決西藏問題，包括一些政治人物，但這些人不是很多，不佔主流。

哥倫比亞大學圖書館理員Chopathar.著名西藏音樂家，到美國已經二十九年了。他認為，1959年，不管佛教還是民族文化深入到西方社會，這就是達賴喇嘛的作用，影響非常大。

絕大部分美國人瞭解西藏境內的問題，Chopathar指出，「美國人是從西藏的人權問題、有沒有信仰自由的問題、有沒有言論自由的問題、語言的存亡問題，還有和平主義者等開始，這些才是瞭解西藏問題的重要點。還有一部分從西皮演變過來的，有些人成為佛教徒。那批人都是高級知識份子，已經把西藏問題內化了，這批力量是龐大的。」

國際聲援西藏運動的辦公室有一張2002年的照片，達賴喇嘛在主持十輪金剛大法會，共十天，每一天都是人滿為患，清一色的白人，一個下午的活動，參加者達一萬四千人。都是自發掏錢參加法會的美國人。

美國信眾加入藏傳佛教

建築商Joel和太太Joanne在南加州美麗小鎮聖塔芭芭拉生活，Joel是虔誠的藏傳佛教徒，家裡還建有佛堂。太太Joanne最近也帶著兩個領養的中國女孩歸依了。

聖塔芭芭拉是美國西部的海濱城市，大概有以白人為主的十五萬居民，不過，接觸藏傳佛教的白人居民將近一萬人。Joel介紹，實際上可以分為欣賞藏傳佛教或喜歡藏傳佛教兩種，他認為用喜歡的這個詞就比較適合一點。

原因是，Joel是猶太人，他現在是兩種信仰，他喜歡藏傳佛教，但他還沒法放棄他原有的猶太教。即使這樣，過去這樣的數字也是很少的。他說：「現在純粹喜歡藏傳佛教的人增加了，但是還有一種人是雙宗教的，他不是宗教信仰，但是他喜歡藏傳佛教。」這樣的人，大概是三千至四千人左右。在聖塔芭芭拉，喜歡藏傳佛教的人全部加起來，再加上信仰藏傳佛教的話，會超過一萬人。

Joel介紹美國本土藏傳佛教的重要人物，第一個是Rabbi（猶太人牧師）；第二個是關於Allen Wallace（艾倫·華萊士），一個美國著名的藏傳佛教老師；第三個是Steven Jobs（蘋果公司創辦人）。Joel對我說，我想講一講藏傳佛教對他們每一個人的影響，以此來說明藏傳佛教對美國文化的影響。

一個是關於Rabbi的猶太故事。那一年，猶太人的新年，Joel帶著孩子去祈禱。他們實際上有兩個猶太人牧師，一個年輕的牧師和一個較年長的牧師。年輕的牧師是一個女士，大概三十五歲，她告訴Joel，說她剛參加了加拿大的短期的打坐修行，她沒說是藏傳佛教的打坐修行。她告訴Joel關於打坐修行的經歷和佛教歷史。她沒有使用佛教相關用詞，但是她說的內容都是關於佛教的知識，包括慈悲心、寬恕等。

聽祈禱的人並不知道她當時講的是關於佛教的原理。因為任何的宗教都可以成為猶太人的教理，但是Joel知道這是關於佛教的知識。所以當時就問她，你是不是參加了打坐修行？她說是的，她的老師是美國非常有名的一位西藏喇嘛的弟子。

Joel想以此為案例說明，藏傳佛教對美國文化的影響已經非常深刻，甚至可以影響到其他的宗教解說的原理。「但是必須清楚的是，加利佛尼亞是個非常特殊的地方，這樣的情況在其他地方有可能不會發生。」

第二個故事是關於Allen Wallace（艾倫‧華萊士）的，他是跟Joel年紀差不多的一個美國藏傳佛教老師，在美國很有名望、學識。他的父親是一個神秘主義者，學習非常好，在斯坦福大學可以拿到獎學金，Joel認為他是非常有智慧的一個人，他學的專業也是關於自然科學的。他很小的時候就讀一些佛教的書籍，然後就開始接觸藏傳佛教，他跟著達賴喇嘛學習藏傳佛教的知識。後來，他到了印度之後出家，系統地學習了藏傳佛教的教義。

　　Allen Wallace以前在大學讀書。他跟著達賴喇嘛修行打坐，並擔任達賴喇嘛的翻譯。學成之後，他開始到處旅行，後來他回到美國，成為了加利佛尼亞的一名教授，教授的內容主要為藏傳佛教。

　　回到美國後，他的藏文已經非常好了，妻子也會講蒙古語。Joel之所以講這個故事，是因為在藏傳佛教裡，艾倫找到了自己真正想要的東西。當時大學中有一個有錢人想捐款設立中心，艾倫和其他的競爭者一同成為主席候選人，但是因為一些政治原因，後來艾倫離開學校。Joel說，Allen Wallace後來得到另外一個美國人的幫助成立了藏傳佛教中心，發表了很多著作。

　　第三個故事是關於大家都很熟悉的Steve Jobs，Joel認為Jobs是改變了美國文化的一個人，甚至可以說他改變了世界原有的文化。Joel在YouTube上看到了他非常著名的一次演講，那個演講讓Joel印象非常深刻。那是2008年，那個時候，Jobs已經患有癌症了，但是他沒有告訴任何人。後來，他在斯坦福大學的畢業典禮上進行了一次佛教性質的演講，那簡直是不可思議的、令人震撼的，而且是非常鼓舞人心的。Jobs講解佛教的教義的時候就像一個喇嘛在弘法，他講到，人生是短暫的，但前途是無可估量的，是可以成佛的，他還提到同情心、慈悲心等。

　　後來Jobs就去世了，很多媒體都在對他的精神世界進行探討和

報導，認為他是一個佛教徒。

　　至今，沒有人知道Jobs到底是不是一個藏傳佛教徒，但Joel認為，Steve Jobs在斯坦福大學的演講內容是和藏傳佛教的教理是相同的。

　　這些都是特殊的名人，從普遍性也可以看到藏傳佛教在美國的發展。不久前，從印度來了一個仁波切，在聖塔巴巴拉基督教的大教堂裡面弘法，吸引了四千多人參與。這些人都是藏傳佛教，仁波切以傳承加持，每個人都有儀式。仁波切就住在Joel家裡。

　　聖塔芭芭拉是一個不一樣的區域，人的知識水準比較高。信仰基督教的文化影響比較深的因素。即使這樣，聖塔巴巴拉的藏傳佛教的影響力也要比十年前翻了一倍。這從出版物可以看出。十年前在聖塔巴巴拉的書店裡是一排藏傳佛教的書，大概只有十幾本。現在有一個書櫃。所有的書店裡面都有藏傳佛教的書籍，這個變成很普遍的現象，完全由市場導向。

　　Joel認為有很多原因。一般說，藏傳佛教是純潔的，邏輯性很強，西方很多宗教裡面喜歡摻雜一些東西，藏傳佛教完全不一樣。為什麼？這個可能是西藏本身保持的很好，以至於在沒有外來文化的侵入和外來干擾之下，這個系統保留的非常完整。「人們喜歡直接可以吃到新鮮的東西，不需要摻雜很多別的東西。」

　　Joel欣賞藏傳佛教，是因為西藏本身是單純的民族。再加上美國傳統宗教原有的東西已經失去了，原有的對人的尊敬、家庭的重視還有對生命的敬畏、人與人之間不計較的這些東西，很多宗教後面有代表利益。但是藏傳佛教來的時候它沒這些利益。它該有什麼就有什麼，並且傳播者本身言行上就比較一致。這個可能是西藏本身的文化就比較容易吸收，他本身就不會有這個戒心存在。

　　接下來就是人比較容易接受這個，再接下來就是人的思想可以

靠近。再加上他邏輯性很強，道理講得很深入。大部分在西方接受藏傳佛教的人都是受過高等教育的人。

現在，可以很驚人地發展。在美國中小型的城市，幾乎大眾聽到名字的地方都有藏傳佛教中心。這個中心和西藏的不是一個教派，四大教派都有。第二個，確實西藏的藏傳佛教，如打坐等讓美國人受益很多，美國的一大批人對藏傳佛教很深入地去學習和研究，不是表面的功夫。有些人打坐過五、六年就會完全不一樣。這些事例和數據可以說出來的。美國培養了一大批美國本地的洋喇嘛和洋比丘尼。他們更有說服力。因為他們本身是很好的受益者。

以前美國最大的藏傳佛教的出版社只有一家，現在全美有十多家專門出版藏傳佛教書籍出版物。現在是一系列的書籍在出版。還有開始把《大藏經》翻譯成英文。除了《大藏經》，其它藏傳佛教的書籍基本上都已經翻譯了。不僅這樣，並且把西藏的文化也保護下來了。因為佛教的關係，全部把它翻譯到英文裡面。

美國藏傳佛教中心雨後春筍般出現，主要做的事是出版書籍，傳播方面，他們自己管理。他們沒錢，不能把中心建立在富裕區，大部分在不好的區域買建築，裝修後作為活動基地。藏傳佛教的滲入，同時也能讓該區域的犯罪率降低，喝酒吸毒的人減少，把房價也抬上去。中心旁邊的房子也蓋起來了，很少聽到報警了。

我曾經與一位美國歷史學家聊天，請教藏傳佛教在美國的問題。他講到，藏傳佛教在美國開始盛行的原因有三個方面，一是有達賴喇嘛、大寶法王在美國的影響越來越強；二是有流亡的西藏人分佈到美國的家庭，美國人有興趣去更多的瞭解；三是因為是戴罪之身，基督教是教你不能做什麼，而佛教教你該做什麼。

宗教熱情會轉換為政治熱情

2011年，華盛頓的法會有超過兩萬以上人參加，這在美國是最大的法會。在華盛頓DC，最高的樓是國會山莊，要遠離經濟和宗教。達賴喇嘛是第一個宗教人士在那裡辦這麼大的法會，這需要美國絕大多數議員同意的。雖然美國宗教自由，但華盛頓DC是不允許舉行大型的宗教活動以免干擾。達賴喇嘛前待衛長嘉楊達杰說，達賴喇嘛做到了，最主要的是，達賴喇嘛不只是講佛教的東西，重要的是講不少人類的價值，是他自己的體驗。「達賴喇嘛把佛教更為廣闊的演繹，他的思想源頭來自佛陀，但走向更遠。原有的時空背景下，佛陀主要在亞洲，沒有更多的時空背景，達賴喇嘛將之帶向地球的深處，走的更遠了。」

嘉楊說，人的出生和死亡是無法自我選擇的。「生死平等，沒有人可以有特權。當你面臨死亡時，需要心靈上的慰藉，這只有宗教可以做到。達賴喇嘛是一個至高無尚的精神領袖。在世界上，大家對達賴喇嘛的尊重也在於他是精神領袖，而不會去考慮政治原因。」

美國前國務卿奧爾布賴德說，達賴喇嘛是世界上智慧的源頭，是世界上僅有的最有哲理的人。世界上要找一個哲人，只有達賴喇嘛。嘉楊認為：「很多美國人評價達賴喇嘛，不是吹捧他，而是從達賴喇嘛的眼界和思維中得到人生啟發。達賴喇嘛在西方的影響也不是在政治層面上，主要是他站在他的宗教高地賦有哲理的思想，對人生、自然、天人共存的思考。」

國際聲援西藏運動副主席Bhuchung Tsering一再強調自己的觀點，西藏問題主要不是政治問題，西藏問題主要是認同，民族特性，這些要保證。「只要有美國人民對西藏文化有興趣，自然會支持。」

不過，事物是變化的。西方社會對藏傳佛教認識以及對達賴喇嘛的敬重，與北京的態度發生矛盾時，衝突就變的激烈了。

　　在達賴喇嘛八十歲紀念之際，美國媒體接連發聲抱怨中國，為達賴喇嘛「喊冤」

　　《華盛頓郵報》七月五日發表著名好萊塢演員和國際聲援西藏運動董事會主席李察·吉爾（Richard Gere）和美國眾議院民主黨領袖南茜·佩洛西（Nancy Pelosi）聯合撰寫題為《達賴喇嘛將八十歲了，可西藏仍在受苦》（*As the Dalai Lama Turns 80, Tibet Still Suffers*）的文章稱，達賴喇嘛1959年騎馬徒步從西藏逃亡印度後，在印度建立了集宗教、教育和政治服務機構於一身的西藏流亡社區。達賴喇嘛周遊世界以促進西藏事業發展並致力於豐富藏傳佛教的教義。在政治主張上，達賴喇嘛提出「中間路線」和解道路以緩解漢藏語系的衝突，該主張承認中國的主權與領土完整，同時尋求保存西藏的文化、宗教與身份。

　　該文還稱，中國民眾也越來越多地被達賴喇嘛的教義、西藏文化尤其是佛教信仰所吸引，達賴喇嘛一直將中國政府同中國人民區分開來，他並非反對中國，這是不容置疑的。

　　《華爾街日報》五日還發表題為《西藏前方艱難之路》（*Tibet's tough road ahead*）的文章稱，必須正視的是，在達賴喇嘛八十歲之時，西藏仍面臨許多問題。西藏一直充斥著漢族定居者，寺院被置於中國政府的直接控制下，作家被逮捕和折磨，超過二百萬名牧民已經被強行安置在城市地區，這些摧毀了他們傳統的生活方式，破壞了青藏高原本身就很脆弱的生態系統。達賴喇嘛稱之為「文化滅絕」政策。已經有超過一百四十九名藏人自焚以反抗中國當局的統治。

　　美國政府出資的國家民主基金會主席卡爾·格什曼（Carl Gershman）也發表了《殘忍時代的生日》，批評中國政府在西藏壓制人權。格什曼在文章中說，達賴喇嘛訪問世界各地傳播藏傳佛教文化，構想以「中間道路」解決中國和藏族矛盾（Sino-Tibetan conflicts），並尋求保護西藏文化、宗教和身份認同。這些成就使他成為「受全世界人愛戴和尊敬的人物」。

而在美國的流亡藏人中，獨派勢力及影響力正在抬頭。自2011年達賴喇嘛退出政壇，給支持獨立人士留下了空間。

不久前紐約支持中間道路及支持獨立的流亡藏人有一場辯論。支持中間道路的四個人，辯不過支持藏獨的一個人。

支持藏獨者的主要理據是一條，中間道路走不通，達賴喇嘛走了二十多年，北京連談判都取消了，而且多年的談判毫無成就，達賴喇嘛要為這個毫無成就承擔責任，並要承認失敗及道歉！

而支持中間道路者因為沒有實踐的成就，講不出很多道理，最後只能以「你反對中間道路就是反對達賴喇嘛」來扣帽子。

這場辯論在流亡藏人中影響很大。中間道路的支持者對達賴喇嘛絕對忠誠，但對中間道路越來越失去信心。

支持獨立人士認為，達賴喇嘛斷送了後代人選擇的權力，他們指，共產黨從來不吃軟的，必須動武。選擇不在境內而在境外，最終才回歸到談判。

在美國和西方，支持西藏獨立的人士相對中間道路派要少的多，但獨派宗教色彩淡薄，都受西方良好教育，比較難控制。如安多人是達賴喇嘛的老鄉，以前安多人百分之百的支持中間道路，這樣的基礎現在被動搖了，堅定信心者成弱勢了。

值得注意的是，西方社會對藏傳佛教逐步產生的敬仰情緒，越益熾熱會從宗教、文化敬仰轉換為社會、政治情緒。北京需要面對的是，未來西藏問題的壓力可能主要會在境外，會在西方！

後記

　　印度當地時間2017年12月初，前印度外交官、印度中國問題研究專家P. Stobdan的一篇文章〈達賴喇嘛要回家〉（The Dalai Lama Wants to Return Home）披露一則隱秘的消息，引起與論的普遍關注。他稱，中共十九大結束不到一個月的2017年11月中旬，剛剛履新中共中央統戰部部長的尤權秘密協助達賴喇嘛的親信、原流亡藏人組織領導人桑東仁波切對雲南昆明等地進行訪問。

　　另外一則消息稱，2017年11月底至12月初，美國卸任總統奧巴馬，似乎特別忙碌，他先後出訪了中國、印度和法國。尤其以中國和印度之行最引人矚目。11月29日，奧巴馬在北京會見了中國國家主席習近平；兩天後，12月1日，奧巴馬在新德里會見了西藏最高精神領袖達賴喇嘛。有消息稱，奧巴馬可能充當了習近平與達賴喇嘛之間的「信使」。

　　雖然，沒有更多的消息予以證實，甚至有西藏問題的專家勸導我，「不要過於樂觀」。但自十二年前第一次遠赴印度北部山區達蘭薩拉訪問達賴喇嘛之後，一直有一個願望，希望可以看到達賴喇嘛返回中國，回到西藏的那一天。因為，這代表著數十年的漢藏對峙、對抗，終於可以用諒解、接納、和諧來替代。

　　這個願望也伴著我隨後的數次印度行，六年時間八次訪問達賴喇嘛，透露出大量境內外西藏問題和達賴喇嘛願望的相關信息。也有統戰官員告訴我，每次訪問報導一出刊，相關內參也摘要報告北

京了。發表的報導和建議，引起過北京最高領導的關注。我還因報導獲得過亞洲新聞獎。

遺憾的是，這麼多年來，願望無法成真！

《翻山越嶺見西藏——達賴喇嘛要回家》一書，是集多年的採訪和思考，匯編成冊，系統的闡述2006年至2012年那段時間西藏問題引發的矛盾和膠著，尤其是正值中國百年一遇的奧運夢因西藏問題而引發的衝突，中央政府和達賴喇嘛互相間的博奕較量。也將西藏問題的歷史狀況作了一些回顧，希望盡可能呈現的是客觀事實。

更為重要的是，《翻山越嶺見西藏——達賴喇嘛要回家》一書，比較完整的呈現了達賴喇嘛要回家的願望，且看到的迫切性，這是可以解決問題的一個前提。中國的發展，劃出越益強大的軌跡，對多年遺留的西藏問題，應該有更多解決問題的自信。

事實上，八次印度行的經歷是另外一種體驗和歷練。八年中，印度發展很快，迎接亞運，破舊的國際機場被全新的機場替代，新德里有了地鐵。但第一次赴印度，經驗不足，我選擇了印度航空，走入機艙，撲鼻而至的是一股濃濃的咖哩味，幾乎要一路蒙著鼻子過濾呼吸；雨季的達蘭薩拉，整整一周，不停下雨，蓋著潮濕的被子，無法入睡；還遭遇一整天不吃不喝卻不停腹瀉的痛苦經歷；經歷了護照和錢包被竊的無奈，幾天都只能吃簡便的「咖哩」麥當勞、肯德基……。

採訪過程的艱辛和困擾那是另外一個故事了。

作者

2018年2月於香港

血歷史117　PF0231

新銳文創
INDEPENDENT & UNIQUE

翻山越嶺見西藏
——達賴喇嘛要回家

作　　者	紀碩鳴
責任編輯	鄭伊庭
圖文排版	周妤靜
封面設計	王嵩賀

出版策劃	新銳文創
發 行 人	宋政坤
法律顧問	毛國樑　律師
製作發行	秀威資訊科技股份有限公司
	114 台北市內湖區瑞光路76巷65號1樓
	電話：+886-2-2796-3638　傳真：+886-2-2796-1377
	服務信箱：service@showwe.com.tw
	http://www.showwe.com.tw
郵政劃撥	19563868　戶名：秀威資訊科技股份有限公司
展售門市	國家書店【松江門市】
	104 台北市中山區松江路209號1樓
	電話：+886-2-2518-0207　傳真：+886-2-2518-0778
網路訂購	秀威網路書店：https://store.showwe.tw
	國家網路書店：https://www.govbooks.com.tw

出版日期	2018年7月　BOD一版
定　　價	350元

國家圖書館出版品預行編目

翻山越嶺見西藏：達賴喇嘛要回家 / 紀碩鳴著. --
- 一版. -- 臺北市：新銳文創, 2018.07
　　面；　　公分. -- (血歷史)
BOD版
ISBN 978-957-8924-08-6(平裝)

1.西藏問題 2.歷史 3.報導文學

676.62　　　　　　　　　　107003986

讀者回函卡

感謝您購買本書，為提升服務品質，請填妥以下資料，將讀者回函卡直接寄回或傳真本公司，收到您的寶貴意見後，我們會收藏記錄及檢討，謝謝！
如您需要了解本公司最新出版書目、購書優惠或企劃活動，歡迎您上網查詢或下載相關資料：http:// www.showwe.com.tw

您購買的書名：＿＿＿＿＿＿＿＿＿＿＿＿＿＿＿＿＿＿＿＿＿＿＿

出生日期：＿＿＿＿年＿＿＿＿月＿＿＿＿日

學歷：□高中 (含) 以下　　□大專　　□研究所 (含) 以上

職業：□製造業　□金融業　□資訊業　□軍警　□傳播業　□自由業
　　　□服務業　□公務員　□教職　　□學生　□家管　　□其它＿＿＿

購書地點：□網路書店　□實體書店　□書展　□郵購　□贈閱　□其他

您從何得知本書的消息？

　□網路書店　□實體書店　□網路搜尋　□電子報　□書訊　□雜誌
　□傳播媒體　□親友推薦　□網站推薦　□部落格　□其他＿＿＿＿＿

您對本書的評價：（請填代號　1.非常滿意　2.滿意　3.尚可　4.再改進）

　封面設計＿＿＿　版面編排＿＿＿　內容＿＿＿　文／譯筆＿＿＿　價格＿＿＿

讀完書後您覺得：

　□很有收穫　□有收穫　□收穫不多　□沒收穫

對我們的建議：＿＿＿＿＿＿＿＿＿＿＿＿＿＿＿＿＿＿＿＿＿

＿＿＿＿＿＿＿＿＿＿＿＿＿＿＿＿＿＿＿＿＿＿＿＿＿＿＿＿＿

＿＿＿＿＿＿＿＿＿＿＿＿＿＿＿＿＿＿＿＿＿＿＿＿＿＿＿＿＿

＿＿＿＿＿＿＿＿＿＿＿＿＿＿＿＿＿＿＿＿＿＿＿＿＿＿＿＿＿

11466
台北市內湖區瑞光路 76 巷 65 號 1 樓

秀威資訊科技股份有限公司　　　收

BOD 數位出版事業部

....

（請沿線對折寄回，謝謝！）

姓　　名：_____　年齡：_____　性別：□女　□男

郵遞區號：□□□□□

地　　址：_____

聯絡電話：(日) _____ (夜) _____

E - m a i l：_____